国家精品在线开放课程配套教材
高等职业教育新形态一体化教材

水利工程测量

主　编　王玉振　杜志刚
副主编　杨　丽　尹冬丽　黎瑾慧　李孟迪

中国水利水电出版社
www.waterpub.com.cn
·北京·

内 容 提 要

本书统筹考虑了理论知识和生产实践的关系，注重理论与实际相联系，力求实现知识和技能相统一。全书共分为三个部分，第一部分为基础模块（包含测高差、测角、测距），第二部分为专项模块（包含高程、平面控制测量、地形图测绘），第三部分为工程应用模块（包含施工测量方法、渠道测量、土（石）坝施工测量）。

本书可作为高职水利、建工、道桥等非测量专业的教材，也可作为非测量专业工程技术人员的参考用书。

图书在版编目（CIP）数据

水利工程测量 / 王玉振，杜志刚主编． -- 北京：中国水利水电出版社，2025.8． --（国家精品在线开放课程配套教材）（高等职业教育新形态一体化教材）．
ISBN 978-7-5226-3485-2

Ⅰ．TV221

中国国家版本馆CIP数据核字第2025DC8837号

书　　名	国家精品在线开放课程配套教材 高等职业教育新形态一体化教材 **水利工程测量** SHUILI GONGCHENG CELIANG
作　　者	主编　王玉振　杜志刚 副主编　杨丽　尹冬丽　黎瑾慧　李孟迪
出版发行	中国水利水电出版社 （北京市海淀区玉渊潭南路1号D座　100038） 网址：www.waterpub.com.cn E-mail：sales@mwr.gov.cn 电话：（010）68545888（营销中心）
经　　售	北京科水图书销售有限公司 电话：（010）68545874、63202643 全国各地新华书店和相关出版物销售网点
排　　版	中国水利水电出版社微机排版中心
印　　刷	天津嘉恒印务有限公司
规　　格	184mm×260mm　16开本　14.5印张　347千字
版　　次	2025年8月第1版　2025年8月第1次印刷
印　　数	0001—3000册
定　　价	**48.00元**

凡购买我社图书，如有缺页、倒页、脱页的，本社营销中心负责调换
版权所有·侵权必究

前　言

随着国家水利事业的高质量发展，测量技术作为水利工程勘测、设计、施工及运维的核心技术手段，其重要性日益凸显。现代测绘地理信息技术进步日新月异，对水利工程建设与管理人才的测量技能和职业素养提出了更高要求。为紧密对接行业企业需求，深化职业教育教学改革，适应高职教育"产教融合、技能为本"的人才培养要求，满足水利类专业技术技能型人才的需求，结合行业最新规范、现代测量技术发展趋势以及高职教学特点，编写了这本《水利工程测量》教材。本教材以培养高素质技能人才为目标，着力推进"岗课赛证"综合育人，是测绘地理信息技术在水利职业教育领域创新实践的重要成果。

本书涉及面广、内容翔实、结构合理、通俗易懂，与国家精品在线开放课程同步规划设计，数字化资源多。内容对接岗位需求，依据最新的行业技术标准和规范，以学生能力培养为主线，以典型任务为载体、以能力递进为逻辑设计教学体系，融入测绘新技术和新方法，减少了传统测量技术内容，增加了GNSS定位测量等新技术的发展与应用，强化技能训练，具有较强的实用性和指导性；注重专业知识与育人相结合，设置了思政园地模块，深度挖掘测绘地理信息行业及水利工程建设中的育人元素，精心设计思政案例；同时，该教材配套数字化资源，提供在线课程、虚拟仿真操作视频等教学资源，助力线上线下混合式教学。通过本教材使学生掌握测量的三大基本工作、工程测量的基本理论及基本技能，培养学生分析问题和解决问题的能力，使其形成良好的学习习惯，具备优良的职业素养，为今后深层次学习、解决实际生产问题及职业生涯的可持续发展奠定良好的基础。

本书的编写团队集合了来自企业一线的专家和长期从事测绘、职业教育的骨干教师。编写人员分工如下：河南水利与环境职业学院王玉振编写项目1，河南水利与环境职业学院杨丽编写项目3，河南水利与环境职业学院黎瑾慧编写项目5，河南水利与环境职业学院尹冬丽、黄良平编写项目7，河南水利与环境职业学院李孟迪、梁晓宇编写项目8，河南水利与环境职业学院王雪平编写项目2，河南水利与环境职业学院邱琳编写项目4，河南水利与环境职业学院张新盈编写项目6，河南水利与环境职业学院郭腾龙、中国中铁隧道局集团有限公司杜志刚编写项目9，河南省水利与环境职业学院杨齐明编写项目10，本书由王玉振、杜志刚担任主编并负责统稿，杨丽、尹冬丽、黎瑾慧、李孟迪担任副主编。

由于编者水平有限，书中难免存在疏漏和错误之处，恳请广大师生和读者批评指正，以使本教材更加完善。

编　者

2025 年 6 月

"行水云课"数字教材使用说明

"行水云课"水利职业教育服务平台是中国水利水电出版社立足水电、整合行业优质资源全力打造的"内容"+"平台"的一体化数字教学产品。平台包含高等教育、职业教育、职工教育、专题培训、行水讲堂五大板块,旨在提供一套与传统教学紧密衔接、可扩展、智能化的学习教育解决方案。

本套教材是整合传统纸质教材内容和富媒体数字资源的新型教材,将大量图片、音频、视频、3D动画等教学素材与纸质教材内容相结合,用以辅助教学。读者登录"行水云课"平台,进入教材页面后输入激活码激活,即可获得该数字教材的使用权限。可通过扫描纸质教材二维码查看与纸质内容相对应的知识点多媒体资源,完整数字教材及其配套数字资源可通过移动终端App"行水云课"微信公众号或中国水利水电出版社"行水云课"平台查看。

教 材 资 源 列 表

资源序号	资 源 名 称	资源类型	页 码
1.1.1	认识测绘	视频	2
1.1.2	认识测绘	PPT	2
1.2.1	地球的形状和大小	视频	4
1.2.2	地球的形状和大小	PPT	4
1.2.3	地面点的坐标	视频	6
1.2.4	地面点的坐标	PPT	6
1.2.5	高斯投影	视频	7
1.2.6	高斯平面直角坐标	PPT	7
1.2.7	地面点的高程	视频	11
1.2.8	地面点的高程	PPT	11
1.2.9	测量工作概述	视频	12
1.2.10	测量工作概述	PPT	12
项目1	习题答案	PDF	15
2.1.1	水准测量原理	视频	16
2.1.2	水准测量原理	PPT	16
2.2.1	认识水准仪	视频	17
2.2.2	认识水准仪	PPT	17
2.2.3	水准仪的操作	视频	20
2.2.4	水准仪的操作	PPT	20
2.3.1	连续水准测量	视频	22
2.3.2	连续水准测量	PPT	22
2.3.3	水准路线布设	视频	24
2.3.4	水准路线布设	PPT	24
2.3.5	普通水准测量	视频	25
2.5.1	电子水准仪虚拟仿真操作	视频	31
2.5.2	电子水准仪的使用	视频	31
2.5.3	电子水准仪的使用和传输	PPT	31

续表

资源序号	资源名称	资源类型	页码
2.6.1	水准仪的检验与校正（一）	视频	32
2.6.2	水准仪的检验与校正（一）	PPT	32
2.6.3	水准仪的检验与校正（二）	视频	33
2.6.4	水准仪的检验与校正（二）	PPT	33
项目2	习题答案	PDF	38
3.1.1	角度测量原理	视频	39
3.1.2	角度测量原理	PPT	39
3.2.1	经纬仪的认识	视频	40
3.2.2	经纬仪的认识	PPT	40
3.2.3	经纬仪的使用	视频	42
3.2.4	经纬仪的使用	PPT	42
3.3.1	测回法观测水平角	视频	44
3.3.2	测回法观测水平角	PPT	44
3.4.1	竖直角观测	视频	46
3.4.2	竖直角观测	PPT	46
3.5.1	经纬仪的检验与校正	视频	48
3.5.2	经纬仪的检验与校正	PPT	48
3.6.1	水平角测量的误差来源及消减办法	PPT	52
3.7.1	全站仪的认识和使用	视频	54
3.7.2	全站仪角度测量虚拟仿真	视频	57
3.7.3	全站仪角度测量	PPT	57
项目3	习题答案	PDF	62
4.1.1	距离测量的基础知识	视频	63
4.1.2	距离测量的基础知识	PPT	63
4.2.1	全站仪及其附件	视频	70
4.2.2	全站仪测距	PPT	70
4.2.3	距离测量虚拟仿真操作	视频	73
项目4	习题答案	PDF	75
5.1.1	四等水准测量	视频	78
5.1.2	四等水准测量	PPT	78

续表

资源序号	资源名称	资源类型	页码
5.1.3	虚拟仿真综合实训——DS$_3$微倾式四等闭合水准测量	视频	78
5.1.4	四等水准测站计算与检核	视频	79
5.1.5	水准测量主要误差来源	视频	81
5.2.1	高程计算	PPT	83
5.2.2	附合水准高程计算	视频	83
5.3.1	三角高程测量	PPT	87
知识拓展	国家一、二等水准测量规范	PDF	90
思政园地	国测一大队测绘精神	视频	91
项目5	习题答案	PDF	93
6.1.1	导线测量	PPT	94
6.1.2	直线定向	视频	94
6.1.3	象限角与坐标正反算	视频	96
6.1.4	导线外业测量工作	视频	98
6.1.5	导线测量虚拟仿真	视频	99
6.1.6	导线内业计算	视频	104
6.2.1	GNSS图根控制测量	PPT	105
6.2.2	GNSS测量原理	视频	107
6.2.3	GNSS静态数据采集	视频	113
6.2.4	GNSS内业数据处理	视频	114
6.2.5	图根控制操作简介	PDF	115
知识拓展	工程测量标准	PDF	115
项目6	习题答案	PDF	120
7.1.1	地形图的基本知识	视频	121
7.1.2	地形图的基本知识	PPT	121
7.1.3	地物在地形图上的表示方法	视频	123
7.1.4	地貌在地形图上的表示方法	视频	126
7.2.1	数据采集	PPT	131
7.2.2	全站仪数据采集虚拟仿真	视频	131
7.2.3	全站仪数据采集	视频	131
7.2.4	全站仪数据采集	PDF	132

续表

资源序号	资 源 名 称	资源类型	页 码
7.2.5	RTK动态数据采集	视频	132
7.2.6	内置电台模式	视频	134
7.2.7	网络模式	视频	136
7.3.1	地形图绘制	视频	137
7.3.2	地形图绘制	PPT	137
7.3.3	图幅整饰	视频	140
7.4.1	地形图的基本应用	视频	140
7.4.2	地形图的基本应用	PPT	140
7.4.3	绘制断面图	PPT	145
7.4.4	确定汇水面积	视频	146
知识拓展	数字地形图应用操作手册	PDF	148
思政园地	规范使用地图	视频	150
项目7	习题答案	PDF	151
8.1.1	施工测量概述	视频	153
8.1.2	施工测量概述	PPT	153
8.2.1	距离测设虚拟仿真	视频	156
8.2.2	水平角测设	视频	156
8.2.3	水平角测设	PPT	156
8.2.4	测设已知高程	视频	157
8.2.5	测设已知高程	PPT	157
8.2.6	测设已知高程虚拟仿真	视频	157
8.3.1	极坐标法放样点的平面位置	视频	159
8.3.2	极坐标法放样点的平面位置	PPT	159
8.3.3	全站仪坐标放样	视频	161
8.3.4	全站仪坐标放样	PPT	161
8.3.5	GNSS-RTK放样	视频	163
8.3.6	GNSS-RTK放样	PPT	163
8.4.1	坡度线测设	视频	166
8.4.2	坡度线测设	PPT	166
8.5.1	圆曲线主点放样	视频	170
8.5.2	圆曲线主点测设	PPT	170

续表

资源序号	资源名称	资源类型	页码
项目8	习题答案	PDF	177
9.1.1	实地踏勘、选线	视频	178
9.1.2	实地踏勘、选线	PPT	178
9.2.1	中线测量	视频	180
9.2.2	中线测量	PPT	180
9.3.1	纵断面测量、绘制	视频	183
9.3.2	纵断面测量、绘制	PPT	183
9.4.1	横断面测量、绘制	视频	188
9.4.2	横断面测量、绘制	PPT	188
9.5.1	计算断面的填挖面积	视频	190
9.5.2	计算断面的填挖面积	PPT	190
9.5.3	土石方计算	视频	191
9.5.4	土石方计算	PPT	191
项目9	习题答案	PDF	195
10.1.1	坝身控制测量	视频	199
10.1.2	坝身控制测量	PPT	199
10.2.1	坝体坡脚线放样	视频	207
10.2.2	坝体坡脚线放样	PPT	207
10.2.3	坝体边坡线放样	视频	208
项目10	习题答案	PDF	213

# 目录

前言
"行水云课"数字教材使用说明
数字资源列表

第一部分 基 础 模 块

项目1 预备知识 ·· 2
   任务1.1 认识测量学 ·· 2
   任务1.2 测量学基础知识 ·· 4
   知识梳理 ·· 13
   思政园地 ·· 13
   习题 ··· 14

项目2 水准测量 ·· 16
   任务2.1 水准测量原理 ·· 16
   任务2.2 水准仪的操作使用 ·· 17
   任务2.3 连续水准测量 ·· 22
   任务2.4 自动安平水准仪简介 ··· 27
   任务2.5 电子水准仪的认识与使用 ··· 28
   任务2.6 DS_3微倾式水准仪的检验与校正 ··· 32
   知识梳理 ·· 35
   思政园地 ·· 35
   习题 ··· 36

项目3 角度测量 ·· 39
   任务3.1 角度测量原理 ·· 39
   任务3.2 光学经纬仪的认识与使用 ··· 40
   任务3.3 测回法观测水平角 ·· 44
   任务3.4 竖直角观测 ··· 45
   任务3.5 经纬仪的检验与校正 ··· 48
   任务3.6 水平角测量的误差来源及消减办法 ··· 52
   任务3.7 全站仪角度测量 ··· 54
   知识梳理 ·· 58
   思政园地 ·· 59

习题 · · · · · · 60

项目 4　距离测量 · · · · · · 63
　　任务 4.1　距离测量基础知识 · · · · · · 63
　　任务 4.2　全站仪测距 · · · · · · 70
　　知识梳理 · · · · · · 73
　　思政园地 · · · · · · 73
　　习题 · · · · · · 74

第二部分　专　项　模　块

项目 5　高程控制测量 · · · · · · 77
　　任务 5.1　三、四等水准测量 · · · · · · 77
　　任务 5.2　高程计算 · · · · · · 82
　　任务 5.3　三角高程测量 · · · · · · 87
　　知识梳理 · · · · · · 89
　　知识拓展 · · · · · · 90
　　证书对接 · · · · · · 90
　　比赛项目 · · · · · · 90
　　思政园地 · · · · · · 91
　　习题 · · · · · · 91

项目 6　平面控制测量 · · · · · · 94
　　任务 6.1　导线测量 · · · · · · 94
　　任务 6.2　GNSS 图根控制测量 · · · · · · 105
　　知识梳理 · · · · · · 115
　　知识拓展 · · · · · · 115
　　证书对接 · · · · · · 115
　　比赛项目 · · · · · · 116
　　思政园地 · · · · · · 116
　　习题 · · · · · · 117

项目 7　地形图测绘及应用 · · · · · · 121
　　任务 7.1　地形图的基本知识 · · · · · · 121
　　任务 7.2　数据采集 · · · · · · 131
　　任务 7.3　地形图绘制 · · · · · · 137
　　任务 7.4　地形图的基本应用 · · · · · · 140
　　知识梳理 · · · · · · 148
　　知识拓展 · · · · · · 148

证书对接 ··· 148
比赛项目 ··· 149
思政园地 ··· 150
习题 ··· 150

第三部分 工程应用模块

项目 8 施工测量基本方法 ··· 153
 任务 8.1 施工测量概述 ··· 153
 任务 8.2 施工测量基本工作 ··· 155
 任务 8.3 点的平面位置测设 ··· 158
 任务 8.4 坡度线测设 ··· 166
 任务 8.5 圆曲线测设 ··· 168
 知识梳理 ··· 174
 证书对接 ··· 174
 比赛项目 ··· 174
 思政园地 ··· 175
 习题 ··· 176

项目 9 渠道测量 ··· 178
 任务 9.1 实地踏勘、选线 ··· 178
 任务 9.2 中线测量 ··· 180
 任务 9.3 纵断面测量、绘制 ··· 183
 任务 9.4 横断面测量、绘制 ··· 187
 任务 9.5 土方测量 ··· 189
 知识梳理 ··· 193
 思政园地 ··· 194
 习题 ··· 194

项目 10 土（石）坝施工测量 ·· 196
 任务 10.1 土（石）坝施工控制测量 ·· 196
 任务 10.2 土（石）坝施工放样 ·· 204
 知识梳理 ··· 212
 思政园地 ··· 212
 习题 ··· 213

参考文献 ··· 214

第一部分

基 础 模 块

项目1 预 备 知 识

【项目介绍】本项目主要介绍测量学的基础知识和理论。在学习中应重点掌握一些基本概念、地面点位置的表示方法（坐标与高程）、水平面代替水准面的适用范围、测量工作的基本原则等内容。通过本项目的学习，培养学生职业认同感，同时为后续学习工程测量的具体工作方法和技术手段奠定必要的理论基础。

任务1.1 认识测量学

知识目标：
(1) 了解测量学的研究对象、任务。
(2) 了解测量学的分类。
(3) 了解在工程各阶段测量工作的任务及作用。

能力目标：
(1) 能够阐述测量的基本工作。
(2) 能够阐述测量在工程各阶段的任务及作用。

素质目标：
(1) 培养学生职业认同感和自豪感。
(2) 培养学生的家国情怀，树立文化自信、科技自信。

1.1.1 认识测绘▶

1.1.2 认识测绘

1.1.1 测量学的研究对象、分类

测量学是研究如何测定地面点的点位，将地球表面的各种地物、地貌及其他信息测绘成图，以及确定地球的形状和大小的一门科学。根据研究对象和工作任务的不同，测量学又分为以下几门主要分支学科。

1. 大地测量学

研究在地球表面广大区域内建立大地控制网，测定地球形状、大小和地球重力场的理论、技术和方法的学科称为大地测量学。其主要任务是为其他测量工作提供起算数据，为空间技术和军事用途提供控制基础，为地球科学研究提供资料。

2. 地形测量学

研究测绘地形图的理论、技术与方法的学科称为地形测量学。地形测量的任务就是将地球表面的地物、地貌及其他信息测绘成图，以满足各个领域、各个方面的需要。

3. 摄影测量学

研究如何利用摄影像片来测定物体的形状、大小、位置和获取其他信息的学科称为摄影测量学。摄影测量属于遥感的一种，在测量学范围内，其主要研究对象仍然是地球表面，其主要任务仍然是测绘地形图。根据摄影方式的不同，摄影测量又分为航空摄影测量、地面摄影测量、航天摄影测量和水下摄影测量等。

4. 工程测量学

研究工程建设在规划设计、建筑施工、运营管理各个阶段如何进行测量的理论、技术与方法的学科称为工程测量学。工程测量的任务是提供工程规划设计所必需的地形图、断面图和其他观测数据，进行建筑物的施工放样，并进行长期的安全监测工作。根据工程性质的不同，工程测量又分为水利水电工程测量、矿山工程测量、道路工程测量、工业与民用建筑工程测量、军事工程测量等。

1.1.2 测量学的任务及应用

研究工程建设在规划设计、建筑施工、运营管理各个阶段如何进行测量的理论、技术与方法的学科称为工程测量学。工程测量的任务是提供工程规划设计所必需的地形图、断面图和其他观测数据，进行建筑物的施工放样，并进行长期的安全监测工作。根据工程性质的不同，工程测量又分为水利水电工程测量、矿山工程测量、道路工程测量、工业与民用建筑工程测量、军事工程测量等。

水利工程测量是测量学的一个分支，它是将测量技术应用于水利工程建设，实施水利工程勘测、设计、施工和运行各个时期的测量工作。例如在河道上修建水电站，首先应测绘坝址以上该流域的地形图，作为水文计算、地质勘探、经济调查等规划设计的依据；初步设计后，又要为大坝、涵闸、厂房等水工建筑物的设计测绘较详细的大比例尺地形图；在施工过程中，又要通过施工放样指导开挖、砌筑和设备安装；工程竣工时，检查工程质量是否符合设计要求，还要进行竣工测量；在工程的使用管理过程中，为了监视运行情况，确保工程安全，应定期对大坝进行变形观测。由此可见，测量工作伴随着工程建设的全过程，贯穿于工程建设的始终。作为一名工程技术人员，必须掌握必要的测量知识和技能，才能担负起工程勘测、规划设计、施工及管理等各项任务。

从以上讨论中可以看出，对于工程建设而言，测量工作大体上可以分为测定和测设两大方面。所谓测定，就是把地表的存在状态，通过一定的测量仪器和测量方法进行测量，并以数据或图纸的形式把它们表现出来，以满足工程规划设计的需要。所谓测设（又叫施工放样），就是把图纸上设计好的建筑物、构筑物，通过一定的测量仪器和测量方法将它们在实地上标定出来，以作为施工的依据。测定和测设是测量工作的两个相反过程。

由于各种工程建设以及工程建设的各个阶段都是离不开测量工作的，为此，本课程的学习提出如下要求：

(1) 掌握测量学的基本理论、基本知识及基本技能。

(2) 能操作各种常用的测量仪器。

(3) 会使用测量仪器进行角度、高程、距离等基本的测量工作。

(4) 能够由已知数据及观测数据计算出所求点位的坐标、高程、方位等。

(5) 能进行各种地形图、平面图的测绘与使用。

任务1.2 测量学基础知识

知识目标：
（1）了解地球的形状和大小。
（2）掌握地面点位置的表示方法（平面坐标、高程）。
（3）掌握高斯投影的原理。
（4）了解水平面代替水准面的限度。

能力目标：
（1）能够根据工程实际需求，选择合理的坐标系。
（2）能够区分测量平面直角坐标系和数学平面坐标系。

素质目标：
（1）培养学生自主学习精神，能够做到理论联系实际。
（2）培养学生分析问题、发现问题、解决问题的能力。

1.2.1 地球的形状和大小

地球表面是极不规则的，有山地、丘陵、平原、盆地、海洋等起伏变化，陆地上最高处珠穆朗玛峰高出海水面8848.86m，海洋最深处马里亚纳海沟深达11022m，看起来起伏变化非常之大，但是这种起伏变化和庞大的地球（半径约6371km）比较起来是微不足道的；同时，就地球表面而言，海洋的面积约占71%，陆地仅占29%，因此人们设想静止的海水面，向内陆延伸而形成一个封闭的曲面，这个静止的海水面称为水准面。海水有潮汐，时高时低，所以水准面有无数个，而其中与平均海水面吻合的水准面称为大地水准面。大地水准面是作为地面高程的起算面，因而称为测量工作的基准面。

1.2.1 地球的形状和大小

1.2.2 地球的形状和大小

由于地球的自转运动，地球上任何一点都要受到离心力和地球引力的双重作用，这两个力的合力称为重力。重力的作用线称为铅垂线。铅垂线是显而易见的，悬挂物体静止时自然下垂的线即为铅垂线。铅垂线是测量工作的基准线。

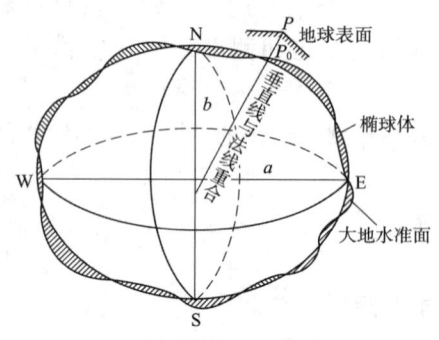

图1.1 大地水准面与椭球体

大地水准面所包围的形体称为大地体。确切地讲，我们是以大地体来表示地球形状和大小的。但由于地球内部物质分布不均匀，致使铅垂线方向发生不规则变化，以致大地水准面是一个不规则的曲面，如图1.1所示。在这个面上无法进行测量的计算工作，因此必须寻求一个规则的数学曲面来代替它。

长期的测量实践和研究结果表明，大地体的形状极接近于一个两极略扁的旋转椭球，于是就选用一个与大地体非常接近、可用数学表达的旋转椭球代替大地体。旋转椭球的表面是一个规则的数学曲面，如图1.1所示，它是测量计算和投影制图工作的基准面。

用来代替大地体的旋转椭球通常又称为"地球椭球"。地球椭球不是唯一的，在全球范围内，和大地体最为密合的地球椭球称为总地球椭球；只是与一个国家或一个地区大地水准面最为密合的地球椭球称为参考椭球。由此可见参考椭球有许多个，而总地球椭球（理想的地球椭球，实际并未求得）只有一个。

参考椭球的元素有长半径 a、短半径 b 和扁率 $\alpha\left(\alpha=\dfrac{a-b}{a}\right)$，只要知道其中的两个元素，即可确定椭球的形状和大小，通常采用 a 和 α 两个元素。我国过去采用的是克拉索夫斯基椭球（$a=6378245\mathrm{m}$，$\alpha=1:298.3$），由于该椭球的表面与我国大地水准面的情况不相适应，故自1980年以后，采用了1975年国际椭球（$a=6378240\mathrm{m}$，$\alpha=1:298.257$）。

对于求定或选定的参考椭球，还必须使它的表面和大地水准面的关系位置完全固定下来，这一项工作称为椭球定位。参考椭球的定位，通常是在地面上选定一点 P，如图1.1所示，令 P 点的铅垂线与椭球面上相应点 P_0 的法线重合，并使 P_0 点上的椭球面与大地水准面相切，而且使本国范围内的椭球面与大地水准面尽量接近，这样参考椭球与大地体的关系位置便被固定下来。

定位时选定的 P 点称为大地基准点或大地原点，测量工作中，我们将以它在椭球面上的位置 P_0 为基准去推算其他各点的大地坐标。所以选定了大地原点，进行了椭球定位，就算确定了一个坐标系。中华人民共和国成立初期，鉴于当时的历史条件，我国以苏联选定的克拉索夫斯基椭球和普尔科夫天文台为大地原点的椭球定位为依据，建立了我国的大地坐标系，称为"1954年北京坐标系"。后来根据新的测量数据，发现该坐标系与我国实际情况相差较大。1980年，我国采用了1975年国际椭球，坐标原点设在陕西省泾阳县内，对椭球定位，建立了真正意义上我国自己的大地坐标系，称为"1980年国家大地坐标系"。

随着社会的进步，国民经济建设、国防建设和社会发展、科学研究等迫切需要测定高精度大地控制点三维坐标，并提高测图工作效率。自2008年7月1日起，中国全面启用2000年国家大地坐标系。2000年国家大地坐标系的原点为包括海洋和大气的整个地球的质量中心。

由于参考椭球的扁率很小，在普通测量中可以近似地将大地体视为圆球体，其半径采用与参考椭球体积相同的圆球半径，其值 $R=6371\mathrm{km}$。当测区范围较小时，又可以将该部分球面当成平面看待，亦即将该部分的水准面当成平面看待。当成平面看待的水准面称为水平面。小范围测区的测量工作是以水平面作为基准面的。

1.2.2 地面点位置的表示方法

地面点位置即地面上点的空间位置。从空间解析几何中知道，一个点的空间位置，可以用三个量来确定，即三维空间坐标。同样，在确定地面点的位置时，也采用三维空间坐标来表示。地面点位需要三个参数（X、Y、Z）来描述，如图1.2所示。在测量学中，通常是以它在某一个基准面上的投影位置（平面坐标）和它相对于某一个基准面的高度位置（高程）来表示的。

1.2.2.1 地面点的坐标

地面点的投影位置可用大地坐标、高斯平面直角坐标或测量学平面直角坐标表示。在工程测量中，主要采用后两种坐标，其中高斯平面直角坐标适用于大区域测量，而测量学平面直角坐标适用于小区域测量。

1.2.3 地面点的坐标▶

1. 大地坐标

用大地经度 L 和大地纬度 B 表示地面点在参考椭球面上投影位置的坐标，称为大地坐标。如图 1.3 所示，O 为参考椭球的球心，NS 为椭球的旋转轴，通过该轴的平面称为子午面（如图中的 $NQMS$ 面）。子午面与椭球面的交线称为子午线，又称为经线，其中通过英国伦敦格林威治天文台的子午面和子午线分别称为起始子午面和起始子午线。通过球心 O 且垂直于 NS 轴的平面称为赤道面（如图中的 WM_0ME），赤道面与参考椭球面的交线称为赤道。通过椭球面上任一点 Q 且与过该点切平面垂直的直线 QK，称为 Q 点的法线。地面上任一点都可以向参考椭球面作一条法线。地面点在参考椭球面上的投影，即通过该点的法线与参考椭球面的交点。

1.2.4 地面点的坐标🎞

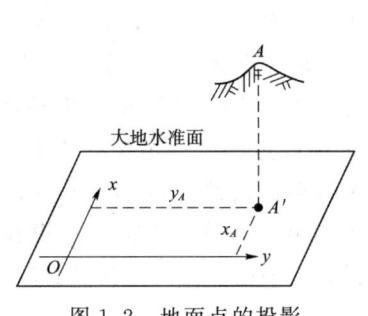

图 1.2　地面点的投影

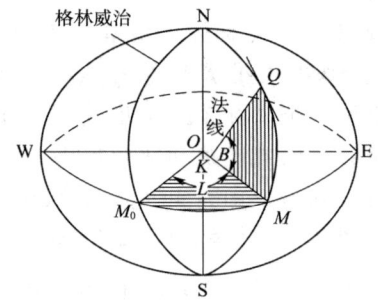

图 1.3　大地坐标

大地经度 L，即通过参考椭球面上某点的子午面与起始子午面的夹角。由起始子午面起，向东 0°～180°称为东经，向西 0°～180°称为西经。同一子午线上各点的大地经度相同。

大地纬度 B，即参考椭球面上某点的法线与赤道面的夹角。从赤道面起，向北 0°～90°称为北纬；向南 0°～90°称为南纬。纬度相同的点的连线称为纬线，它平行于赤道。

地面点的大地经度和大地纬度可以通过大地测量的方法确定。

2. 高斯平面直角坐标

（1）高斯投影的基本概念。如图 1.4 所示，假想有一个椭圆柱面横套在地球椭球体外面，并与某一条子午线（此子午线称为中央子午线）相切，椭圆柱的中心轴通过椭球体中心，然后用一定投影方法，将中央子午线两侧各一定经差范围内的地区投影到椭圆柱面上，再沿圆柱的母线切开，圆柱面即可展成平面，此投影为高斯投影。该投影最初是由高斯拟定，后经克吕格补充、完善，故名高斯-克吕格投影，简称高斯投影。

（2）分带投影。为了使投影误差不致影响测图的精度，规定以经差 6°或 3°为准来限制投影范围，将地球按经线划分成带，每一个投影范围称为一个投影带。

任务1.2 测量学基础知识

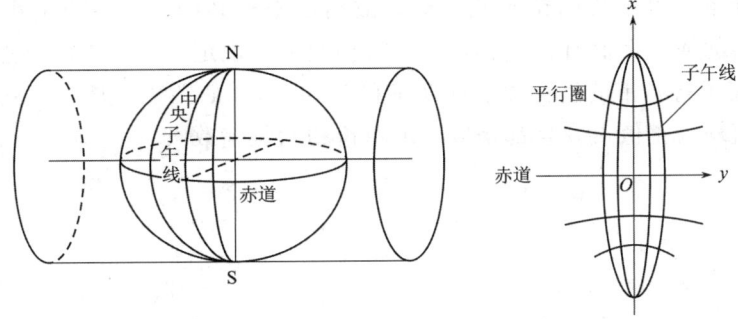

图1.4 高斯投影原理

6°分带：我国系列比例尺1∶25万～1∶50万的地形图均采用6°分带投影。自起始子午线起，自西向东以经差每6°划分一带，将整个地球分成60个投影带，并依序编号，每一个投影带就叫做高斯6°投影带（简称6°带），如图1.5所示。即从东经0°～6°为第1带，中央经线经度为3°；6°～12°为第2带，中央经线经度为9°……依此类推。各投影带的带号N与中央经线的经度L_0之间的关系式如下：

$$L_0 = 6N - 3$$

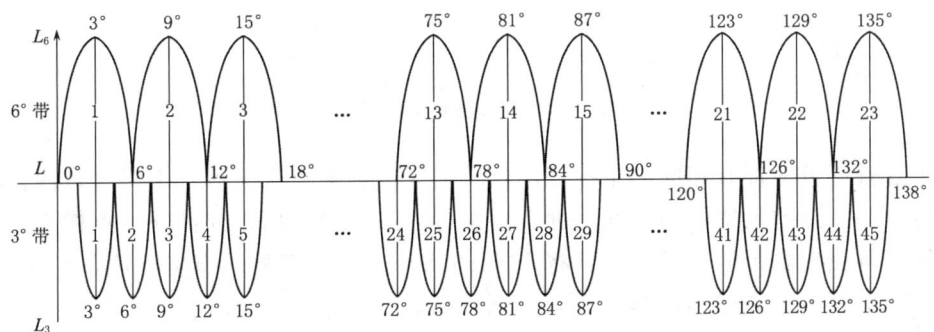

图1.5 3°带、6°带分带示意图

3°分带：对于1∶1万及更大比例尺的地图，为了进一步提高精度，采用3°分带法，并规定6°带的中央经线仍为3°带的中央经线。从东经1°30′算起，自西向东每隔经差3°划分为一带，将整个地球划分为120个投影带，并依序编号，叫作高斯3°投影带（简称3°带）。即从东经1°30′～4°30′为第1带，中央经线为3°；4°30′～7°30′为第2带，中央经线为6°……依此类推。3°带的带号n与中央经线L_0之间的关系式如下：

$$L_0 = 3n$$

从图1.5中可以看出，3°奇数带的中央子午线各与6°带的中央子午线重合，而偶数带的中央子午线则分别与6°带的分带子午线重合。

1.2.5 高斯投影

1.2.6 高斯平面直角坐标

（3）高斯平面直角坐标。我国规定以每一带中央子午线的投影线为坐标纵轴（x轴），赤道投影线为坐标横轴（y轴），两投影线的交点O为坐标原点。坐标值自原点向北为正，向南为负；向东为正，向西为负。这样建立的坐标系称为高斯平面直角坐标系。由于我国位于北半球，故高斯坐标系中，所有点的纵坐标值均为正值，而每一带内的横坐标值有正、有负。为方便起见，规定将各带内所有点的横坐标值加上500km（相当于将各带的坐标原点向西平移500km），如图1.6所示，这样可使每带所有点的横坐标值均为正值，并且都是以米为单位的六位整数。

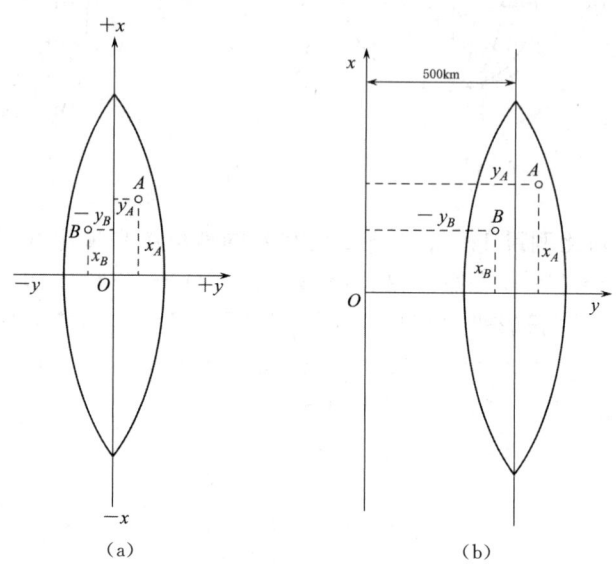

图1.6 高斯平面直角坐标

由于各投影带内都有相同的坐标值的点，为了区分某点位于哪一个投影带内，亦即为了使椭球上每一点的位置能与高斯平面直角坐标一一对应，所以尚需在每点横坐标值的前面加上该点所在投影带的带号。通常将未加500km和未加带号的横坐标值，叫作自然值，将加上500km，并冠以带号的坐标值叫作通用值。

【例1.1】 某点位于6°带的第20带内中央子午线以西842.45m，即其横坐标自然值为－842.45m。求该点坐标的通用值。

解：根据通用坐标值的定义，则该点的通用坐标值为

$y = 20$（代号）$+ 500000 + (-842.45) = 20499157.55$（m）

【例1.2】 某点在中央子午线经度为117°的投影带内，且位于中央子午线以东30961.15m处，求该点所在3°带内的横通用坐标值。

解：该点所在3°带的带号为

$$N = \frac{L_0}{3°} = \frac{117°}{3°} = 39$$

即该点位于3°带的第39带内；又该点的横坐标的自然值为30961.15m，所以，该横坐标的通用值为 $y = 39 + 500000 + 30961.15 = 39530961.15$（m）。

3. 测量学平面直角坐标

对于小范围的测区，以水平面作为投影面，地面点在水平面上的投影位置用平面直角坐标表示。

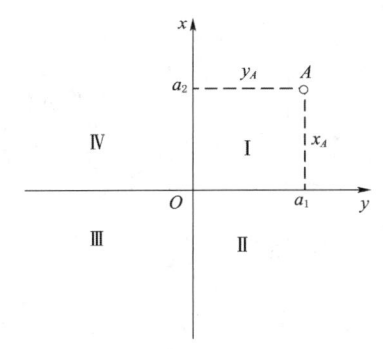

图 1.7　平面直角坐标

如图 1.7 所示，在水平面上选定一点 O 作为坐标原点，建立平面直角坐标系。纵轴为 x 轴，与南北方向一致，向北为正，向南为负；横轴为 y 轴，与东西方向一致，向东为正，向西为负。将地面点 A 沿着铅垂线方向投影到该水平面上，则平面直角坐标 (x_A, y_A) 就表示了 A 点在该水平面上的投影位置。如果坐标系的原点是任意假设的，则称为独立的平面直角坐标系。为了不使坐标出现负值，对于独立测区，往往把坐标原点选在测区西南角以外适当位置。

地面点的平面直角坐标，可以通过观测有关的角度和距离，经计算确定。应当指出，测量上采用的平面直角坐标系与数学中的平面直角坐标系从形式上看是不同的。这是由于测量上所用的方向是从北方向（纵轴方向）起按顺时针方向以角度计值的，同时它的象限划分也是按顺时针方向编号的，因此它与数学上的平面直角坐标系（角值从横轴正方向起按逆时针方向计值，象限按逆时针方向编号）没有本质区别，所以数学上的三角函数计算公式可不加任何改变地直接应用于测量的计算中。

1.2.2.2　地面点的高程

为了确定地面点位，除了知道它的平面位置外，还要确定它的高程。测量工作中常用的高程有以下两种。

1. 绝对高程

地面点沿铅垂线方向至大地水准面的距离称为绝对高程，亦称为海拔。在图 1.8 中，地面点 A 和 B 的绝对高程分别为 H_A 和 H_B。

1.2.7　地面点的高程①

1.2.8　地面点的高程②

我国规定以黄海平均海水面作为大地水准面。黄海平均海水面的位置，是通过对青岛验潮站潮汐观测井的水位进行长期观测确定的。由于平均海水面不便于随时联测使用，故在青岛观象山建立了"中华人民共和国水准原点"，作为全国推算高程的依据。1956 年，验潮站根据连续 7 年（1950—1956 年）的潮汐水位观测资料，第一次确定了黄海平均海水面的位置，测得水准原点的高程为 72.289m；按这个原点高程为基准去推算全国的高程，称为"1956 年黄海高程系"。由于该高程系存在验潮时间过短、准确性较差的问题，后来验潮站又根据连续 28 年（1952—1979 年）的潮汐水位观测资料，进一步确定了黄海平均海水面的精确位置，再次测得水准原点的高程为 72.2604m；1985 年决定启用这一新的原点高程作为全国推算高程的基准，并命名为"1985 国家高程基准"。

2. 相对高程

地面点沿铅垂线方向至任意假定水准面的距离称为该点的相对高程，亦称为假定高程。在图 1.8 中，地面点 A 和 B 的相对高程分别为 H_A' 和 H_B'。两点高程之差称为高差，以符号 h 表示。图 1.8 中，A、B 两点间的高差 $h_{AB}=H_B-H_A=H_B'-H_A'$，此式表明，两点间的高差与高程基准面的选取无关。测量工作中，一般采用绝对高程，只有在偏僻地区没有已知的绝对高程点可以引测时，才采用相对高程。

确定地面点的位置必须进行三项基本测量工作，即角度测量、距离测量和高程测量。

在后面的有关内容中，将详细介绍这三项工作的基本方法。

1.2.3 用水平面代替水准面的限度

前已述及，当测区范围较小时，可以用水平面代替水准面，即以平面代替曲面。这样的替代可使测量的计算和绘图工作大为简化。但当测区范围较大时，就必须顾及地球曲率的影响，不能做这样的替代。那么，多大范围内才能用水平面代替水准面呢？下面就来讨论这个问题。

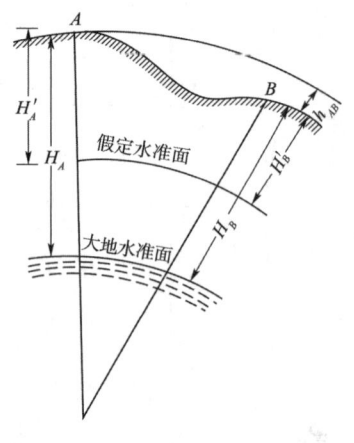

图 1.8 绝对高程与相对高程

1. 用水平面代替水准面对距离的影响

如图 1.9 所示，设地球是半径为 R 的圆球。地面上 A、B 两点沿铅垂线方向投影到大地水准面上的距离为弧长 D，投影到过 a 点水平面上的距离为 D'，显然两者之差即为用水平面代替水准面所产生的距离误差，设其为 ΔD，则

$$\Delta D = D' - D = R\tan\theta - R\theta$$

式中：θ 为弧长 D 所对应的圆心角。

将 $\tan\theta$ 用级数展开，并取级数的前两项，得

$$\Delta D = R\left(\theta + \frac{1}{3}\theta^3\right) - R\theta = \frac{1}{3}R\theta^3$$

因为 $\theta = \dfrac{D}{R}$，故

$$\Delta D = \frac{D^3}{3R^2}$$

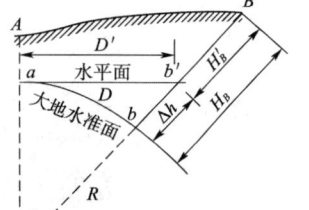

图 1.9 地球曲率对测量结果的影响

以 $R=6371{\rm km}$ 和不同的 D 值代入上式，算得相应的 ΔD 和 $\Delta D/D$（相对误差）值列于表 1.1。从表中可以看出，距离为 10km 时产生的相对误差为 1/120 万，小于目前最精密测距的相对误差 1/100 万。因此可以认为：在半径为 10km 的区域，地球曲率对水平距离的影响可以忽略不计，即允许将该部分的水准面当作水平面看待。在精度要求较低的测量工作中，其范围还可以适当扩大。

表 1.1　　　　　　　　　　地球曲率对水平距离的影响

距离 D	100m	1km	10km	25km	50km
距离误差 ΔD/mm	0.000008	0.008	8.2	128.3	1026.5
距离相对误差 $\Delta D/D$	1/1250000 万	1/12500 万	1/120 万	1/19.5 万	1/4.9 万

2. 用水平面代替水准面对角度的影响

由球面三角学可知，同一空间多边形在球面上投影的各内角和，要大于其在平面投影的各内角和。其值 ε'' 称为球面角超：

$$\varepsilon'' = \frac{P}{R^2} \times \rho$$

式中：P 为球面多边形的面积；R 为地球半径。

以 $R=6371$ km 和不同的 P 值代入上式，算得相应的角度误差值列于表 1.2。从表中可以看出，当面积为 100 km² 时，用水平面代替水准面所引起的角度误差很小。因此可以认为，在面积小于 100 km² 区域内测量时，地球曲率对角度的影响可以忽略不计，即观测的球面角度可以视为平面角度。在精度要求较低的测量工作中，其范围还可以适当扩大。

表 1.2　　　　　　　　　　　地球曲率对水平角的影响

面积 P/km²	10	100	500	1000	1500	2000
角度误差 Δc	0.02″	0.17″	0.85″	1.69″	2.54″	3.39″

3. 用水平面代替水准面对高程的影响

在图 1.9 中从大地水准面起算，地面点 B 的高程为 H_B，从水平面起算，B 点的高程为 H_B'，显然其差值 Δh 即为用水平面代替水准面对高程所产生的影响。由图 1.9 可得

$$(R+\Delta h)^2=R^2+D'^2$$

前已述及，D' 与 D 相差甚小，以 D 代替 D'，由上式解得

$$\Delta h=\frac{D^2}{2R+\Delta h}$$

上式分母中，Δh 与 $2R$ 比较可以忽略不计，于是得到

$$\Delta h=\frac{D^2}{2R}$$

以 $R=6371$ km 和不同的 D 值代入上式，算得相应的 Δh 值列于表 1.3。从表中可以看出，用水平面代替水准面所产生的高程误差，随着距离的平方的增大而增大，很快就达到了不能允许的程度。所以在高程测量中，即便距离很短，也不能忽视地球曲率的影响。换言之，在高程测量中，是不允许用水平面来代替水准面的。

表 1.3　　　　　　　　　　　地球曲率对高程的影响

距离 D/m	100	300	500	1000	2000	3000
误差 Δh/mm	0.8	7.1	19.6	78.5	313.9	706.3

1.2.4　测量工作的基本原则

地形测图，通常是在选定的点位上安置仪器，测绘地物、地貌。但是若在一个选定的点位上施测整个测区所有的地物、地貌，则是十分困难甚至是不可能的。如图 1.10 所示，在 A 点只能测绘 A 点附近的房屋、道路、地面起伏等地物地貌，对于山的另一面或较远的地方就观测不到。如果我们在测站 A 的基础上再发展一个测站，以测绘该测站附近的地物地貌，从方法上来讲是可行的，但随之而来的问题是误差的传递，A 站的测量误差必然传递给新的测站，依次将测站发展下去，误差将会累积，以致最后的累积误差达到不能容许的程度，这将使测图成果失去意义和无法使用。所以测量工作必须按一定的原则进行。这个原则就是"先整体后局部""先控制后碎部"。

1.2.9　测量工作概述▶

1.2.10　测量工作概述㊙

所谓"先整体后局部"就是在布局上先考虑整体，再考虑局部。所谓"先控制后碎部"就是在工作步骤上先进行控制测量，再进行碎部测量。图 1.10 中，从整体出发，先

在整个测区范围内均匀选定若干数量的点子，如图中的 A、B、C、D、E、F 诸点，以控制整个测区，这些点子称为控制点。选定的控制点按照一定的方式联结成网形，称为控制网，图中为闭合多边形。以较精密的方法测定网中各个控制点的平面位置和高程，这项工作称为控制测量。然后分别以这些控制点为依据，测定点位附近的地物、地貌，并勾绘成图，这项工作称为碎部测量，又称碎部测图。按照"先整体后局部""先控制后碎部"的原则实施测图，由于建立了统一的控制系统，各个控制点的坐标和高程是通过网平差处理而得到的，因而各个控制点乃至以各个控制点为测站所做的碎部测量都具有相同的精度，从而有效地防止了误差累积。同时碎部测量又是在各个控制点上独立进行的，这将大大提高碎部测量的

图 1.10 测图原则示意图

机动性和灵活性，尤其对大面积测区的分幅测图，不但为分幅测图作业提供了便利，同时也有效地保证了各相邻图幅的拼接和使用。

"先整体后局部""先控制后碎部"的原则同样适用于施工测量。为了将图上设计的建筑物、构筑物放样到实地去，同样应从整体出发，首先建立施工控制网，然后根据控制点和放样数据来测设建筑物、构筑物的细部点。

应当指出，测量工作有"外业"和"内业"之分，利用测量仪器和工具在现场进行测角、测高、测距等测量工作称为测量外业；对观测数据、资料在室内进行计算、整理和绘图等工作称为测量内业。外业和内业共同决定着测量成果的质量，工作环节上的任何一处失误，都将给后续一系列工作造成严重影响。因此，不论外业或内业工作，都必须坚持"边工作边检核""步步工作有检核"的工作原则。同时，测量工作又是一项复杂的集体劳动，任何疏忽和麻痹大意都可能导致不合格成果出现，造成部分或整体返工，所以要求测量人员具有团结协作的工作作风以及严谨细致的工作态度是十分重要和必要的。

知 识 梳 理

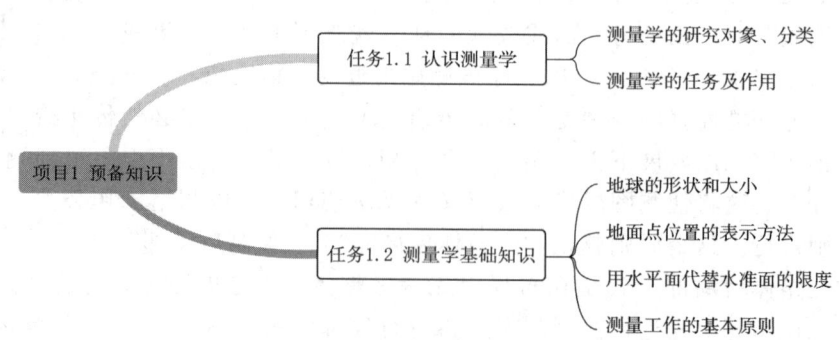

思 政 园 地

测绘学是一门古老的学科，有着悠久的历史。从古代简单的测量工具到现代高科技设备，这一发展脉络反映了人类对地理空间探索的不断深入。测绘技术起源于社会的生产需求，早在公元前 1400 年，埃及肥沃的河谷与平原上就有地产边界的测定，由此开始了测量工作。公元前 2 世纪，司马迁在《史记·夏本纪》中叙述了禹治水中"左准绳，右规矩"的测量工作。

早期测量起源于农业与水利的需求，如古巴比伦的泥板地图用于记录河流和城镇位置，古埃及通过几何测量修建金字塔，中国周朝的《禹贡》描绘了山川地貌。古希腊的埃拉托色尼计算地球周长，为天文学与测量学的结合奠定基础。中世纪时期，阿拉伯人绘制了当时最精确的世界地图。与此同时，中国唐代通过经纬仪和罗盘技术提高了地图的精度。文艺复兴和地理大发现时期，测量学得到飞速发展。六分仪和四分仪的发明显著提高了天文导航精度，链条测量法实现了距离测量标准化。墨卡托投影的发明为航海制图提供了革命性突破。

工业革命推动了测绘机械化，摄影测量技术的出现使地形图制作标准化，航空摄影测量进一步提高了覆盖范围。20 世纪，电子测距仪、全站仪和遥感技术的应用，使测绘技术迈入精准化和全球化阶段。同时，地理信息系统（GIS）的兴起为数据处理和分析提供了强大支持。进入 21 世纪，测绘技术进入智能化和多维化阶段。无人机测绘、激光雷达（LiDAR）、三维建模等技术的广泛应用，极大提高了测绘的灵活性和精度。人工智能和大数据技术的结合，使得测绘数据处理更加高效和智能。随着技术的不断创新，测绘学科的内涵和外延逐步扩大，学科生命力更加旺盛，焕发出了新的生机。现代测绘学正向着近年来兴起的一门新兴学科——"地球空间信息科学"跨越和融合。

测绘学在国民经济建设、国防建设、科学研究、社会发展中广泛应用，发挥着重要的作用。比如，人类对地球形状和大小的测量，珠穆朗玛峰高程测定，北斗导航定位，测绘在国土、建筑、交通、水利、地矿等各类工程建设中不可或缺，被称为工程建设的"排头兵"。

［资料来源：宁津生，王正涛. 从测绘学向地理空间信息学演变历程 ［J］. 测绘学报，2017，46（10）：1213－1218.］

习 题

一、选择题

1. 测量的基本原则不包括（　　）。
   A. 先整体后局部　　B. 先控制后碎部　　C. 高级控制低级　　D. 由简单到复杂

2. 关于用水平面代替水准面产生的高程误差，描述正确的是（　　）。
   A. 与距离的平方成正比　　　　　　B. 与距离成正比
   C. 与距离成反比　　　　　　　　　D. 与距离的平方成反比

3. 对于测量水平距离为5km的距离测量来说，（　　）考虑地球曲率的影响。
A. 需要　　　　　　　B. 不需要　　　　　　C. 无所谓
4. 对绝对高程描述正确的是（　　）。
A. 地面点到水准面的铅垂距离
B. 地面点到参考椭球面的法线距离
C. 地面点到大地水准面的铅垂距离
D. 地面点沿基准线方向到基准面的铅垂距离
5. 对大地水准面描述正确的是（　　）。
（1）是通过平均海水面的一个水准面
（2）是测量计算的基准面
（3）是测量工作的基准面
（4）具有代表性的水准面
（5）是唯一的
（6）是重力等位面
（7）是处处与铅垂线垂直的连续封闭曲面
A. （3）－（4）－（5）－（6）－（7）　　B. （2）－（4）－（5）－（6）－（7）
C. （1）－（3）－（5）－（6）－（7）　　D. （1）－（2）－（4）－（5）－（6）
6. 以下不属于测量三项基本工作的是（　　）。
A. 面积测量　　　B. 距离测量　　　C. 角度测量　　　D. 高程测量
7. 测定是指（　　）。
A. 大型建筑的施工测量
B. 把设计好的图纸上建筑物的位置，在地面上标定出来的过程
C. 变形观测的过程
D. 测量某未知量的过程，如测量某角度大小的过程或把地物、地貌测绘成图的过程
8. A点的高斯坐标为$X_A=112240\text{m}$，$Y_A=19343800\text{m}$，则A点所在6°带的带号及中央子午线的经度分别为（　　）。
A. 11带，66°　　B. 11带，63°　　C. 19带，117°　　D. 19带，111°
9. 地面某点的经度为东经85°32′，该点应在3°带的第几带？（　　）
A. 28　　　　　B. 29　　　　　C. 27　　　　　D. 90
10. 测量使用的高斯平面直角坐标系与数学使用的笛卡尔坐标系的区别是（　　）。
A. X与Y轴互换，第一象限相同，象限逆时针编号
B. X与Y轴互换，第一象限相同，象限顺时针编号
C. X与Y轴不变，第一象限相同，象限顺时针编号
D. X与Y轴互换，第一象限不同，象限顺时针编号

二、判断题
1. 测量计算的基准线是法线。　　　　　　　　　　　　　　　　　　　　　　　（　　）
2. 测量工作的基准面是大地水准面。　　　　　　　　　　　　　　　　　　　　（　　）
3. 测量计算的基准面是参考椭球面。　　　　　　　　　　　　　　　　　　　　（　　）

4. 地球椭球表面各点处法线与铅垂线都是重合的。　　　　　　　　（　　）
5. 大地水准面是规则的曲面。　　　　　　　　　　　　　　　　　（　　）
6. 参考椭球面是实际存在的，而不是人为抽象的。　　　　　　　　（　　）
7. 大地坐标是用经纬度来表示的。　　　　　　　　　　　　　　　（　　）
8. 由大地坐标向高斯平面直角坐标的换算叫作高斯正算。　　　　　（　　）
9. 水准面是重力等位面。　　　　　　　　　　　　　　　　　　　（　　）
10. 在高斯平面直角坐标系中，中央子午线的投影为坐标纵轴。　　（　　）

项目1　习题答案

项目 2　水　准　测　量

【项目介绍】 本项目主要介绍水准测量的相关知识，包含水准测量原理、水准仪的操作使用、连续水准测量、电子水准仪的认识和使用、DS₃微倾式水准仪检验与校正的原理和方法等。通过本项目的学习，学生能够掌握水准测量原理，熟练使用水准仪，能够完成普通水准测量外业观测和内业计算。通过实践操作，培养学生规范操作仪器、爱护仪器的职业素养。通过水准原点的相关知识，培养学生树立自立自强的意识和科技强国的创新精神。

任务 2.1　水准测量原理

知识目标：
（1）掌握水准测量原理及相关知识。
（2）掌握高差的计算公式，掌握高差法和视线高法两种高差测量计算方法。

能力目标：
（1）能够阐述水准测量原理。
（2）能够利用高差法和视线高法解决实际问题。

素质目标：
（1）培养学生理论联系实际的能力。
（2）培养学生分析问题、解决问题的能力。

2.1.1 水准测量原理▶　　2.1.2 水准测量原理

水准测量是利用水准仪所提供的水平视线，同时借助水准尺，测定地面两点间的高差，然后根据其中一点的高程推算出另一点高程的测量方法。

如图 2.1 所示，欲测定 A、B 两点之间的高差 h_{AB}，可在 A、B 两点上分别竖立水准尺，并在 A、B 两点之间安置水准仪。根据仪器提供的水平视线，在 A 点尺上读数，设为 a；在 B 点尺上读数，设为 b；则 B 点对于 A 点的高差为

$$h_{AB} = a - b \tag{2.1}$$

高差（h_{AB}）＝后视读数（a）－前视读数（b）

如果水准测量是由 A 点到 B 点进行的，如图 2.1 中的箭头所示，我们称 A 点为后视点，A 点尺上读数 a 为后视读数；称 B 点为前视点，B 点尺上读数 b 为前视读数。高差等于后视读数减去前视读数。当 $a > b$ 时，高差为正，表明前视点高于后视点；当 $a < b$ 时，高差为负，表明前视点低于后视点。一般来说，高程计算的方法有高差法和视线高法两种。

1. 高差法

若已知 A 点的高程为 H_A，则 B 点的高程为

$$H_B = H_A + h_{AB} \tag{2.2}$$

2. 视线高法

利用视线高程推算未知点高程的方法称为视线高法（也叫仪器高法）。当安置一次仪器要求出若干个点的高程时，视线高法比高差法方便。

从图 2.1 中可看出，A 点的高程加后视读数就是仪器的水平视线高程 H_i。即

$$H_i = H_A + a \tag{2.3}$$

由此得到 B 点的高程为

$$H_B = H_i - b \tag{2.4}$$

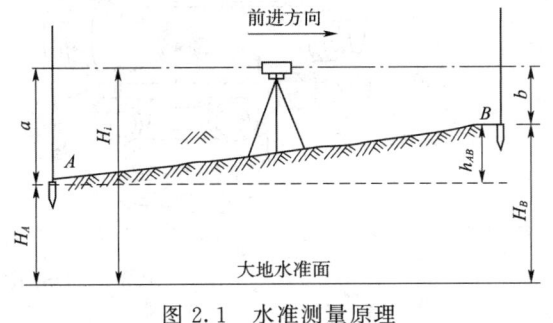

图 2.1 水准测量原理

任务 2.2 水准仪的操作使用

知识目标：
(1) 了解 DS_3 微倾式水准仪构造，掌握望远镜的十字丝、视准轴、视差等重要概念。
(2) 掌握水准仪的操作步骤。
(3) 掌握水准尺的读数方法。

能力目标：
(1) 能够熟练操作水准仪。
(2) 能够准确读取水准尺读数。

素质目标：
(1) 培养学生严谨求实、一丝不苟的测绘职业道德规范。
(2) 培养学生的团队协作精神。

2.2.1 认识水准仪　2.2.2 认识水准仪

2.2.1 DS_3 型微倾式水准仪的构造

水准仪按构造可分为微倾式、自动安平、精密水准仪、数字水准仪等，按精度可分为 DS_{05}、DS_1、DS_3、DS_{10}、DS_{20} 等几个等级。"D"和"S"分别为"大地测量"和"水准仪"汉语拼音的第一个字母，"3"为用该类仪器进行水准测量每公里往返测高差中数的偶然中误差为 ± 3mm。图 2.2 所示为我国生产的 DS_3 型微倾式水准仪。在工程测量中，最常用的是 DS_3 型微倾式水准仪。它主要由望远镜、水准器和基座三部分组成。下面着重介绍其主要部件的结构与作用。

1. 望远镜

望远镜用于瞄准水准尺并读数，其放大倍率一般为 25～30 倍。望远镜由物镜、目镜、十字丝分划板、调焦透镜、物镜与目镜对光螺旋组成，如图 2.3 所示。各组成部分的功能如下：①物镜和目镜的功能是使目标成像位于十字丝分划板上并一起放大；②十字丝分划板用于瞄准目标和读数；③调焦透镜与物镜对光螺旋使目标清晰；④目镜对光螺旋使十字丝清晰。

项目 2 水 准 测 量

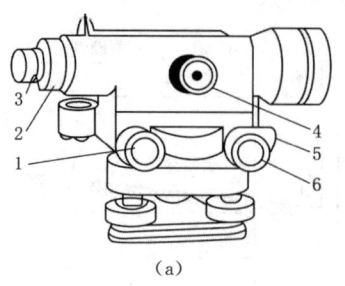 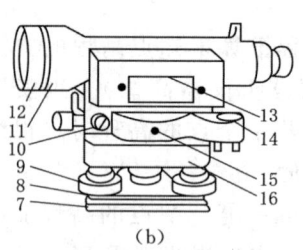

图 2.2 DS₃ 微倾式水准仪

1—微倾螺旋；2—分划板护罩；3—目镜；4—物镜对光螺旋；5—制动螺旋；
6—微动螺旋；7—底板；8—三角压板；9—脚螺旋；10—弹簧帽；11—望远镜；
12—物镜；13—管水准器；14—圆水准器；15—连接小螺丝；16—轴座

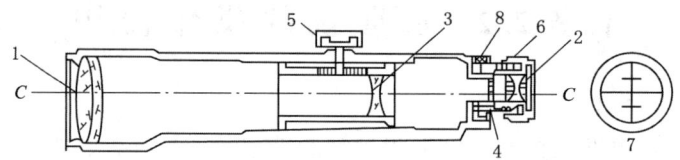

图 2.3 望远镜构造

1—物镜；2—目镜；3—对光凹透镜；4—十字丝分划板；5—物镜对光螺旋；
6—目镜对光螺旋；7—十字丝放大像；8—分划板座止头螺丝

十字丝交点与物镜光心的连线，称为视准轴（图 2.3 中的 C—C）。水准测量是在视准轴水平时，用十字丝的中丝来截取水准尺上的读数。

2. 水准器

水准器有圆水准器和管水准器两种，水准器是使仪器竖轴竖直以及指示视准轴是否水平的装置，用以整平仪器。

（1）圆水准器是用来指示竖轴是否竖直的装置。圆水准器气泡居中时，可实现粗略整平。如图 2.4 所示，圆水准器顶面的内壁是球面，球面中央刻有小圆圈，圆圈的中心为水准器的零点。通过球心和零点的连线为圆水准器轴，当圆水准器气泡居中时，圆水准器轴处于竖直位置。顶盖球面上 2mm 弧长所对应的圆心角值，称为圆水准器的分划值。DS₃ 水准仪的圆水准器的分划值一般为 8′，因其精度较低，所以仅用于仪器的概略整平。

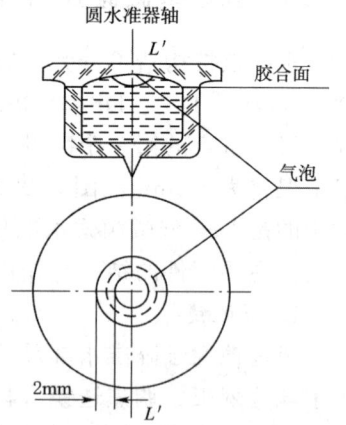

图 2.4 圆水准器

（2）管水准器是用来指示视准轴是否水平的装置。管水准器气泡居中时能实现精确整平。管水准器又称为水准管，是一纵向内壁磨成圆弧形的玻璃管，管内装酒精和乙醚的混合液，加热融封冷却后留有一个气泡（图 2.5）。由于气泡较轻，故恒处于管内最高位置。水准管上一般刻有间隔为 2mm 的分划线，分划线

的对称中心 O,称为水准管的零点(图2.5)。当水准管的气泡中点与水准管零点重合时,称为气泡居中;这时水准管轴 $L—L$ 处于水平位置。水准管圆弧长2mm所对的圆心角 τ,称为水准管分划值,用公式表示为

$$\tau'' = \frac{2}{R} \cdot \rho'' \tag{2.5}$$

式中:ρ'' 为弧度换算成秒的常数,其值为 $206265''$;R 为水准管圆弧半径,mm。

式(2.5)说明圆弧的半径 R 越大,角值 τ 越小,则水准管灵敏度越高。DS_3 级水准仪水准管的分划值一般为 $20''$。

为了提高水准管气泡居中精度,微倾式水准仪在水准管的上方安装一组符合棱镜,如图2.6(a)所示。通过符合棱镜的反射作用,使气泡两端的像反映在望远镜旁的符合气泡观察窗中。若气泡两端的半像吻合,就表示气泡居中,如图2.6(b)所示。若气泡的半像错开,则表示气泡不居中,如图2.6(c)所示。这时,应转动微倾螺旋,使气泡的半像吻合。

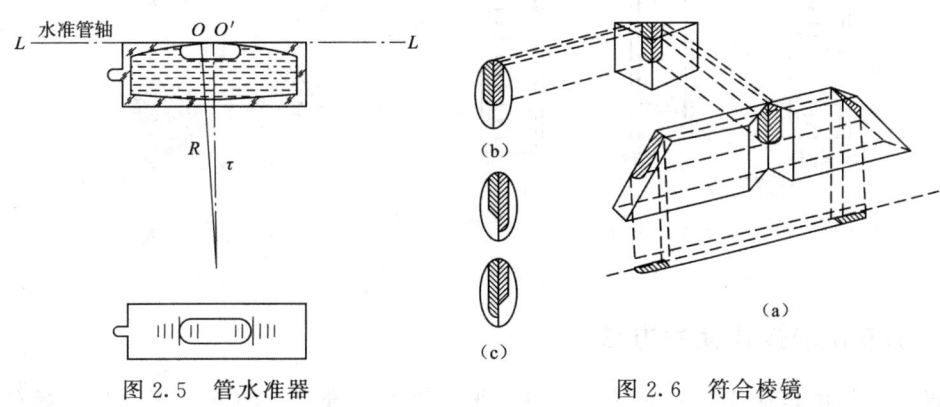

图2.5 管水准器   图2.6 符合棱镜

3. 基座

基座的作用是支承仪器的上部并与三脚架连接。它主要由轴座、脚螺旋、底板和三角压板构成,如图2.2所示。

2.2.2 水准尺和尺垫

1. 水准尺

水准尺是水准测量时使用的标尺。其质量好坏直接影响水准测量的精度。因此,水准尺需用不易变形且干燥的优质木材制成;要求尺长稳定,分划准确。常用的水准尺有塔尺和双面尺两种,如图2.7所示。

塔尺[图2.7(b)]多用于等外水准测量,其长度有3m和5m两种,用两节或三节套接在一起。双面水准尺[图2.7(a)]多用于三、四等水准测量,其长度一般为3m,也有2m尺,两根尺为一对。尺的两面均有刻划,一面黑白相间称为黑面尺;另一面红白相间称为红面尺,两面刻划均为1cm,并在分米处注字。两根尺的黑面均由零开始;而红面,一根尺由4.687m开始至7.687m,另一根由4.787m开始至7.787m。

2. 尺垫

尺垫是在转点处放置水准尺用的，它用生铁铸成，一般为三角形，中央有一突起的半球体，下方有三个支脚，如图 2.8 所示。用时将支脚牢固地插入土中，以防下沉和移位，上方突起的半球形顶点作为竖立水准尺和标志转点之用。

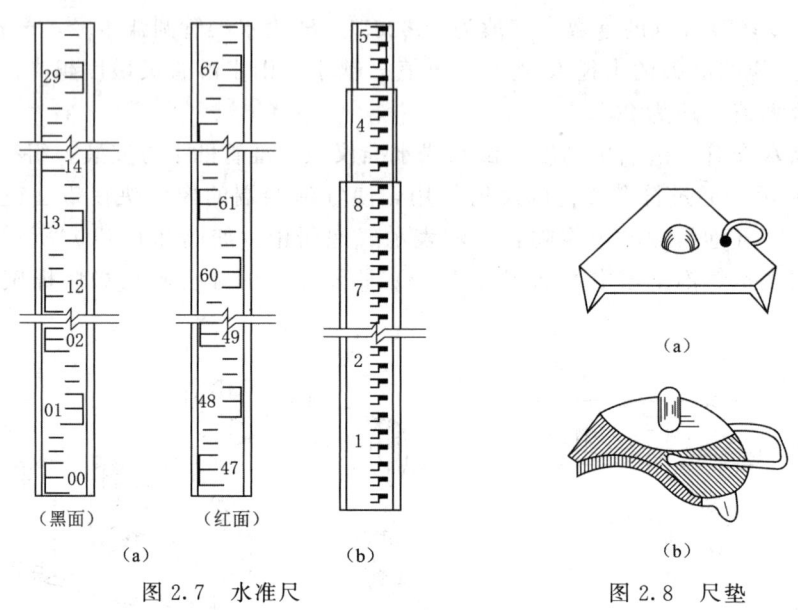

图 2.7 水准尺　　　　　　　图 2.8 尺垫

2.2.3 水准仪的操作使用方法

水准仪的使用包括仪器的安置、粗略整平、瞄准水准尺、精确整平和读数等步骤。

1. 安置仪器

打开三脚架，将其支在地面上，并使其高度适当，目估使架头大致水平，检查脚架腿是否安置稳固，脚架伸缩螺旋是否拧紧，然后打开仪器箱取出水准仪，置于三脚架头上并用连接螺旋将仪器牢固地固连在三脚架头上。

2.2.3 水准仪的操作㈠

2. 粗略整平

粗略整平是借助圆水准器的气泡居中，使仪器竖轴大致铅直，从而使视准轴粗略水平。

2.2.4 水准仪的操作㈡

方法：如图 2.9（a）所示，气泡未居中而位于 a 处，则先按图上箭头所指的方向用两手相对转动脚螺旋①和②，使气泡移到 b 的位置，如图 2.9（b）所示。再转动脚螺旋③，即可使气泡居中，如图 2.9（c）所示。在整平的过程中，气泡的移动方向与左手大拇指运动的方向一致。

3. 瞄准水准尺

（1）目镜调焦。使望远镜对向远方明亮的背景，转动目镜对光螺旋，直到十字丝清晰为止。

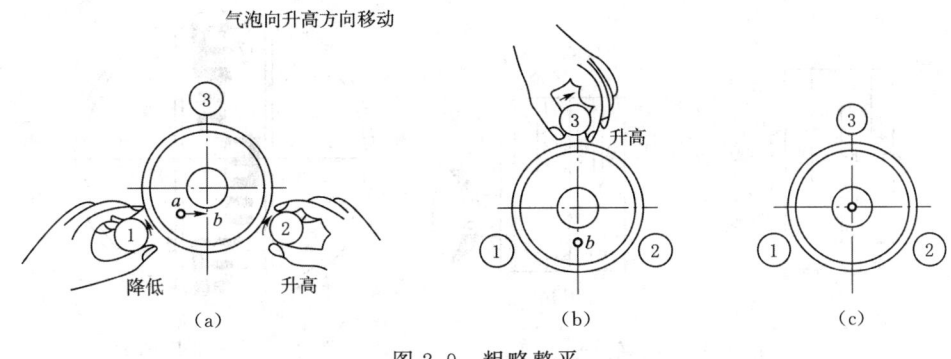

图 2.9 粗略整平

（2）粗略瞄准。通过望远镜上的准星、照门瞄准水准尺，使尺面进入视场。

（3）物镜调焦。转动物镜调焦螺旋，使水准尺成像清晰。

（4）精确瞄准。转动微动螺旋，使十字丝的竖丝贴近水准尺的边缘或中央。

（5）消除视差。当眼睛在目镜端上下微动时，十字丝与标尺的影像有相对移动（这种现象称为视差），会得到不同的读数［图 2.10（b）］，应予以消除。产生视差的原因是标尺影像所在平面没有与十字丝分划板平面重合。消除的方法是仔细调节目镜和物镜调焦螺旋，直到眼睛上、下移动时读数不变为止［图 2.10（a）］。

4．精确整平

精确整平是借助水准管气泡居中，使视准轴精确水平，简称精平。眼睛靠近气泡观察窗，同时缓慢地转动微倾螺旋，当气泡影像吻合并稳定不动时，表明气泡已居中，视线处于水平位置，如图 2.11 所示。

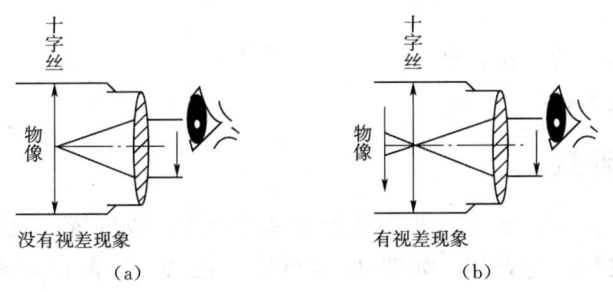

图 2.10 视差现象

5．读数

水准管气泡居中后，应立即用中丝在水准尺上截取读数。读数时应从小数向大数读，读四位数。米、分米看尺面上的注记，厘米数看尺面上的格数，毫米估读水准尺与中丝重合位置处的数，然后报出全部读数。

对于望远镜成正像的仪器，读数应从下往上读；对于望远镜成倒像的仪器，读数应从上往下读。如图 2.12 所示的读数为 1.823m。读完数后，还需再检查气泡影像是否仍然吻合，若发生了移动需再次精平，重新读数。

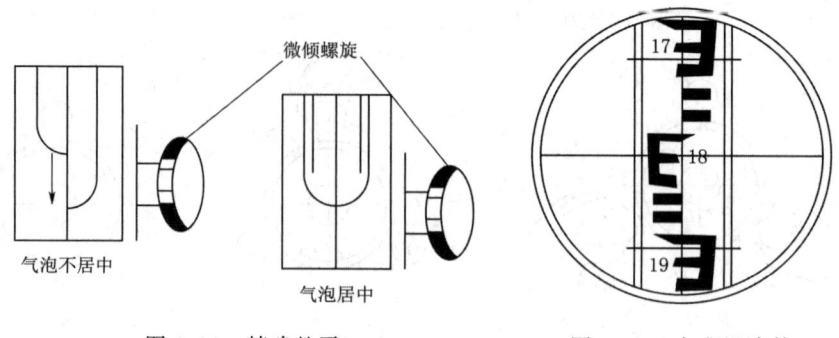

图 2.11　精确整平　　　　　　图 2.12　水准尺读数

任务 2.3　连 续 水 准 测 量

知识目标：
(1) 掌握水准点和转点的含义和区别。
(2) 掌握水准路线的布设形式和方法。
(3) 掌握水准测量的观测、记录、计算和检核的方法。

能力目标：
(1) 能够区别水准点和转点，合理地选择水准点、转点和测量路线。
(2) 能够做到仪器位置合适，后、前视观测顺序和跑尺顺序正确。
(3) 能够准确地进行读数、记录、计算、检核和完成外业测量手簿。

素质目标：
(1) 培养学生严谨细致的工作态度。
(2) 培养学生的规范意识。

2.3.1　连续水准测量　　2.3.2　连续水准测量

2.3.1　连续水准测量

实际工作中，通常 A、B 两点相距较远或高差较大，仅安置一次仪器难以测得两点的高差，此时需连续设站进行观测。如图 2.13 所示，在 A、B 两点之间增设若干个临时立尺点，将 AB 划分为 n 段，逐段安置水准仪进行水准测量。

我们把安置仪器的位置称为测站，在每一测站上进行水准测量，得到各测站的后视读数和前视读数分别为 a_1、b_1；a_2、b_2；…；a_n、b_n。则各测站测得的高差为

第 1 测站：$h_1 = a_1 - b_1$

第 2 测站：$h_2 = a_2 - b_2$

$$\vdots$$

第 n 测站：$h_n = a_n - b_n$

A、B 两点的高差 h_{AB} 应为各测站高差的代数和，即

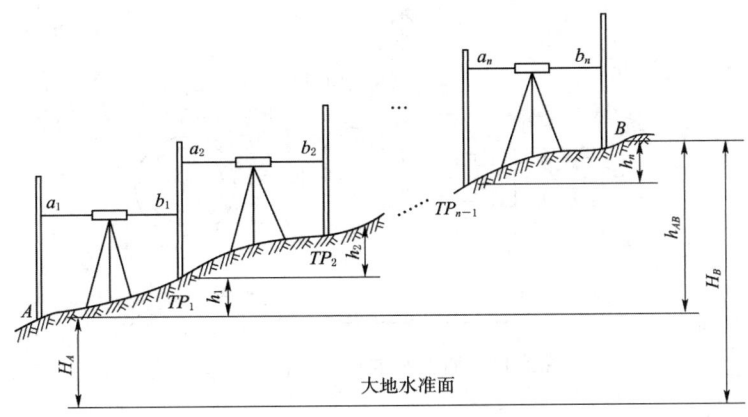

图 2.13 连续水准测量

$$h_{AB}=h_1+h_2+\cdots+h_n=\sum_{i=1}^{n}h_i \tag{2.6}$$

或写成

$$h_{AB}=(a_1-b_1)+(a_2-b_2)+\cdots+(a_n-b_n)=\sum_{i=1}^{n}a_i-\sum_{i=1}^{n}b_i \tag{2.7}$$

若 A 点高程已知,则 B 点的高程为

$$H_B=H_A+h_{AB}$$

在水准测量中,A、B 两点之间的临时立尺点仅起传递高程的作用,这些点称为转点,通常以 TP 表示,如图中的 TP_1,TP_2,…,TP_{n-1}。在进行水准测量时,转点处要放置尺垫,测量时水准尺交替前行。

2.3.2 水准点

用水准测量方法测定高程的控制点称为水准点,简记为 BM。水准点有永久性和临时性两种。等级水准点需按规定要求埋设永久性固定标志,图 2.14 所示为国家等级水准点,一般用石料或钢筋混凝土制成,深埋到地面冻结线以下,在标石的顶面设有用不锈钢或其他不易锈蚀的材料制成的半球状标志。有些水准点也

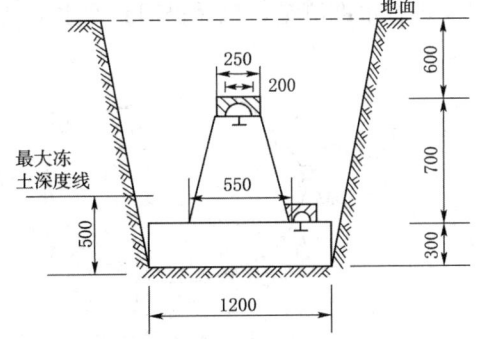

图 2.14 国家等级水准点(单位:mm)

可设置在稳定的墙脚上,称为墙上水准点,如图 2.15 所示。普通水准点一般为临时性的,可以在地上打入木桩,也可在建筑物或岩石上用红漆画一临时标志标定点位即可。

2.3.3 水准路线布设形式

水准路线是水准测量施测时所经过的路线。为便于施测,水准路线应尽量沿公路、大道等平坦地面布设。水准路线上两相邻水准点之间的段落称为一个测段。

水准路线的布设分为单一水准路线和水准网两种。

2.3.3 水准路线布设

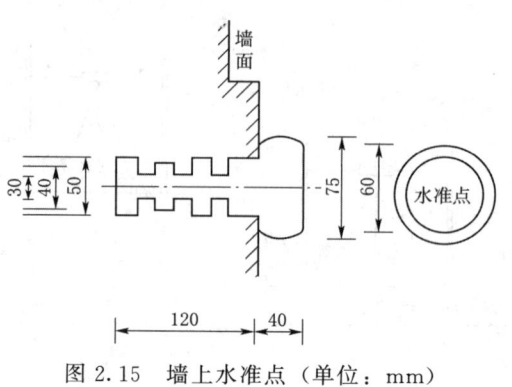

图 2.15 墙上水准点（单位：mm）

2.3.4 水准路线布设

1. 单一水准路线

单一水准路线的布设形式有以下三种：

（1）**附合水准路线**。如图 2.16 所示，从一个已知点 BM_1 出发，沿各待定高程点 1、2、3、4 进行水准测量，最后测至另一个已知点 BM_2 所构成的施测路线，称为附合水准路线。

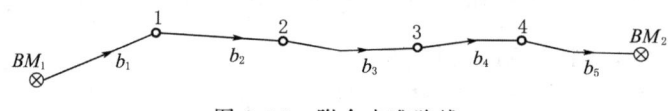

图 2.16 附合水准路线

（2）**闭合水准路线**。如图 2.17 所示，从一已知水准点 BM_A 出发，沿待定高程点 1、2、3、4 进行水准测量，最后仍回到原水准点 BM_A 所组成的环形路线，称为闭合水准路线。

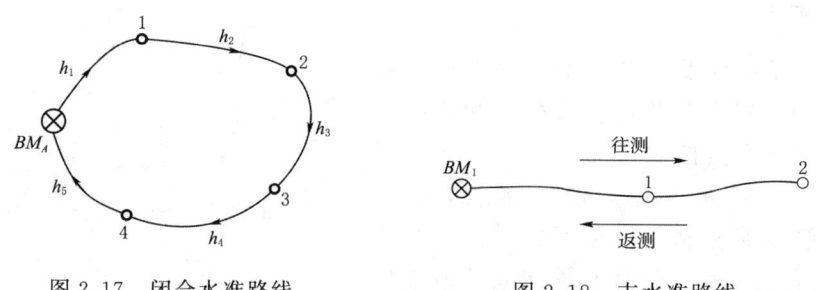

图 2.17 闭合水准路线　　图 2.18 支水准路线

（3）**支水准路线**。如图 2.18 所示，从一已知水准点 BM_1 出发，沿待定高程点 1、2 进行水准测量，其路线既不附合也不闭合，称为支水准路线。支水准路线无检核条件，必须往返观测以资校核。

2. 水准网形式

由若干条单一水准路线相互连接构成结点或网状形式，称为水准网。只有一个已知高程水准点的水准网称为独立水准网，如图 2-19（a）所示；有两个以上已知高程水准点的水准网称为结点附合水准网，如图 2-19（b）所示。

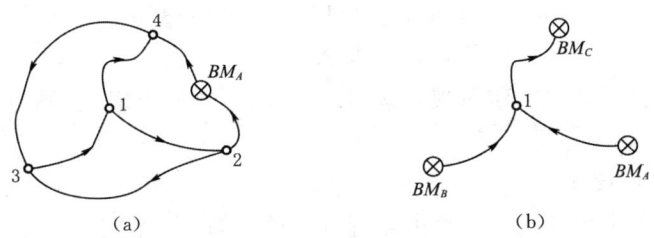

图 2.19 水准网

2.3.4 普通水准测量的外业工作

我国国家水准测量依精度要求不同分为一、二、三、四等,一等精度最高,四等最低。不属于国家规定等级的水准测量一般称为普通水准测量(也称等外水准测量)。等级水准测量对所用仪器、工具以及观测、计算方法都有具体要求,但与普通水准测量比较,由于基本原理相同,因此基本工作方法也有许多地方相同。下面介绍普通水准测量的实施工作。

2.3.5 普通水准测量

1. 外业观测、记录及计算

拟定出水准路线并选定水准点之后,即可进行水准路线的外业施测。如图 2.20 所示,水准点 A 的高程为 27.354m,现拟测量 B 点的高程,其观测步骤如下:

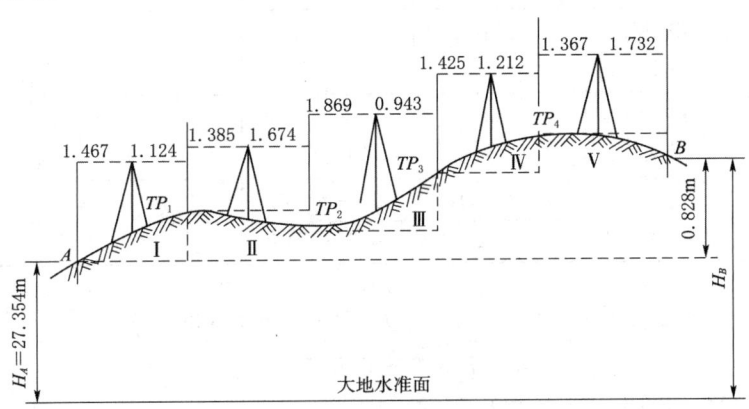

图 2.20 水准测量略图

(1)在起始水准点 A 上竖立水准尺,作为后视点。

(2)在路线上适当位置安置水准仪,并在路线的前进方向上选择转点 TP_1,在转点处放置尺垫,在尺垫上竖立水准尺作为前视点。仪器到两水准尺的距离应基本相等,最大差值不应超过 20m;最大视距应不大于 150m。

(3)观测员将仪器概略整平,照准后视尺,消除视差,精确整平,用中丝读取后视读数 1.467 并记入手簿(表 2.1)。

(4)转动水准仪,照准前视尺,消除视差,精确整平,用中丝读取前视读数 1.124 并记入手簿。

(5)计算 A、TP_1 两点间的高差,即

$$h_{A1}=1.467-1.124=+0.343(\mathrm{m})$$

算出高差，记入手簿中相应位置，见表 2.1。

(6) 前视尺位置不动，变作后视，按 (2)、(3)、(4)、(5) 步骤进行操作，测到终点 B 为止。

2. 水准测量的校核

(1) 计算检核。为保证高差计算的正确性，应在每页手簿下方进行计算检核。检核的依据是：各测站测得的高差的代数和应等于后视读数之和减去前视读数之和。见表 2.1。

表 2.1 水 准 测 量 手 簿

日期_____ 观测_____ 记录_____ 天气_____

测站	测点	水准尺读数 / m		高差 / m	
		后视 (a)	前视 (b)	+	−
Ⅰ	BM_A TP_1	1.467	1.124	0.343	
Ⅱ	TP_1 TP_2	1.385	1.674		0.289
Ⅲ	TP_2 TP_3	1.869	0.943	0.926	
Ⅳ	TP_3 TP_4	1.425	1.212	0.213	
Ⅴ	TP_4 B	1.367	1.732		0.365
计算校核		$\sum a=7.513$	$\sum b=6.685$	$\sum=+1.482$	$\sum=-0.654$
		$\sum a-\sum b=+0.828$		$\sum h=+0.828$	

$$\sum h=1.482+(-0.654)=+0.828(\mathrm{m})$$

$$\sum a-\sum b=7.513-6.685=+0.828(\mathrm{m})$$

所求两数相等，说明计算正确无误。

(2) 测站检核。各站测得的高差是推算待定点高程的依据，若其中任何一测站所测高差有误，则全部测量成果就不能使用。计算检核仅能检查高差的计算是否正确，并不能检核因观测、记录导致的高差错误。因此，对每一站的高差还需进行测站检核。测站检核通常采用变动仪器高法或双面尺法。

1) 变动仪器高法。在同一测站上，改变仪器高度，两次测定高差。第一次测定后，重新安置仪器，使仪器高度的改变量不小于 10cm，再进行第二次高差测定，两次测得的高差之差若不超过容许值 (如等外水准测量为 ±6mm)，则符合要求。取高差的平均值作为该测站的观测高差。否则需返工重测。

2) 双面尺法。在同一测站上仪器高度不变，分别用水准尺的黑、红面各自测出两点之间的高差，若两次高差之差不超过容许值，同样取高差的平均值作为观测结果。

任务 2.4 自动安平水准仪简介

知识目标:
(1) 了解自动安平水准仪的原理。
(2) 掌握自动安平水准仪的使用方法。

能力目标:
(1) 能够熟练操作自动安平水准仪。
(2) 能够对获取的数据进行整理、处理和分析。

素质目标:
(1) 培养学生解决复杂问题的能力。
(2) 培养学生团队合作与沟通交流能力。

自动安平水准仪是一种不用符合水准器和微倾螺旋,只用圆水准器进行粗略整平,借助仪器内部安平机构(自动安平补偿器)就能自动提供水平视线的仪器。这种仪器操作迅速简便,测量精度高,深受测量人员欢迎。

1. 自动安平原理

如图 2.21 所示,当望远镜视准轴倾斜了一个小角 α 时,由水准尺上的 a_0 点过物镜光心 O 所形成的水平线,不再通过十字丝中心 Z,而在离 Z 为 l 的 A 点处,显然:

$$l = f \cdot \alpha \tag{2.8}$$

式中:f 为物镜的等效焦距;α 为视准轴倾斜的小角。

在图 2.21 中,若在距十字丝分划板 S 处安装一个补偿器 K,使水平光线偏转 β 角,以通过十字丝中心 Z,则

$$l = S \cdot \beta \tag{2.9}$$

故有

$$f \cdot \alpha = S \cdot \beta \tag{2.10}$$

这就是说,若上述公式的条件能得到满足,虽然视准轴有微小倾斜,但十字丝中心 Z 仍能读出视线水平时的读数 a_0,从而达到自动补偿的目的。

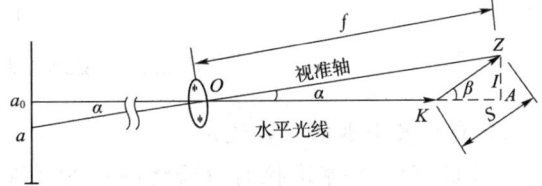

图 2.21 水准测量略图

2. 自动安平补偿器

自动安平补偿器的种类很多,但一般都是采用吊挂光学零件的方法,借助重力的作用达到视线自动补偿的目的。

图 2.22(a)是 DSZ$_3$ 自动安平水准仪。该仪器是在对光透镜与十字丝分划板之间安装一套补偿器。其构造是:将屋脊棱镜固定在望远镜筒内,在屋脊棱镜的下方,用交叉的金属丝吊挂着两个直角棱镜,这两个直角棱镜在重力作用下,能与望远镜作相对的偏转。为了使吊挂的棱镜尽快地停止摆动,还设置了阻尼器。

如图 2.22(a)所示,当仪器处于水平状态,视准轴水平时,尺上读数 a_0 随着水平

光线进入望远镜,通过补偿器到达十字丝中心 Z,此时读得视线水平时的读数 a_0。

当望远镜倾斜了微小角度 α 时,如图 2.22 (b) 所示。此时,吊挂的两个直角棱镜在重力作用下,相对于望远镜的倾斜方向作反向偏转,水平视线通过图中虚线所示直角棱镜的反射,到达十字丝的中心 Z,所以仍能读得视线水平时的读数 a_0,从而达到补偿的目的。

由图 2.22 (b) 中还可以看出,当望远镜倾斜 α 角时,通过补偿的水平光线(虚线)与未经补偿的水平光线(实线)之间的夹角为 β。由于吊挂的直角棱镜相对于倾斜的视准轴偏转了 α 角,反射后的光线便偏转 2α,通过两个直角棱镜反射,则 β 等于 4α。

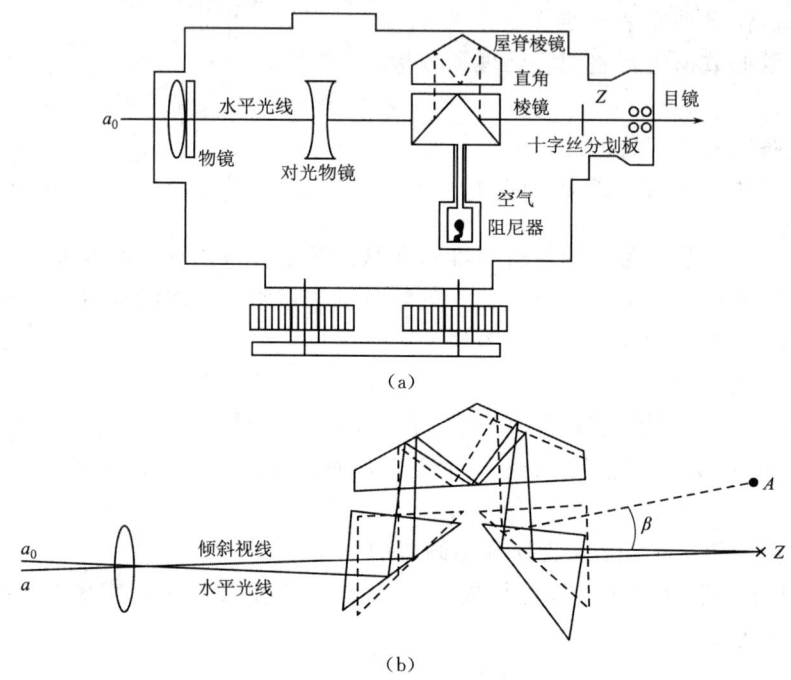

图 2.22 视线自动安平的补偿结构

3. 自动安平水准仪的使用

使用自动安平水准仪时只要将圆水准气泡居中(粗略整平),即可瞄准水准尺进行读数。另外,由于补偿器相当于一个重力摆,其重力摆静止稳定一般需 2~4s,所以瞄准水准尺约过几秒钟后再读数为好。

有的自动安平水准仪配有一个键或自动安平钮,每次读数前应按一下键或按一下钮才能读数,否则补偿器不会起作用。

任务 2.5 电子水准仪的认识与使用

知识目标:
(1) 了解电子水准仪的原理。
(2) 掌握电子水准仪的使用方法。
(3) 掌握电子水准仪数据传输方法。

能力目标：
(1) 能够对电子水准仪进行正确设置，规范操作使用电子水准仪。
(2) 能够完成对电子水准仪观测数据的传输。

素质目标：
(1) 培养学生严谨的科学态度。
(2) 培养学生勇于探索的创新精神。

1. 电子水准仪的工作原理

电子水准仪又称数字水准仪，它是在自动安平水准仪的基础上发展起来的。电子水准仪测量系统主要由编码标尺、光学望远镜、补偿器、CCD传感器以及微处理控制器和相关图像处理软件等组成。工作基本原理是标尺上的条码图案经过光反射，一部分光束直接成像在望远镜分划板上，供目视观测；另一部分光束通过分光镜被转折到线阵CCD传感器的像平面上，经光电转换、整形后再经过模数转换，输出数字信号被送到微处理器进行处理和存储，并将其与仪器内存的标准码（参考信号）按一定方式进行比较，即可自动读取高差和距离。电子水准仪以其新颖的测量原理、可靠的观测精度、简单的观测方法，获得了广泛的关注和应用。

2. 电子水准仪的构造

(1) 仪器的构造。图2.23所示为国产南方DL-2007型数字水准仪的外观。从外观上讲，其主要由望远镜、圆水准器、操作键盘、数据显示窗口、脚螺旋及底盘等部分构成。

(2) 操作键及其功能。详见表2.2。

表2.2　　　　　　　　　　　　操 作 键 及 其 功 能

键 符	键 名	功 能
POW/MEAS	电源开关/测量键	用于仪器开关机和进行测量。开机：仪器待机时轻按一下；关机：按约5s。
MENU	菜单键	进入菜单模式，菜单模式有下列选择项：标准测量模式、线路测量模式、检校模式、数据管理和格式化内存/数据卡。
DIST	测距键	在测量状态下按此键测量并显示距离。
↑↓	选择键	翻页菜单屏幕或数据显示屏幕。
←→	数字移动键	查询数据时的左右翻页或输入状态时左右选择。
ENT	确认键	用来确认模式参数或输入显示的数据。
ESC	退出键	用来退出菜单模式或任一设置模式，也可作输入数据时的后退清除键。
0~9	数字键	用来输入数字。
—	标尺倒置模式	用来进行倒置标尺输入，并应预先在测量参数下将倒置标尺模式设置为"使用"。
☀	背光灯开关	打开或关闭背光灯。
.	小数点键	数据输入时输入小数点；在可输入字母或符号时，切换大小写字母和符号输入状态。
REC	记录键	记录测量数据。

项目 2 水 准 测 量

续表

键 符	键 名	功 能
SET	设置键	进入设置模式,设置模式用来设置测量参数、条件参数和仪器参数。
SRCH	查询键	用来查询和显示记录的数据。
IN/SO	中间点/放样模式键	在连续水准线路测量时,测中间点或放样。
MANU	手工输入键	当不能用[MEAS]键进行测量时,可从键盘手工输入数据。
REP	重复测量键	在连续水准线路测量时,可用来重测已测过的后视或前视。

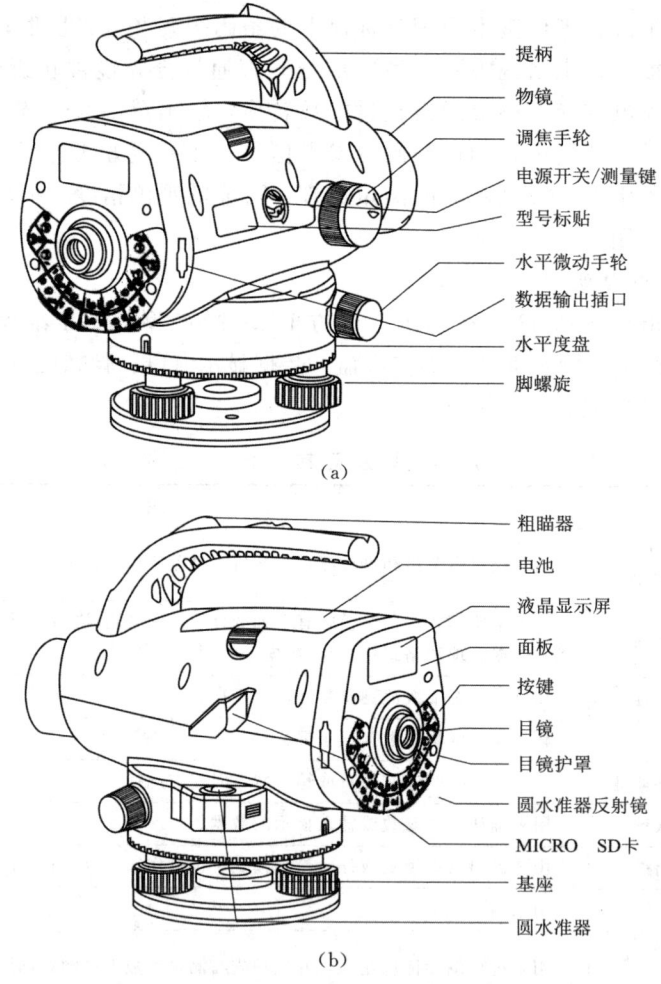

图 2.23 电子水准仪构造

3. 电子水准仪的使用步骤

电子水准仪型号不同,使用方法和操作也不太一样,在此简单介绍南方测绘公司生产的 DL-2007 型电子水准仪的作业步骤。

(1)安置整平仪器。安置好仪器后,用脚螺旋将圆水准器的气泡调整居中。

(2)新建及相关设置。用户需要在仪器的控制系统中输入项目的基本信息,包括项目名称、日期、测量人员、线路名、测量方式、起始点号、高程等关键信息。确保所有信息准确无误,以便于后续的数据管理和查询。

2.5.1 电子水准仪虚拟仿真操作

(3)限差设置。在正式测量之前,需要按相应规范要求进行限差设置,仪器会根据所设限差进行实时超限提示,保证外业数据质量。进入限差设置界面可以进行最大视距、最小视距高、最大视距高、单站前后视距差、水准线路前后视距差等设置。

(4)线路测量。完成新建项目和限差设置后,在主菜单依次选择线路测量模式,开始线路测量,再次选择线路测量模式,输入后视点及后视高程,然后即可以根据提示开始水准测量。如果完成整个线路测量要退出,根据相关界面操作,会得出合计高差、闭合差、合计视距等。如果符合规范要求,则外业数据合格;如果不符合,则应寻找原因,重测相应测站。

4. 电子水准仪数据文件传输

水准仪内通常没有 SD 卡,采集的数据均需要保存在机身内存中。需提前准备一张 SD 卡、一个读卡器。

按照以下步骤进行数据导出:

(1)取出水准仪并插入 SD 卡,开机。

(2)打开主菜单,选择数据管理-生成文件夹,输入文件名,按 ENT 完成创建,用于存放要拷贝的数据。不要在电脑上新建,否则无法识别,并提示数据卡上不存在文件夹。

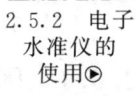

2.5.2 电子水准仪的使用

(3)依次选择主菜单中的数据管理—拷贝作业—拷贝自内存—线路测量模式—选择要拷贝的作业—拷贝到 SD 卡—选择建立好的文件夹,数据导出完成。

5. 电子水准仪的特点

电子水准仪是以自动安平水准仪为基础,在望远镜光路中增加了分光镜和探测器(CCD),并采用条码标尺和图像处理电子系统构成的光机电测一体化的高科技产品。采用普通标尺时,又可像一般自动安平水准仪一样使用。

2.5.3 电子水准仪的使用和传输

它与传统仪器相比有以下共同特点:

(1)读数客观。不存在误差、误记问题,没有人为读数误差。

(2)精度高。视线高和视距读数都是采用大量条码分划图像经处理后取平均得出的,因此削弱了标尺分划误差的影响。多数仪器都有进行多次读数取平均的功能,可以削弱外界条件影响。不熟练的作业人员也能进行高精度测量。

(3)速度快。由于省去了报数、听记、现场计算的时间以及人为出错的重测数量,测量时间与传统仪器相比可以节省 1/3 左右。

(4)效率高。只需调焦和按键就可以自动读数,减轻了劳动强度。视距还能自动记录、检核、处理,并能输入电子计算机进行后处理,可实现内外业一体化。

任务 2.6　DS₃ 微倾式水准仪的检验与校正

知识目标：
(1) 掌握 DS₃ 型微倾式水准仪在构件上满足的轴系关系。
(2) 掌握水准仪检验与校正的方法和步骤。

能力目标：
(1) 能够说出水准仪各轴及它们之间的关系。
(2) 能够对水准仪进行检验与校正。

素质目标：
(1) 培养理论联系实际思考的习惯。
(2) 培养学生分析问题、解决问题的能力。

根据水准测量原理，水准仪只有准确地提供一条水平视线，才能测出两点间的正确高差。为此，微倾式水准仪（图 2.24）在构件上应满足以下几何关系：

(1) 圆水准器轴 $L'L'$ 平行于仪器竖轴 VV。
(2) 十字丝的中丝垂直于仪器竖轴。
(3) 水准管轴 LL 平行于视准轴 CC。

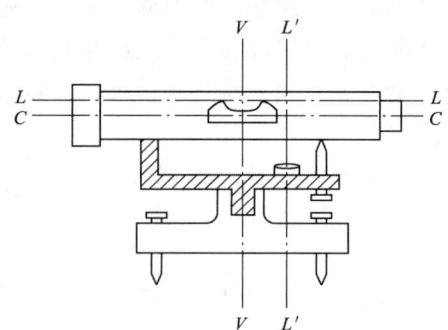

图 2.24　水准仪的轴线关系

2.6.1　圆水准器轴平行于仪器竖轴的检验与校正

1. 检验方法

旋转脚螺旋使圆水准器气泡居中，然后将仪器绕竖轴旋转 180°，如果气泡仍居中，则表示满足该几何条件；如果气泡偏出分划圈，则需要校正。

2. 校正方法

圆水准器底部的构造如图 2.25 所示。校正时应先松开中间的紧固螺丝，然后根据气泡偏移方向用校正针拨动校正螺丝，使气泡向零位置移动偏移量的一半，此时圆水准器轴与仪器竖轴变成平行关系。然后转动脚螺旋，使圆水准器气泡居中，这时圆水准器轴和仪器竖轴同时处于铅垂位置。

2.6.1　水准仪的检验与校正（一）

2.6.2　水准仪的检验与校正（一）

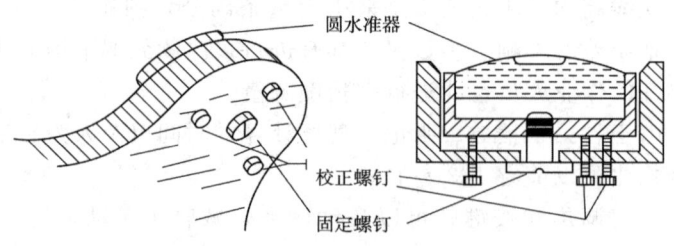

图 2.25　圆水准器校正螺丝

校正工作一般需反复进行2~3次才能完成,直到仪器转到任意位置,圆水准器气泡均处在居中位置为止,校正完成后注意拧紧紧固螺丝。

2.6.2 十字丝横丝垂直于仪器竖轴的检验与校正

1. 检验方法

安置仪器,使圆水准器的气泡严格居中后,用十字丝中丝的一端瞄准一目标点 M,如图2.26(a)所示,然后用微动螺旋使望远镜缓慢转动,如果 M 点不离开中丝,如图2.26(b)所示,说明中丝与仪器竖轴 VV 垂直,不需校正。若 M 点偏离了中丝,如图2.26(c)所示,则需要校正。

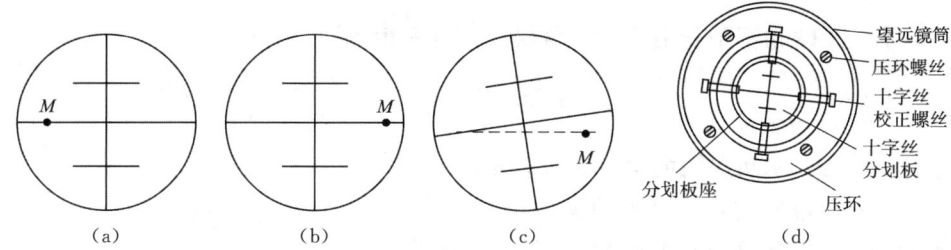

图2.26 十字丝横丝的检验

2. 校正方法

取下十字丝分划板护盖,放松十字丝分划板座的压环螺丝,如图2.26(d)所示,微微转动十字丝分划板座,使 M 点对准中丝即可。检验校正需反复进行数次,直到 M 点不再偏离中丝为止。最后拧紧压环螺丝。

2.6.3 水准仪的检验与校正(二)

2.6.3 水准管轴平行于视准轴的检验与校正

1. 检验方法

如图2.27(a)所示,在较平坦的地面上选择相距约80m的 A、B 两点,打下木桩或放置尺垫,用皮尺丈量,定出 AB 的中间点 C。

2.6.4 水准仪的检验与校正(二)

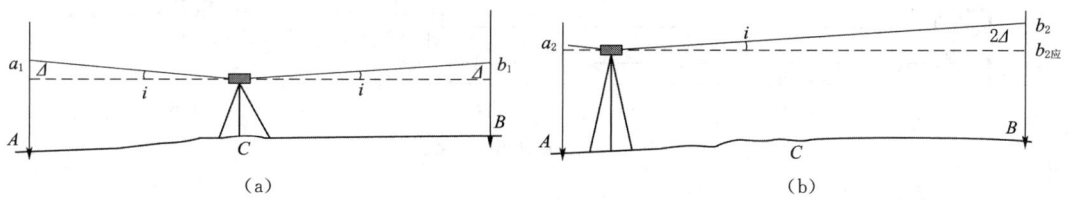

图2.27 水准管的检验

(1)在 C 点处安置水准仪,用变动仪器高法连续两次测出 A、B 两点的高差,若两次测定的高差之差不超过3mm,则取两次高差的平均值 h_0 作为最后结果。由于距离相等,视准轴与水准管轴不平行所产生的前后视读数误差 Δ 相等,故高差 h_0 不受视准轴误差的影响。

$$h_0 = a_1 - b_1$$

用变动仪器高法（仪器上升或者下降大于10cm）连续至少两次测出 A、B 两点的高差，若两次测定的高差之差不超过 3mm，则取两次高差的平均值作为最后结果。

（2）将仪器安置于 A（或 B）点附近，如距离 A 点约 3m 处，精平后又分别读得 A、B 点水准尺读数为 a_2、b_2 [图 2.27（b）]，则两点的高差 h 为

$$h = a_2 - b_2$$

若 $h \neq h_0$，说明 LL 轴与 CC 轴不平行，需要校正。

因仪器到 A 点的距离很近，两轴不平行引起的读数误差很小，可忽略不计，即认为 a_2 为准确读数。由 a_2 和高差 h_0 算出 B 点尺上视线水平时的应该读数为

$$b_{2应} = a_2 - h_0$$

那么由 LL 轴与 CC 轴不平行造成的 i 角误差，其角值为

$$i = \frac{b_2 - b_{2应}}{D_{AB}} \times \rho''$$

式中 D_{AB}——A、B 两点间的水平距离，m；

i——视准轴与水准管轴的夹角，(″)；

ρ''——弧度换算成秒的常数，$\rho'' = 206265''$。

对于 DS_3 水准仪来说，i 角值不得大于 20″，如果超限，则需要校正。

2. 校正方法

根据读数 a_2 和高差 h_0，计算视线水平时 B 点水准尺上的正确读数 $b_{2应}$，即

$$b_{2应} = a_2 - h_0$$

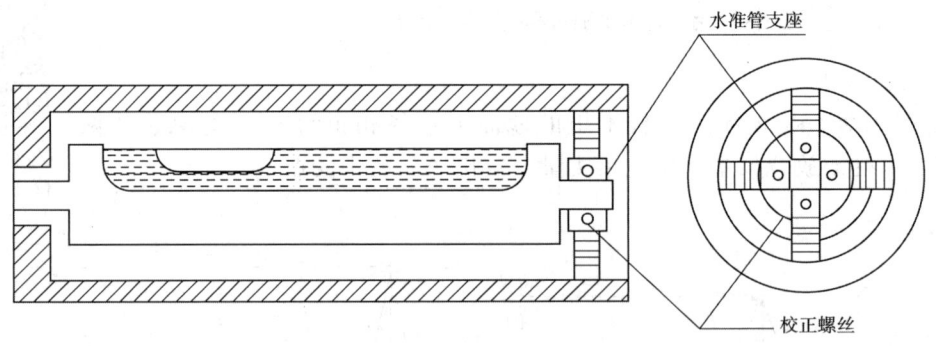

图 2.28 水准管的校正

转动微倾螺旋，用中丝对准 B 点水准尺上的读数 $b_{2应}$，此时视准轴 CC 处于水平位置，而水准管气泡却不再居中。用校正针先松开水准管一端的左、右校正螺丝，再分别拨动上、下两个校正螺丝（图 2.28），将水准管的一端升高或降低，使气泡居中。

该项校正工作需反复进行，直到 B 点水准尺的实际读数 b_2 与正确读数 $b_{2应}$ 的差值不大于 3mm 为止。最后拧紧校正螺丝。

知 识 梳 理

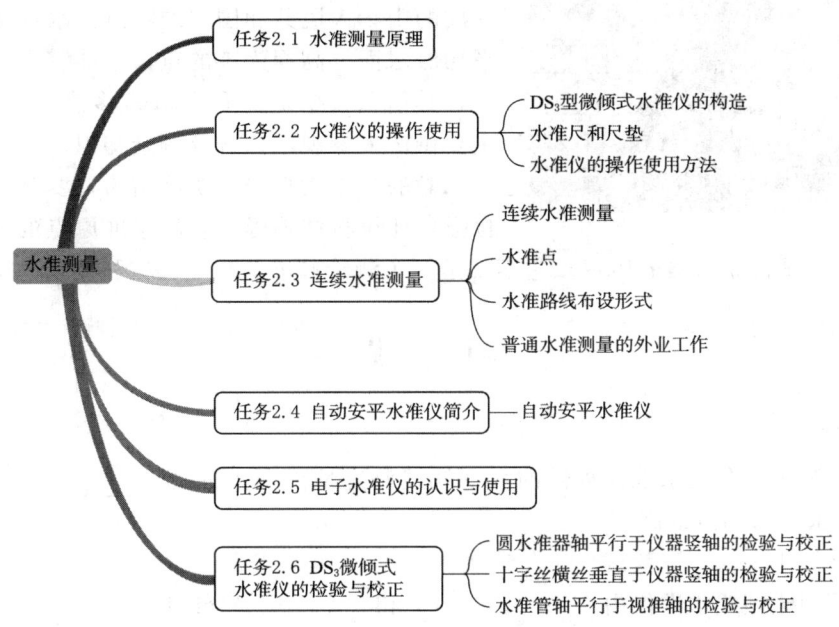

思 政 园 地

青岛,作为中国东部沿海的重要城市,不仅以其美丽的海岸线和丰富的历史文化而闻名,还因为这里是中国测绘的一个重要起点——青岛水准原点。青岛水准原点建立于1954年,它是中华人民共和国成立后测绘工作的一个重要标志。其标志着我国现代测绘事业的正式起步,为全国范围内的测绘工作提供了一个统一的高度基准。水准原点不仅是测绘工作的重要工具,更承载了国家发展的梦想和目标。

在中华人民共和国成立初期,国家百废待兴,亟需一套完整、统一的测绘系统来支撑国家的基础建设。解放军总参测绘局于1954年在青岛观象山建立了中华人民共和国水准原点,以青岛验潮站1950—1956年资料计算得出的黄海平均海水面为零点,得到水准原点高出黄海平均海水面72.289m,称为1956年黄海高程系。但是,用于计算1956年黄海平均海水面的资料所采用的验潮资料时间较短,为此,中国采用青岛验潮站扩大了验潮资料范围,用中数法计算该水域的黄海平均海水面,于20世纪80年代建立了新的国家高程基准,即1985国家高程基准,水准原点高出黄海平均海水面72.260m。该基准自1988年1月1日开始在全国使用至今。

青岛水准原点的建立,标志着我国现代测绘事业的正式起步。它为全国范围内的测绘工作提供了统一的高度基准,极大地推动了国家基础设施建设的发展。从铁路、公路的修建,到城市规划、土地资源管理,水准原点都发挥了不可替代的作用。由于建于青岛观象

山的水准原点是国家重要的地理空间基础设施，所以不向游客和公众开放。为利用水准原点这一独特资源，2006年，在青岛浮山湾东侧建设了向公众开放的中华人民共和国水准零点。水准零点指位于平均海水面、高程为零的点，水准零点并非水准原点，其信息数据是由专家精确移植水准原点而来，主要供游人参观，以普及测绘知识。

党的二十大报告中明确指出，要坚持科技自立自强，建设科技强国。青岛水准原点的建立，正是国家在科技领域自立自强的体现。它不仅是一个测绘基准，更是国家科技实力的象征。

习 题

一、填空

1. 水准测量是利用水准仪提供的水平视线测定地面两点间的_____，然后通过已知点的高程，求出未知点的高程。

2. 高差等于_____读数减_____读数。

3. DS_3型微倾式水准仪由_____、_____和_____三部分组成。

4. 水准仪的水准器有_____和_____两种。

5. 单一水准路线的布设形式，通常有_____、_____、_____三种。

二、判断题

1. 如果$a>b$，则高差h_{AB}为正，表示B点比A点低，如果$a<b$，则高差h_{AB}为负，表示B点比A点高。（ ）

2. 管水准器用于粗略整平仪器，圆水准器用于精确整平仪器。（ ）

3. 基座的作用是支承仪器的上部，并通过连接螺旋将仪器与三脚架相连。（ ）

4. 视差是由于十字丝平面与水准尺影像不重合引起的。（ ）

5. 水准仪在测量站点安置好之后，进行粗略整平，瞄准水准尺之后就可以读数了。（ ）

6. 产生视差的原因是望远镜的性能有缺陷。（ ）

7. 水准测量中测出两点的高差与仪器高无关。（ ）

8. 视准轴是望远镜物镜的光心和十字丝中心的连线。（ ）

9. 水准测量时后视读数前调管水准器，而前视读数时不再调管水准器。（ ）

10. 转点是用来传递高程的，在转点上不应放尺垫。（ ）

三、单选题

1. 用微倾式水准仪进行水准测量时每次读数前都要（ ）。

A. 重新转动脚螺旋整平仪器。

B. 转动脚螺旋使水准管气泡居中。

C. 转动微倾螺旋使水准管气泡居中。

D. 重新调平圆水准管气泡和水准管气泡。

2. 下列说法正确的是（　　）。

A. 水准仪必须安置在两点的连线上，且使前后视距相等。

B. 水准仪不一定安置在两点的连线上，但应使前后视距相等

C. 水准仪可安置在任何位置，前后视距不一定相等

D. 水准仪必须安置在两点的连线上，但前后视距不一定相等

3. 进行普通水准测量时，在同一测站上，读完后视读数后发现管水准器不居中，可（　　）后继续读数。

A. 转动脚螺旋使圆气泡居中

B. 转动微倾螺旋使管气泡居中

C. 转动脚架使圆气泡居中

D. 转动水平微动螺旋使气泡居中

4. 在水准测量中，尺垫应放在（　　）上。

A. 转点　　　　B. 已知点　　　　C. 待测点　　　　D. 测站点

5. 视差产生的原因是（　　）。

A. 物镜目镜对光不完善　　　　B. 标尺倾斜

C. 没有瞄准目标　　　　D. 观测者视力差

6. 已知后视点 A 的读数 1.400m，前视点 B 的读数 1.749m，A 点的高程为 $H_A = 100$m，B 点的高程为（　　）。

A. 99.651m　　　　B. 101.749m　　　　C. 100.349m　　　　D. 98.600m

7. 消除视差的办法是进行（　　）。

A. 物镜对光　　　　B. 目镜对光

C. 物镜目镜对光　　　　D. 尺子移近一点

8. DS_3 水准仪的基本操作步骤为（　　）。

A. 对中、整平、瞄准、读数　　　　B. 瞄准、精平、对中、读数

C. 粗平、瞄准、精平、读数　　　　D. 粗平、精平、瞄准、读数

9. 单一水准路线无法进行自身校核的导线是（　　）。

A. 闭合水准路线　　　　B. 附合水准路线

C. 支线水准路线　　　　D. 水准路线网

10. 水准仪的主要作用是（　　）。

A. 照准目标　　　　B. 提供一条水平视线

C. 看水准尺　　　　D. 读数

四、简答题

1. 何为高差？高差正负号说明什么问题？

2. 简述望远镜的主要部件及各部件的作用，何为视准轴？

3. 何为视差？产生视差的原因是什么？怎样消除视差？

4. 何为转点？转点在水准测量中起什么作用？

5. 水准仪有哪些轴线？它们之间应满足哪些条件？哪个是主要条件？为什么？

五、计算题

1. 设 A 点为后视点，B 点为前视点，A 点高程为 90.127m，当后视读数为 1.367m，前视读数为 1.653m 时，问高差 h_{AB} 是多少？B 点比 A 点高还是低？B 点高程是多少？试绘图说明。

2. 水准测量观测数据已填入表 2.3 中，试计算各测站的高差和 B 点的高程，并进行计算检核。（BM_A 点高程为 85.273m）。

表 2.3 水准测量观测记录

测站	测点	水准尺读数 / m		高差 / m		高程 / m
		后视	前视	+	−	
1	BM_A	1.785				
	TP_1		1.312			
2	TP_1	1.570				
	TP_2		1.617			
3	TP_2	1.567				
	TP_3		1.418			
4	TP_3	1.784				
	BM_B		1.503			
计算校核						

3. 设仪器安置在 A、B 两尺等距离处，测得 A 尺读数 = 1.482m，B 尺读数 = 1.873m。把仪器搬至 B 点附近，测得 A 尺读数 = 1.143m，B 尺读数 = 1.520m。问水准管轴是否平行于视准轴？如要校正，A 尺上的正确读数应为多少？

项目 2 习题答案

项目 3 角 度 测 量

【项目介绍】 本项目主要介绍角度测量的相关知识，包含角度测量原理、经纬仪的使用、测回法观测水平角、竖直角测量、经纬仪检验和校正的原理和方法、水平角测量的误差来源及消减办法、全站仪角度测量等。通过本项目的学习，学生能够掌握角度测量技能，能够按要求完成角度测量任务，通过技能练习培养学生爱护仪器、规范操作的意识。

任务 3.1 角 度 测 量 原 理

知识目标：
(1) 掌握水平角和竖直角定义。
(2) 理解水平角和竖直角测量原理。

能力目标：
(1) 能准确叙述水平角和竖直角定义。
(2) 能正确描述角度测量原理。

素质目标：
培养学生对于问题的钻研精神。

3.1.1 角度测量原理 ▶   3.1.2 角度测量原理

角度测量是确定地面点位的基本工作之一，角度测量分为水平角测量和竖直角测量。水平角的主要作用是求算地面点的平面位置，而竖直角的主要作用是测定两点间的高差。

1. 水平角测量原理

由一点到两个目标的方向线垂直投影在水平面上所成的角，称为水平角。如图 3.1 所示，由地面点 A 到 B、C 两个目标的方向线 AB 和 AC，在水平面上的投影为 ab 和 ac，其夹角 β 即为水平角，它等于通过 AB 和 AC 的两个竖直面之间所夹的二面角。二面角的棱线 Aa 是一条铅垂线。垂直于 Aa 的任一水平面（如过 A 点的水平面 V）与两竖直面的交线均可用来量度水平角 β。若在任一点 O 水平地放置一个刻度盘，使度盘中心位于 Aa 铅垂线，再用一个既能在竖直面内转动又能绕铅垂线水平转动的望远镜去照准目标 B 和 C，则可将直线 AB 和 AC 投影到度盘上，截得相应的读数 n 和 m，如果度盘刻划的注记形式是按顺时针方向由 $0°$ 递增到 $360°$，则 AB 和 AC 两方向线间的水平角即为 $\beta = m - n$。

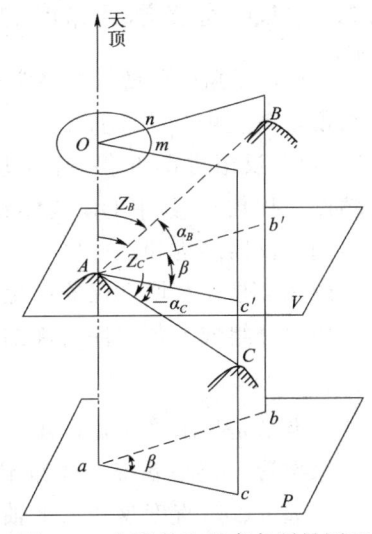

图 3.1 水平角和竖直角测量原理

2. 竖直角测量原理

在竖直面内，视线与水平线的夹角，称为竖直角，以 α 表示，如图 3.1 所示。当视线仰倾时，α 取正值；视线俯倾时，α 取负值；视线水平时，$\alpha = 0°$。不难理解，竖直角的取值范围为 $0° \sim \pm 90°$。

视线与铅垂线天顶方向之间的夹角，称为天顶距，如图 3.1 中的 Z 所示。天顶距的取值范围为 $0° \sim 180°$。

竖直角 α 和天顶距 Z 之间的关系式为

$$\alpha = 90° - Z \tag{3.1}$$

竖直角和天顶距只需测得其中一个即可，测量工作中一般观测竖直角。

为了测得竖直角，必须安置一个竖直度盘，分别以水平线和望远镜照准目标时的方向线在竖盘上读得读数，两读数之差即为观测的竖直角。

任务 3.2　光学经纬仪的认识与使用

知识目标：
（1）熟悉 DJ_6 光学经纬仪的组成。
（2）掌握经纬仪的使用方法。

能力目标：
（1）能正确指出 DJ_6 光学经纬仪各部件的名称和作用。
（2）能规范使用 DJ_6 光学经纬仪。

素质目标：
（1）培养学生爱护仪器的安全意识。
（2）培养学生规范操作仪器的习惯。

3.2.1 经纬仪的认识▶

3.2.2 经纬仪的认识☞

3.2.1　DJ_6 型光学经纬仪的基本构造

经纬仪是角度测量的主要仪器，常用的经纬仪主要有光学经纬仪和电子经纬仪两大类。经纬仪按精度可分为 DJ_{07}、DJ_1、DJ_2 和 DJ_6 等几个等级。D、J 分别为"大地测量"和"经纬仪"汉语拼音的第一个字母；数字 07、1、2、6 等表示该类仪器一测回水平方向值的精度（秒数）。其中 DJ_6 光学经纬仪是工程测量中最常用的一种测角仪器，由于生产厂家不同，仪器结构和部件也不尽相同，但基本结构是一致的。

图 3.2 是北京博飞仪器厂生产的 DJ_6 型光学经纬仪，它由照准部、水平度盘和基座 3 个主要部分组成，各部件名称如图 3.2 所示。

1. 照准部

照准部是指水平度盘以上能绕竖轴旋转的部分，包括望远镜、竖直度盘、光学对中器、水准管、光路系统、读数显微镜等，都安装在底部带竖轴（内轴）的 U 形支架上。其中望远镜、竖直度盘和水平轴（横轴）固连一体，组装于支架上。望远镜绕横轴上下旋转时，竖盘随着转动，并由望远镜制动螺旋和微动螺旋控制。竖盘是一个圆周上刻有度数

任务 3.2 光学经纬仪的认识与使用

图 3.2 博飞 DJ₆ 光学经纬仪

1—望远镜物镜；2—望远镜目镜及目镜调焦螺旋；3—物镜调焦螺旋；4—粗瞄器；5—读数显微镜；
6—照准部水准管；7—竖直度盘；8—望远镜制动螺旋；9—望远镜微动螺旋；10—水平制动螺旋；
11—水平微动螺旋；12—圆水准器；13—光学对中器目镜；14—度盘变换手轮；
15—补偿器开关；16—反光镜；17—脚螺旋

分划线的光学玻璃圆盘，用来量度竖直角。紧挨竖盘有一个指标水准管和指标水准管微动螺旋，在观测竖直角时用来保证读数指标在正确位置。望远镜旁有一个读数显微镜，用来读取竖盘和水平度盘读数。望远镜绕竖轴左右转动时，由水平制动螺旋和水平微动螺旋控制。照准部的光学对中器和水准管用来安置仪器，以使水平度盘中心位于测站铅垂线上并使度盘平面处于水平位置。

2. 水平度盘

水平度盘是用于测量水平角，它由光学玻璃制成的刻有度数分划线的圆盘，按顺时针方向由 0°注记至 360°，相邻两分划线之间的格值为 1°或 30′。水平度盘通过外轴装在基座的中心套轴内，并用中心锁紧螺旋使之固紧。当照准部转动时，水平度盘并不随之转动。若需改变水平度盘的位置，可通过照准部上的水平度盘变换手轮或复测扳手，将度盘变换到所需的位置。例如，经纬仪瞄准某个目标时，要使水平度盘读数为 0°00′00″，这两种装置的具体操作方法如下：

（1）度盘变换手轮。先瞄准该目标，然后打开变换手轮护盖，转动变换手轮将水平度盘转到 0°00′00″读数位置上，最后关闭护盖。

（2）复测扳手。先置好数，再去找准目标。先将复测扳手扳上，转动照准部，使水平度盘读数为 0°00′00″，然后，把复测扳手扳下（此时，水平度盘与照准部结合在一起，两者一起转动，转动照准部，水平度盘读数不变），再转动照准部，瞄准该目标。

3. 基座

基座起支撑仪器上部以及使仪器与三脚架连接的作用，主要由轴座、脚螺旋和底板组成。仪器的照准部连同水平度盘插入轴座后，用轴座固定螺旋（又称中心锁紧螺旋）固紧；轴座固定螺旋切勿松动，以免仪器上部与基座脱离而摔坏。基座脚螺旋用来整平仪器。

仪器装到三脚架上时，须将三脚架头上的中心连接螺旋旋入基座底板，使之固紧。

3.2.2 测微装置与读数方法

DJ₆型光学经纬仪水平度盘的直径一般只有93.4mm，周长293.4mm；竖盘更小。度盘分划值（即相邻两分划线间所对应的圆心角）一般只刻至1°或30′，但测角精度要求达到6″，于是必须借助光学测微装置。DJ₆型光学经纬仪目前最常用的装置是分微尺。下面介绍分微尺读数方法。

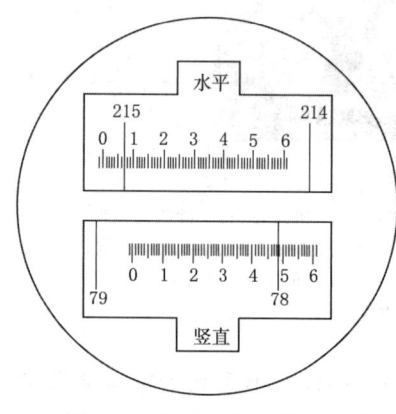

图3.3 分微尺的读数方法

如图3.3所示，在读数显微镜中可以看到两个读数窗口：注有"水平"（或是"HZ"或"-"）的是水平度盘读数窗；注有"竖直"（或是"V"或"⊥"）的是竖直度盘读数窗。每个读数窗上刻有分成60小格的分微尺，分微尺长度等于度盘间隔1°的两分划线之间的影像宽度，因此分微尺上1小格的分划值为1′，可估读到0.1′，即6″。

读数时，先调节读数显微镜目镜，使读数窗内度盘的影像能清晰地看到。然后读出位于分微尺内的度盘分划线的注记度数，再以度盘分划线为指标，在分微尺上读取不足1°的分数，并估读秒数（秒数只能是6的倍数）。如图3.3所示，水平度盘读数为215°07.5′=215°07′30″，竖直度盘为78°48.3′=78°48′18″。

3.2.3 经纬仪的使用

经纬仪的使用包括对中、整平、调焦和照准、读数四步基本操作。现将操作方法介绍如下。

1. 对中

对中的目的是使仪器中心与测站点标志中心位于同一铅垂线上。

进行对中时，首先将三脚架安置在测站上，使架头大致水平且高度适中，架头中心大致对准测站标志，然后踩紧三脚架，装上仪器，旋紧连接螺旋。目前一般采用光学对中器进行对中，对中误差一般不得大于3mm。

2. 整平

整平的目的是使仪器竖轴竖直和水平度盘处于水平位置。

整平一般包括粗略整平和精确整平两个部分，特别是精确整平通常和精确对中交替进行，因此对中和整平通常结合在一起进行，具体操作如下：固定三脚架的一只脚，两手分别握住另外两条架腿。在移动这两条架腿的同时，从光学对中器中观察，使对中器中心对准测站标志中心。此时，照准部并不水平，调节三脚架的伸缩连接处，使照准部大致水平（以经纬仪圆水准器气泡居中为参考）。

照准部大致水平后（粗略整平），可用脚螺旋调平水准管精确整平仪器。如图3.4 (a) 所示，整平时，先转动仪器的照准部，使照准部水准管平行于任意一对脚螺旋的连

3.2.3 经纬仪的使用

3.2.4 经纬仪的使用

线，然后用两手同时以相反方向转动该两脚螺旋，使水准管气泡居中，注意气泡移动方向与左手大拇指移动方向一致；再将照准部转动90°，如图3.4（b）所示，使水准管垂直于原两脚螺旋的连线，转动另一脚螺旋，使水准管气泡居中。如此重复进行，直到在这两个方向气泡都居中为止。居中误差一般不得大于一格。

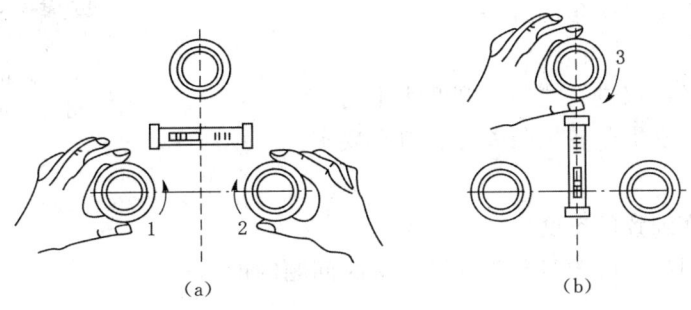

图3.4 用脚螺旋整平方法

此时，若对中器十字丝已偏离测站标志中心，则微松连接螺旋，平移基座精确对中。再检查整平是否已被破坏，若已被破坏则用脚螺旋整平。此两项操作应反复进行，直到对中和整平都满足要求为止。

3. 调焦和照准

照准就是使望远镜十字丝交点精确照准目标。照准前先松开望远镜制动螺旋与照准部制动螺旋，将望远镜朝向天空或明亮背景，进行目镜对光，使十字丝清晰；然后利用望远镜上的照门和准星粗略照准目标，使在望远镜内能够看到物像，再拧紧照准部及望远镜制动螺旋；转动物镜对光螺旋，使目标清晰，并消除视差；转动照准部和望远镜微动螺旋，精确照准目标。测水平角时，应使十字丝竖丝精确地照准目标，并尽量照准目标的底部，如图3.5所示；测竖直角时，应使十字丝的横丝（中丝）精确照准目标，如图3.6所示。

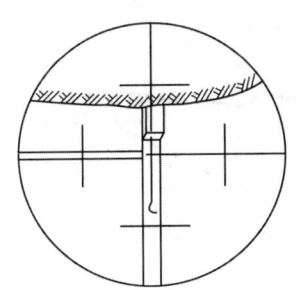 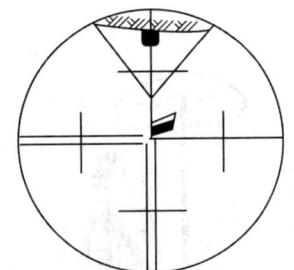

图3.5 水平角观测照准方法　　图3.6 竖直角观测照准方法

4. 读数

调节反光镜及读数显微镜目镜调焦螺旋，使度盘与测微尺影像清晰，亮度适中，然后按前述的读数方法读数。

任务 3.3 测回法观测水平角

知识目标：
(1) 掌握测回法的定义。
(2) 掌握测回法观测水平角的方法。

能力目标：
(1) 能熟练使用经纬仪进行测回法观测水平角。
(2) 能正确判断出水平角各项限差是否符合要求。

素质目标：
(1) 培养学生严谨细致的态度。
(2) 培养学生遇到超限问题时分析问题、解决问题的能力。

3.3.1 测回法观测水平角 ▶

3.3.2 测回法观测水平角

水平角的观测方法有多种，无论采用何种方法，为了提高成果质量，一般用盘左和盘右两个位置进行观测并将观测结果取平均值。所谓盘左，就是观测者对着望远镜目镜时，竖盘位于望远镜的左边，又称为正镜；盘右，就是观测者对着望远镜目镜时，竖盘位于望远镜的右边，又称为倒镜。

如果只用盘左（正镜）或者盘右（倒镜）观测一次，称为半个测回或半测回；如果用盘左、盘右（正、倒镜）各观测一次，称为一个测回或一测回。以正、倒镜分别观测两个方向之间水平角的方法，称为测回法。这种测角方法只适用于观测两个方向之间的单个角度。由于在实际测量工作中多采用测回法，本项目主要介绍测回法观测水平角的方法。

如图 3.7 所示，设要观测 $\angle AOB$ 的角值，先将经纬仪安置在角的顶点 O 上，进行对中、整平，并在 A、B 两点树立标杆或测钎作为照准标志，然后即可进行测角。一测回的操作程序如下：

(1) 盘左位置，照准左边目标 A，对水平度盘置数，略大于 0°，将读数 $a_{左}=0°02'30''$ 记入手簿（表 3.1）。

图 3.7 测回法观测水平角

表 3.1				测回法观测手簿							测站：O	
测回	竖盘位置	目标	水平度盘读数 (° ′ ″)			半测回角值 (° ′ ″)			一测回角值 (° ′ ″)	各测回平均值 (° ′ ″)	备注	
第一测回	左	A	0	02	30	92	16	18	92 16 24	92 16 16		
		B	92	18	48							
	右	A	180	02	42	92	16	30				
		B	272	19	12							
第二测回	左	A	90	03	18	92	16	24	92 16 09			
		B	182	19	42							
	右	A	270	02	54	92	15	54				
		B	2	18	48							

（2）顺时针方向旋转照准部，照准右边目标 B，读取水平度盘读数 $b_左=92°18'48''$ 记入手簿。

以上两步称为盘左半测回或上半测回，测得角值 $\beta_左=b_左-a_左=92°16'18''$。

（3）倒转望远镜，变成盘右位置，先照准右边目标 B，读取水平度盘读数 $b_右=272°19'12''$ 记入手簿。

（4）逆时针方向转动照准部，照准左边目标 A，读取水平度盘读数 $a_右=180°02'42''$ 记入手簿。

以上（3）、（4）两步称为盘右半测回或下半测回，测得角值 $\beta_右=b_右-a_右=92°16'30''$。

对于 DJ_6 经纬仪，上、下两个半测回所测的水平角之差不应超过 $\pm36''$。以上两个半测回 $\beta_右-\beta_左=+12''$ 符合规定要求时，则计算一测回的角度值为

$$\beta=(\beta_左+\beta_右)/2=92°16'24''$$

在计算中应注意：由于水平度盘是顺时针刻划和注记的，所以在计算水平角时，总是用右目标的读数减去左目标的读数，如果不够减，则应在右目标的读数上加上 $360°$，再减去左目标的读数。

为了提高测角精度，同时为削弱度盘分划误差的影响，对角度往往需要观测几个测回，各测回的观测方法相同，但起始方向（如图中的 A 方向）置数不同。设需要观测的测回数为 n，则各测回起始方向的置数应按 $180°/n$ 递增。但应注意，不论观测多少个测回，第一测回的置数均应当略大于 $0°$。例如：当测回数 $n=4$ 时，各测回的起始方向的读数应等于或稍大于 $0°$、$45°$、$90°$、$135°$。各测回观测角值互差不应超过 $\pm24''$，符合要求时，取各测回平均值作为最后结果。

任务 3.4 竖直角观测

知识目标：
（1）掌握竖直角的计算公式。
（2）掌握竖直角的测量方法。

能力目标：
(1) 能熟练使用经纬仪进行竖直角测量。
(2) 能正确判断出指标差限差是否符合要求。

素质目标：
培养学生严格落实各项限差要求的规范意识。

3.4.1 竖直角观测▶

3.4.2 竖直角观测㊙

1. 竖直角

竖直角是在同一竖直面内，一点到目标的方向线与水平线之间的夹角，又称倾角或高度角，用 α 表示。如图 3.8 所示，方向线在水平线上方，竖直角为仰角，其角值为"＋"；方向线在水平线下方，竖直角为俯角，其角值为"－"。

2. 竖直角计算公式

竖直角是用经纬仪的竖直度盘来量度的，即当望远镜照准目标时的方向线以及水平线分别在竖直度盘上读得读数，两读数之差即为观测的竖直角。

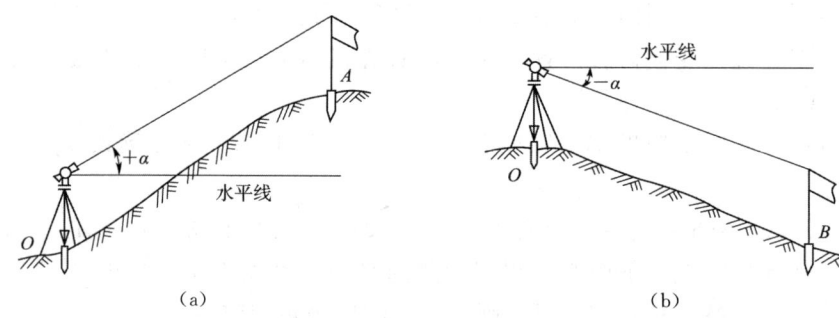

图 3.8 竖直角测量

竖直角的计算公式可以按下述方法确定：将望远镜放在大致水平的位置，观察视线水平时的读数（90°或 90°的整倍数），然后逐渐仰起望远镜，观测竖盘读数是增加还是减少。若读数增加，则竖直角的计算公式为

$$\alpha = (瞄准目标时的读数) - (视线水平时的读数)$$

若读数减少，则

$$\alpha = (视线水平时的读数) - (瞄准目标时的读数)$$

图 3.9 为常用的 DJ_6 型光学经纬仪的竖盘顺时针注记形式。设盘左时照准目标的读数为 L，盘右时照准目标的读数为 R。由图中可知，盘左位置，视线水平时竖盘读数为 90°，当望远镜逐渐仰起时，读数逐渐减少；盘右位置，视线水平时竖盘读数为 270°，当望远镜逐渐仰起时，读数逐渐增加。于是竖直角计算公式可写成

$$盘左\ \alpha_L = 90° - L \tag{3.2}$$

$$盘右\ \alpha_R = R - 270° \tag{3.3}$$

平均竖直角值为

$$\alpha = (\alpha_L + \alpha_R)/2 = (R - L - 180°)/2 \tag{3.4}$$

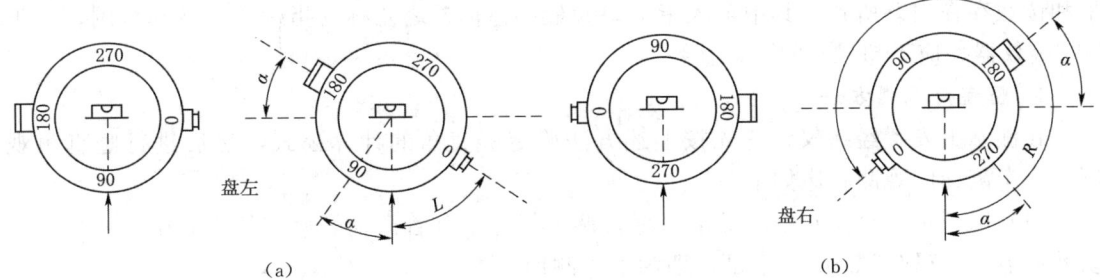

图 3.9　DJ$_6$ 型光学经纬仪的竖盘顺时针注记形式

3. 竖盘指标差

在竖直角的计算中,认为当视准轴水平、竖盘指标水准管气泡居中时,竖盘读数是个定值,即 90°的整倍数。但实际上这个条件往往不能满足,如图 3.10 所示,竖盘指标不是指在 90°或 270°上,它与 90°或 270°的差值 x 角,即为竖盘指标差(竖盘指标偏离正确位置的差值称为竖盘指标差)。

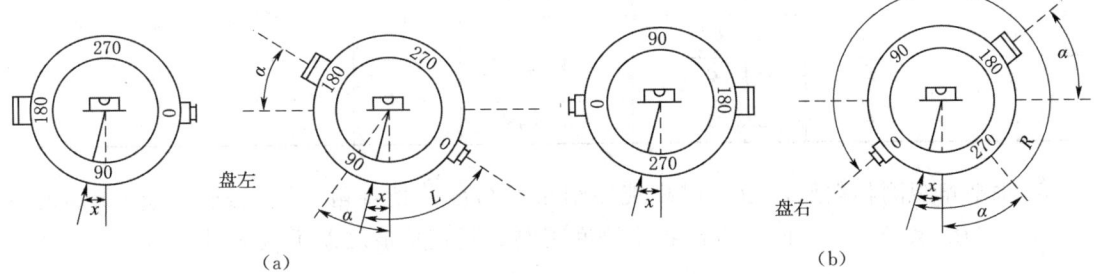

图 3.10　竖盘指标差

图 3.10(a)为盘左位置,由于存在指标差,当望远镜照准目标时,读数大了一个 x 值,正确的竖直角为

$$\alpha = 90° - (L - x) = \alpha_L + x \tag{3.5}$$

同样,在盘右位置用望远镜照准同一目标,读数仍然大了一个 x 值,则正确的竖直角值为

$$\alpha = (R - x) - 270° = \alpha_R - x \tag{3.6}$$

式(3.5)和式(3.6)相加并除以 2,得

$$\alpha = \frac{1}{2}(R - L - 180°) = \frac{1}{2}(\alpha_L + \alpha_R)$$

由此可知,在测量竖直角时,用盘左、盘右观测取平均值的办法可以消除竖盘指标差的影响。

将式(3.5)与式(3.6)相减得

$$x = \frac{1}{2}[(L + R) - 360°] = \frac{1}{2}(\alpha_R - \alpha_L) \tag{3.7}$$

式(3.7)为竖盘指标差的计算公式。

竖直角观测中,同一仪器观测各个方向的指标差应当相等,若不等则是由于照准、整平和读数存在误差所致。其中最大指标差和最小指标差之差称为指标差的变动范围,对于 DJ_6 级仪器,应不超过 $\pm 24''$。

4. 竖直角观测方法

在测站上安置经纬仪,首先按上述方法确定竖直角的计算公式,然后进行竖直角观测。一个测回的观测程序如下:

(1) 以正镜(盘左)中丝照准目标,调节指标水准管微动螺旋使气泡居中(或打开自动补偿器),读取读数 L 并记录,即为上半测回。

(2) 以倒镜(盘右)中丝照准目标,调节指标水准管微动螺旋使气泡居中(或打开自动补偿器),读取读数 R 并记录,即为下半测回。

竖直角观测手簿见表3.2。该仪器竖直度盘为顺时针注记,根据竖直角计算公式计算出盘左、盘右半测回竖直角值,记入表中相应栏目中。

表 3.2 竖直角观测手簿(竖盘顺时针注记)

测站	目标	竖盘位置	竖盘读数	半测回竖直角	指标差	一测回竖直角	备 注
O	A	左	94°33′24″	−4°33′24″	−18″	−4°33′42″	
		右	265°26′00″	−4°34′00″			
O	B	左	81°34′00″	+8°26′00″	−06″	+8°25′54″	
		右	278°25′48″	+8°25′48″			

和水平角观测相类似,为了提高观测结果的精度,竖直角也可以进行多个测回的观测。对于 DJ_6 型经纬仪,同一方向各个测回观测的竖直角值之差不应超过 $\pm 24''$。

任务 3.5 经纬仪的检验与校正

知识目标:
(1) 掌握光学经纬仪各主要轴线及它们之间应满足的几何条件。
(2) 掌握经纬仪检验方法,了解经纬仪校正方法。

能力目标:
(1) 能够正确描述经纬仪各主要轴线和它们之间应满足的关系。
(2) 能够完成经纬仪的检验任务。

素质目标:
(1) 培养学生测量工作前检查仪器的良好习惯。
(2) 培养学生发现问题、分析问题和解决问题的能力。

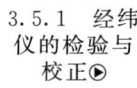
3.5.1 经纬仪的检验与校正 ▶

3.5.2 经纬仪的检验与校正

在水平角测量中,要求经纬仪整平后,望远镜上下转动时视准轴应在同一个竖直面内。如图3.11所示,要达到上述要求,经纬仪各轴线之间必须满足下列几何条件:

(1) 照准部水准管轴应垂直于仪器竖轴($LL \perp VV$)。

(2) 视准轴应垂直于水平轴（$CC \perp HH$）。
(3) 水平轴应垂直于竖轴（$HH \perp VV$）。

此外，为了测得正确的水平角和竖直角值，要求十字丝竖丝垂直于水平轴，竖盘指标处于正确位置。现将经纬仪的检验与校正方法按先后顺序分述如下。

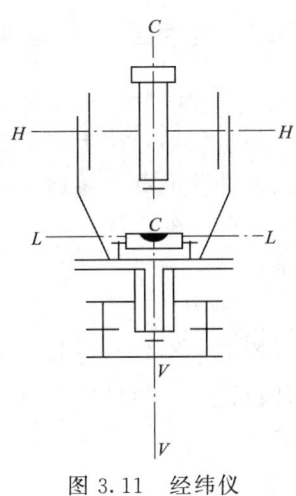

图 3.11 经纬仪的主要轴线

3.5.1 照准部水准管轴垂直于仪器竖轴的检验与校正

1. 检验

先将仪器大致整平，转动照准部，使其水准管平行于任意两只脚螺旋的连线。相对转动这两只脚螺旋使水准管气泡居中。如图 3.12 (a) 所示，然后将照准部转动 180°，若水准管气泡仍居中，说明水准管轴与竖轴垂直；若气泡不再居中，如图 3.12 (b) 所示，则说明水准管轴与竖轴不垂直，需要校正。

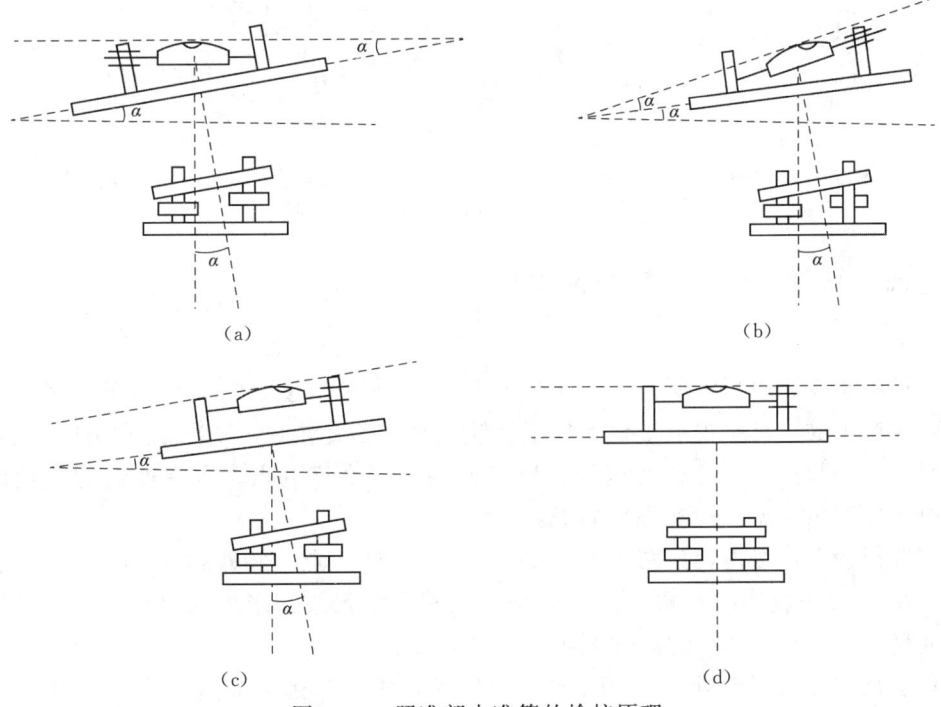

图 3.12 照准部水准管的检校原理

2. 校正

用校正针拨动水准管一端的校正螺丝使气泡向中央退回偏离格数的一半，这时水准管轴与竖轴垂直，如图 3.12 (c) 所示，然后相对转动这两只脚螺旋，使水准管气泡居中，这时水准管轴水平，竖轴处于竖直位置，如图 3.12 (d) 所示。此项检验校正要反复进行，直到气泡偏离零点不大于半格为止。

3.5.2 十字丝纵丝垂直于水平轴的检验与校正

1. 检验

整平仪器，用十字丝交点精确照准大约与仪器同高的明显目标点 A，如图 3.13 所示，然后制动照准部与望远镜，转动望远镜微动螺旋，使望远镜绕水平轴上、下微动，若目标点不离开纵丝，如图 3.13（a）所示，则说明条件满足。否则需要校正，如图 3.13（b）所示。

2. 校正

旋下十字丝目镜分划板护盖，松开与目镜筒相连的四个压环螺丝，如图 3.14 所示，转动目镜筒，使目标点 A 落在十字丝纵丝上即可。校正完成后，将压环螺丝拧紧，旋上护盖。

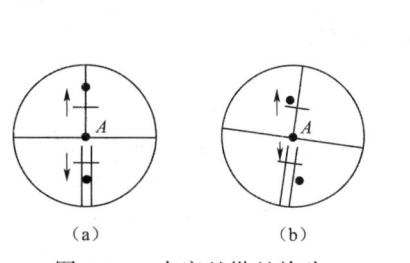

图 3.13 十字丝纵丝检验

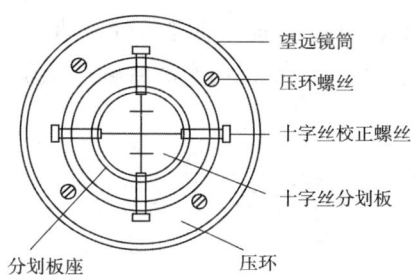

图 3.14 目镜座固定螺丝和十字丝校正螺丝

3.5.3 视准轴垂直于水平轴的检验和校正

1. 检验

视准轴不垂直于水平轴所偏离的角值 C 称为视准轴误差。C 角是由于十字丝交点位置不正确而产生的。具有视准轴误差的望远镜绕水平轴旋转时，视准轴所形成的轨迹不是平面，而是一个圆锥面。这样观测同一竖直面内不同高度的点，水平度盘的读数将不相同，从而产生测角误差。检验方法如下：

（1）选择一平坦场地，如图 3.15 所示，在 A、B 两点（相距约 100m）的中点 O 安置仪器，在 A 点设立照准标志，在 B 点横放一根水准尺或毫米分划尺，使其尽可能与视线 OB 垂直。标志与水准尺的高度大致与仪器同高。

（2）于盘左位置照准 A 点，固定照准部，然后纵转望远镜成盘右位置，在 B 尺上读数，得 B_1，如图 3.15（a）所示。

（3）盘右位置再照准 A 点，固定照准部，纵转望远镜成盘左位置，再在 B 尺上读数，得 B_2。如图 3.15（b）所示。

如果 B_1 与 B_2 两个读数相同，说明条件满足，否则需要校正。

2. 校正

如图 3.15（b）所示，B_1 与 B_2 两读数之差至仪器中心所夹的角度是视准轴误差的四倍，即 $\angle B_1OB_2 = 4C$。在尺上定出 B_3 点，使 $B_2B_3 = \frac{1}{4}B_1B_2$；此时，$OB_3$ 垂直于仪器的水平轴方向。用校正针拨动十字丝环左、右两个校正螺丝（图3.14），平移十字丝分划板，至十字丝交点与 B_3 点重合为止。

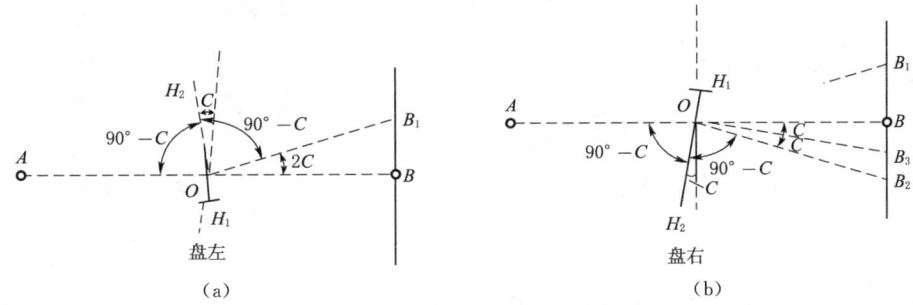

图 3.15 视准轴误差的检校

3.5.4 水平轴垂直于仪器竖轴的检验与校正

1. 检验

若水平轴不垂直于仪器竖轴，则仪器整平后竖轴虽已竖直，水平轴并不水平，因此，视准轴绕倾斜的水平轴旋转所形成的轨迹是一个倾斜面。当照准同一竖直面内高度不同的目标点时，水平度盘的读数亦不相同，同样产生测角误差。检验方法如下：

如图3.16所示，在离墙壁 20~30m 处安置经纬仪，盘左位置用十字丝交点照准墙上高处一点 P（倾角约30°），固定照准部，放平望远镜在墙上标定一点 A；再用盘右位置同样照准 P 点，再放平望远镜，在墙上标出另一点 B。若 A、B 两点重合，说明水平轴是水平的，且水平轴垂直于竖轴；若 A、B 两点不重合，则水平轴倾斜，需要校正。

2. 校正

先在墙上取 AB 连线的中点 M，转动水平微动螺旋，使十字丝交点照准 M 点，转动望远镜，仰视 P 点，这时十字丝交点必然偏离 P 点，设为 P' 点。校正时，拨动望远镜支架一侧的校正螺丝，使水平轴一端升高或降低，直至十字丝交点切准 P 点为止。升降支架时，应根据水平轴轴承的结构来校正。DJ$_6$ 级光学经纬仪采用偏心轴承，如图3.17所示。校正时，松开校正螺丝，转动偏心轴承（环），即可升高或降低水平轴的一端，使水平轴水平。

此项校正难度较大，通常由专业仪器检修人员进行。一般来讲，仪器在制造时此项条件是保证的，故通常情况下无需检校。

3.5.5 指标差的检验与校正

1. 检验

整平仪器，用盘左、盘右观测同一目标，使竖盘指标水准管气泡居中，分别读取竖盘读数 L 和 R，按式（3.7）计算竖盘指标差 x，当 x 值超过 $1'$ 时，应进行校正。

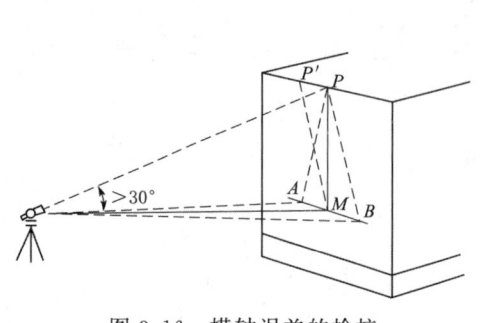
图 3.16 横轴误差的检校

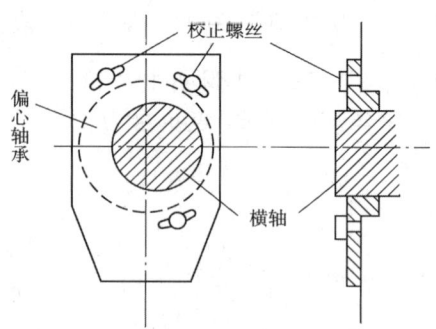
图 3.17 横轴支承偏心环

2. 校正

先计算出盘右（或盘左）时的竖盘正确读数 $R_0=R-x$（或 $L_0=L-x$）。仪器仍保持照准原目标，然后转动竖盘指标水准管微动螺旋，使指标对准正确读数 R_0（或 L_0），此时指标水准管气泡不再居中，用校正针拨动水准管一端的上、下校正螺丝，使气泡居中。

此项校正亦应反复进行，直至指标差小于规定的限差为止。

任务 3.6 水平角测量的误差来源及消减办法

知识目标：
(1) 了解水平角测量的误差来源。
(2) 了解水平角测量的误差消减措施和注意事项。

能力目标：
在水平角测量时，能采取一定措施消除或减弱误差。

素质目标：
培养学生探索问题的学习习惯。

3.6.1 水平角测量的误差来源及消减办法

在水平角测量中，影响测角精度的因素很多，主要来源于仪器误差、观测误差以及外界条件三个方面的影响。

3.6.1 水平角测量误差来源

1. 仪器误差

仪器误差主要包括两个方面。一是仪器制造和加工不完善引起的误差，如度盘分划不均匀，水平度盘偏心等；二是仪器检校不完善引起的误差，如视准轴不垂直于水平轴、水平轴不垂直于竖轴、照准部水准管轴不垂直于竖轴等。这些误差可以用适当的观测方法来加以消除或减弱。

2. 观测误差

(1) 对中误差。如图 3.18 所示，O 为测站点，O' 为仪器中心，仪器对中误差对水平角的影响，与测站点的偏心距 e、边长 D，以及观测方向与偏心方向的夹角 θ 有关。观测

的角值 β' 与正确的角值 β 之间的关系为
$$\beta = \beta' + (\delta_1 + \delta_2)$$
因 δ_1 和 δ_2 很小，故仪器对中误差对水平角的影响为
$$\delta = \delta_1 + \delta_2 = \rho'' \cdot e \left[\frac{\sin\theta}{D_1} + \frac{\sin(\beta' - \theta)}{D_2} \right] \tag{3.8}$$

由式（3.8）可见，仪器对中误差对水平角的影响与偏心距成正比，与测站点到目标的距离 D 成反比，e 越大，距离越短，误差 δ 也越大。因此，当角边较短，观测角 β 接近于 180°时，应特别注意仪器的对中。

（2）整平误差。整平误差引起的竖轴倾斜误差，在同一测站竖轴倾斜的方向不变，它对水平角观测的影响与观测目标的倾角有关，倾角越大，影响也越大。竖轴倾斜误差不能通过盘左、盘右的观测方法加以消除。因此，必须注意仪器照准部水准管轴与竖轴垂直的检校，在观测中注意整平，尤其在山地丘陵地区观测水平角更应注意这一点。一般规定，在观测过程中，水准管气泡偏离中央不应超过一格。

（3）目标偏心误差。水平角观测时，常用标杆立于目标点上作为照准标志，当标杆倾斜或没有立在目标点的中心时，将产生目标偏心差。如图 3.19 所示，设 l 为标杆长度，α 为标杆与铅垂线的夹角，目标的偏心距 $e' = l \cdot \sin\alpha$。目标偏心与测站偏心对水平角观测的影响相似。当偏心方向与观测方向垂直时，其目标偏心对水平角产生的误差为
$$\delta' = \frac{e'}{D} \cdot \rho'' = \frac{l \cdot \sin\alpha}{D} \rho'' \tag{3.9}$$

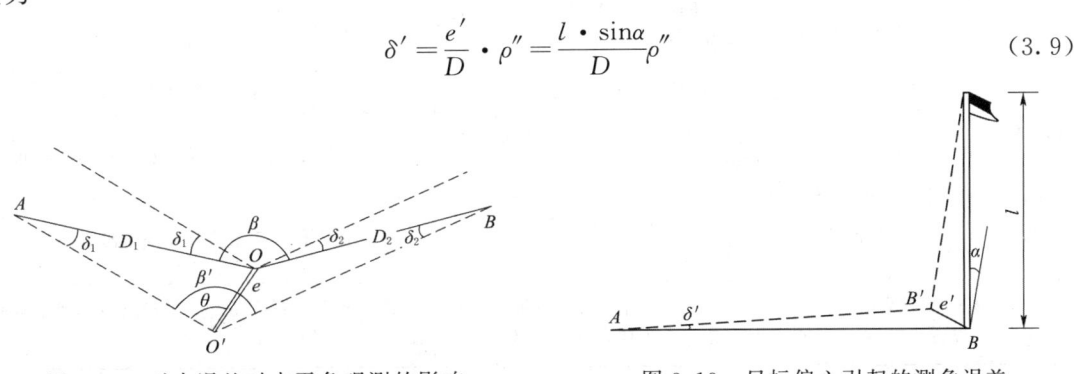

图 3.18　对中误差对水平角观测的影响　　　　图 3.19　目标偏心引起的测角误差

由式（3.9）可见，边长越短，目标偏心误差对水平角观测的影响也越大。因此，在水平角观测中，除注意把标杆立直外，还应尽量照准标杆的底部，尤其当边长较短时，更应注意。

（4）照准误差。照准误差与望远镜的放大倍率有关。正常人眼睛的最小分辨角为 60″，当所观察的两点对眼睛构成的视角小于 60″时就不能分辨。通过放大率为 V 的望远镜照准目标时，照准误差为 60″/V。一般 DJ₆ 级光学经纬仪望远镜的放大倍率为 25～30 倍，则最大的照准误差为 2.0″～2.4″。此外，照准误差还与目标的亮度及视差的消除程度有关。

（5）读数误差。读数误差主要取决于仪器的读数设备。对于 DJ₆ 型光学经纬仪，用分微尺读数，一般估读误差不超过分微尺上最小分划的十分之一，即不超过 6″。如果反光镜进光情况不佳，读数显微镜调焦不好，以及观测者的操作不熟练，则估读误差可能超过 6″。

3. 外界条件的影响

外界条件的影响很多，如大风影响仪器的稳定，地面的辐射热会引起物象的跳动，观测时光线不足影响照准精度，温度变化引起仪器轴线间关系的变动等。

3.6.2 消减办法

水平角观测过程中的误差消减办法和注意事项详见表3.3。

表3.3 水平角测量误差消减办法

水平角测量误差			误差产生的原因	误差消除和消减的方法（注意事项）
仪器误差	仪器校正后的残余误差	视准轴误差	由于视准轴不垂直于横轴引起的	采用盘左、盘右观测取平均值的方法
		横轴误差	由于横轴不垂直于竖轴引起的	采用盘左、盘右观测取平均值的方法
		竖轴倾斜误差	由于水准管轴不垂直于竖轴引起的	测量前应严格检校仪器，视线倾斜过大的地区观测时仔细整平仪器
	仪器加工不完善引起的误差	度盘偏心差	照准部旋转中心与水平度盘的分划中心不重合	采用盘左、盘右观测取平均值的方法
		度盘刻划误差	由于度盘刻划不均匀造成的	采用各测回间变换度盘位置的方法
观测误差	仪器对中误差		仪器中心与测站中心不在同一铅垂线上	严格对中
	目标偏心误差		由于测钎倾斜引起的	测钎应竖直，并尽可能瞄准底部
	照准误差		由人眼通过望远镜瞄准目标引起的	选择适宜的观测标志及有利于观测的时间
	读数误差		由人眼的鉴别能力及读数设备引起的	根据观测精度要求选择相应等级的经纬仪
外界条件影响带来的误差			由气候、松软的土质、温度的变化和大气折光引起的	选择有利的观测条件，尽量避免不利因素的影响

任务3.7 全站仪角度测量

知识目标：
(1) 熟悉全站仪各部件的组成部分。
(2) 掌握全站仪角度测量方法。

能力目标：
能使用全站仪进行角度测量。

素质目标：
(1) 培养学生爱护仪器的安全意识。
(2) 培养学生科技创新意识。

3.7.1 全站仪的认识和使用

任务3.7 全站仪角度测量

3.7.1 全站仪基本构造

全站型电子速测仪（简称全站仪）是集测角、测距、自动记录于一体的仪器。它由光电测距仪、电子经纬仪、数据自动记录装置三大部分组成。数据自动记录系统也称电子手簿或数据终端，是为测量专门设计的野外小型数据存储设备。目前的数据自动记录系统有输入输出接口，能迅速进行野外观测数据采集，并能与计算机、打印机、绘图仪等外围设备相连接，进行数据自动化传输、处理、成果打印及绘图，从而实现测量过程的自动化。

下面以南方NTS-552全站仪为例介绍全站型电子速测仪的结构。南方NTS-552全站仪的测距精度有合作目标时为±$(2+2ppm \cdot D)$ mm，无合作目标时为±$(3+2ppm \cdot D)$ mm；使用单棱镜的最大测程为5.0km，使用反射片的最大测程为2.0km，使用无合作目标测量模式进行距离测量的最大测程为2.0km。该全站仪的测角精度为±2″，全站仪的操作系统采用Android6.0，处理器是MT6753，内存RAM为3GB，ROM为32GB。所存数据能进行编辑、查阅和删除等操作，能方便地与计算机相互传输数据。

全站仪的基本构造如图3.20所示。

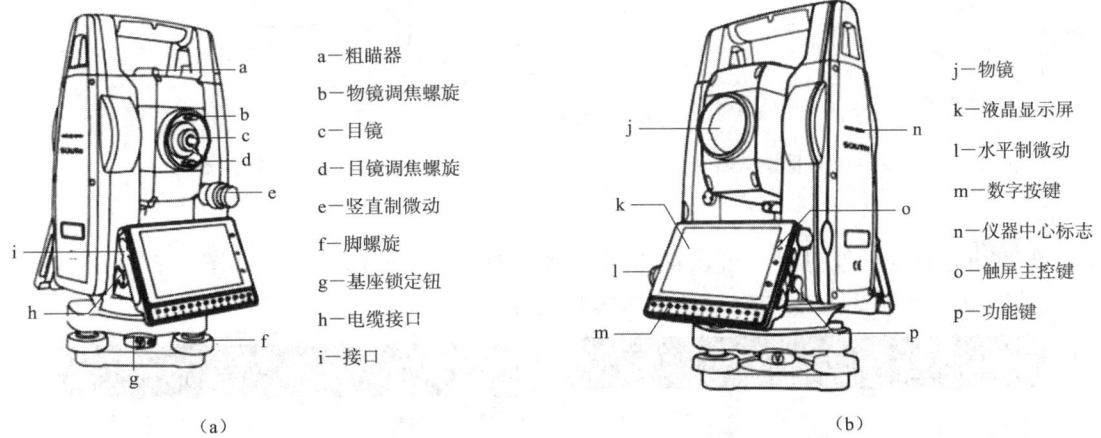

图3.20 南方NTS-552全站仪的基本构造

3.7.2 全站仪主界面及快捷功能键的作用

① ★ 键为快捷功能键，点击该键或者在主菜单界面左侧边缘向右滑动可唤出该功能键的快捷设置，包含激光指示、十字丝照明、激光下对点、温度气压设置、棱镜常数等功能，如图3.22所示。

② 键为数据功能键，包含数据、编码、图形，如图3.23所示。

③ S 键为测量模式键，可设置精测单次、N次精测、连续测量或跟踪测量，

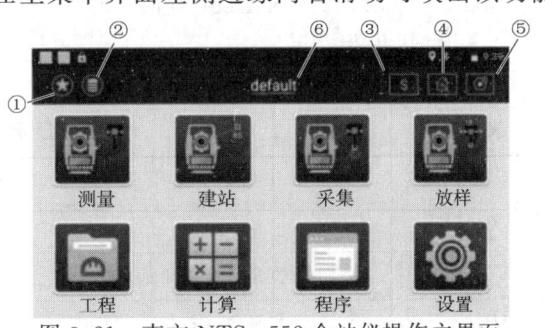

图3.21 南方NTS-552全站仪操作主界面

如图 3.24 所示。

④ 键为合作目标键，可设置目标为反射板、棱镜或无合作，如图 3.25 所示。

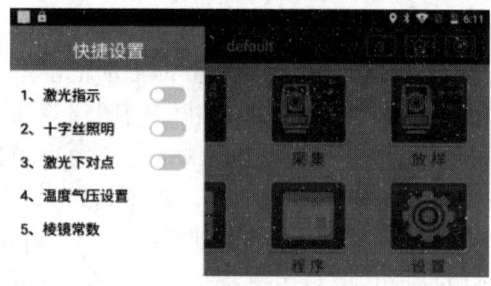

图 3.22　星键设置

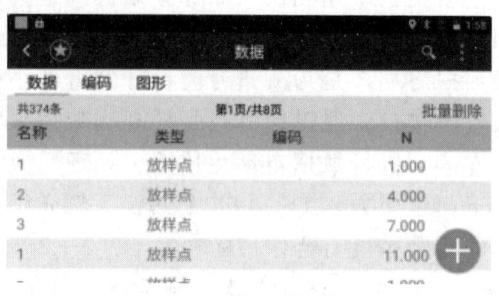

图 3.23　数据功能键界面

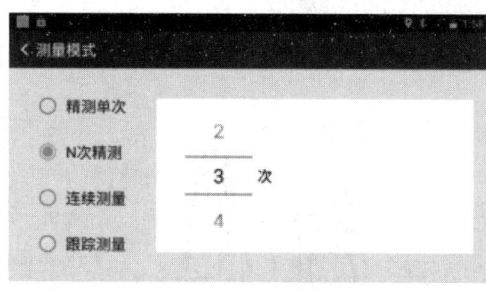

图 3.24　测量模式界面

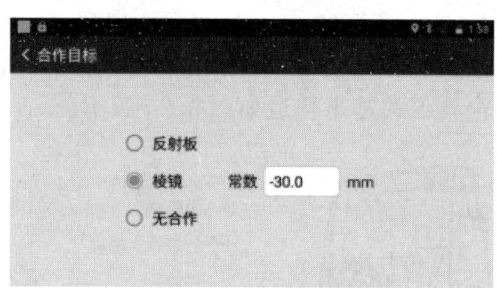

图 3.25　合作目标界面

⑤ 键为电子气泡键，可设置 X 轴、XY 轴补偿或关闭补偿，如图 3.26 所示。

⑥ default 为默认工程名称，具体内容如图 3.27 所示。

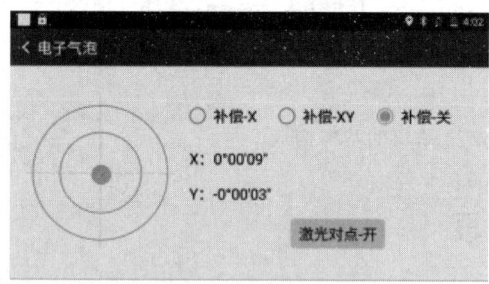

图 3.26　补偿设置界面

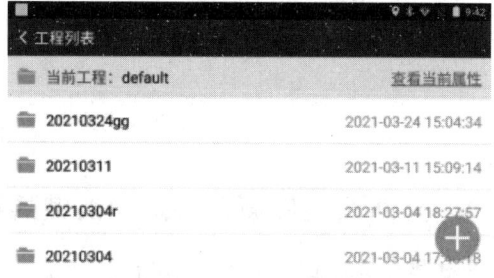

图 3.27　工程名称界面

全站仪显示符号和内容详见表 3.4。

表 3.4　　　　　　　　　全站仪显示符号和内容

显示符号	内　　容	显示符号	内　　容
V	垂直角	E	东向坐标
V%	垂直角（坡度显示）	Z	高程
HR	水平角（右角）	m	以米（m）为距离单位

续表

显示符号	内　容	显示符号	内　容
HL	水平角（左角）	ft	以英尺（ft）为距离单位
R/L	HR 与 HL 的切换	dms	以度分秒为角度单位
HD	水平距离	gon	以哥恩（gon）为角度单位
VD	高差	mil	以密位为角度单位
SD	斜距	PSM	棱镜常数（以 mm 为单位）
N	北向坐标	PPM	大气改正值

3.7.3　全站仪角度测量

（1）开机。长按电源开关（键）2s 左右，直到屏幕亮起，如图 3.28 所示。

（2）安置仪器。将全站仪安置在测站上，按电子气泡键打开 XY 轴补偿和激光下对点；对中整平方法与经纬仪相同；安置反光镜于两目标点上，经对中整平后，将反光镜朝向全站仪。

3.7.2　全站仪角度测量虚拟仿真

（3）在主界面单击"测量"，进入"测量"模式，如图 3.29 所示。

（4）进行水平角观测时，按"置零/置盘"（图 3.30），在弹出的"请输入角度值"对话框中输入水平角度值，如图 3.31 所示。水平角观测的操作程序和任务 3.3 测回法观测水平角一致。

3.7.3　全站仪角度测量

（5）进行竖直角观测时操作程序可参照任务 3.4 竖直角观测。显示屏上 VA 显示测量的垂直角度值，HR 显示水平度盘读数，如图 3.32 所示。

（6）角度测量完毕，按住电源键 1s 左右，直到弹出关机菜单为止。要尽量保证正常关机，否则可能导致数据丢失。

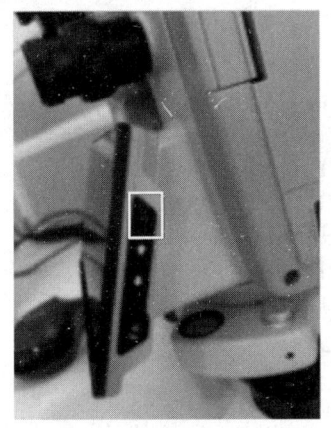

图 3.28　开机按钮

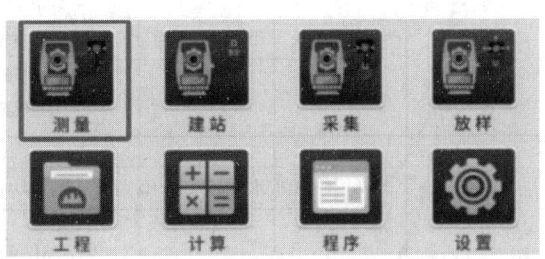

图 3.29　"测量"模式

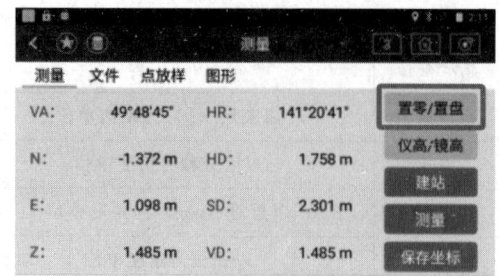

图 3.30 "置零/置盘"

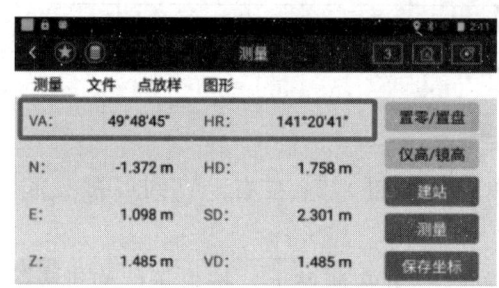

图 3.31 水平度盘置数

图 3.32 竖直度盘、水平度盘读数

知 识 梳 理

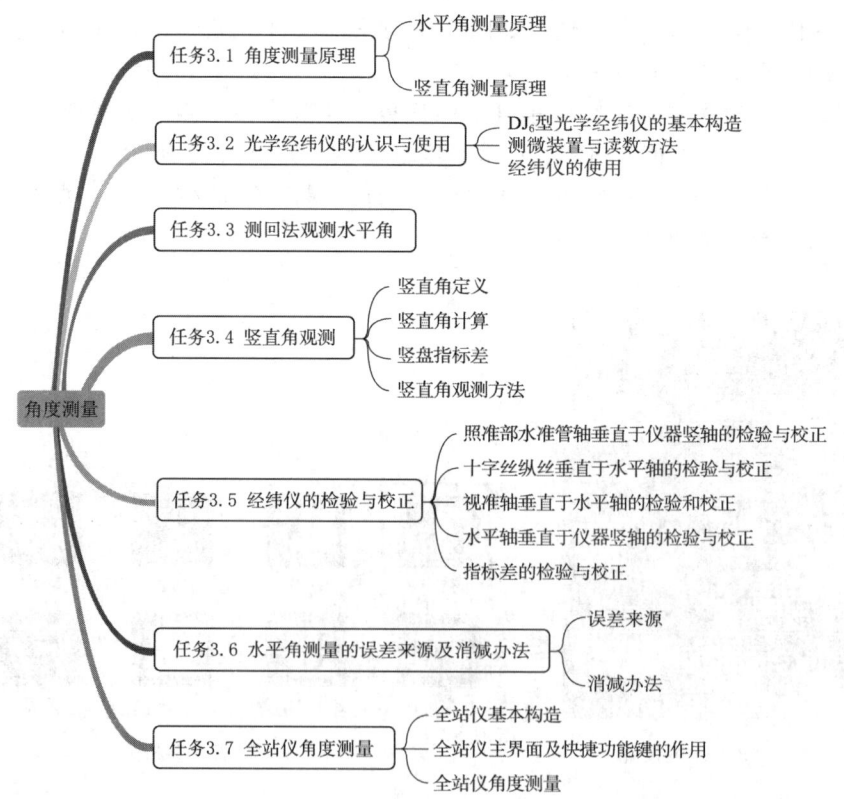

思 政 园 地

党的二十大报告指出,"我们要坚持科技自立自强。"从中华人民共和国成立之初,我国的科学家们就以他们的实际行动践行着这样的精神。

1948年,王大珩与清华同学钱三强、何泽慧、彭桓武陆续回国。他们早就约定好:一旦国内形势明朗,就要回国效力。1949年,中华人民共和国成立,研究人员终于拥有了可以实现理想、为国效力的新环境。当时,中华人民共和国的光学事业可谓"一片空白"。想要把光学事业发展好,就必须拥有更完备、更先进的工具,即光学仪器。但举国上下像样的光学工厂只有昆明光学工厂,全国都缺乏光学精密仪器研制的条件和人才。

1952年,在吉林省长春市铁北区,一批科学家和工人一起清理废弃物、填坑、平整土地。他们要在这里开启光学科技梦想。一年后,中国科学院仪器馆建成。1953年1月23日,中国科学院仪器馆在长春正式成立。就这样,中华人民共和国"光学摇篮"诞生了。1957年4月,仪器馆更名为"中国科学院光学精密机械仪器研究所"(中国科学院长春光学精密机械与物理研究所前身,以下简称光机所)。机构名称虽然变了,科学家们的干劲儿却没有变。

从1958年6月开始,整个光机所的科技人员放弃了节假日,每天夜以继日地工作十几个小时。实验室日夜灯火通明,被别人戏称为"日不落实验室"。

王大珩,光机所的创立者和第一任所长,曾回忆道:"当时年轻人干劲儿非常足……大家真是白天干完晚上干。干到什么程度呢,就是研究一个东西,碰到材料上的问题和技术上的问题,就把所有有关的人找来,当时就解决。铺盖卷儿放在实验室里,你太累了就

第一台电子显微镜

第一台高精度经纬仪

第一台多倍投影仪

第一台万能工具显微镜

第一台晶体谱仪

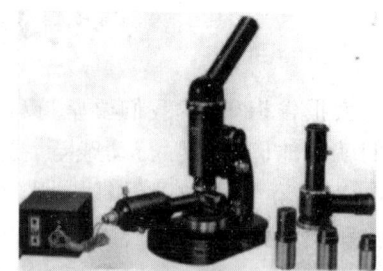

第一台高温金相显微镜

第一台光电测距仪

第一台大型水晶摄谱仪

睡觉，有人接着做。原来预备两年的工作，我们半年就做出来了。"

同年，光机所为国家交出了最好的作业——成功研制了万能工具显微镜、大型水晶摄谱仪、电子显微镜、晶体谱仪、高精度经纬仪、高温金相显微镜、多倍投影仪和光电测距仪等8件先进光学精密仪器。

"八大件"填补了新中国光学研究的空白，奠定了中华人民共和国光学事业的基石，是中华人民共和国科技事业自力更生、追赶世界先进水平的缩影，更是科学家们汗水与智慧的结晶。通过"八大件"，人们得以窥见老科学家胸怀祖国、勇攀高峰的精神。这些传承下来的精神如光一般，穿越了时空的界限，照亮了未来的道路。

[资料来源：王兆昱."八大件"奠定中国光学基石. 中国科学报，2024-05-27（4）.]

习　题

一、填空题

1. 空间相交的两条直线在同一水平面上的投影所夹的角度称为_____。
2. 水平角的取值范围是_____，竖直角的取值范围为_____。
3. 光学经纬仪的基本结构大致相同，主要由_____、_____和_____三部分组成。
4. 望远镜目镜在观测者一侧时，竖盘位于望远镜的左边称为_____，竖盘位于望远镜的右边称为_____。
5. 在同一竖直面内，地面某点至目标的方向线与水平线的夹角，称为_____。
6. 竖盘指标偏离正确位置的差值称为_____。

二、选择题

1. 经纬仪的操作步骤是（　　）。
   A. 对中、整平、瞄准、读数　　　B. 整平、对中、瞄准、读数
   C. 对中、精平、瞄准、读数　　　D. 整平、瞄准、读数、记录

2. 当经纬仪瞄准一点时，盘左竖盘读数为 $L=80°40'12''$，盘右竖盘读数为 $R=279°19'36''$，此时竖盘指标差为（　　）。
   A. $-6''$　　　　B. $+6''$　　　　C. $-12''$　　　　D. $+12''$

3. 为减少度盘分划不均匀误差的影响，水平角观测时，DJ_6 经纬仪变换水平度盘不同位置的计算公式是（　　）。
   A. $90°/n$　　　B. $180°/n$　　　C. $270°/n$　　　D. $360°/n$

4. 用 DJ_6 经纬仪测量水平角时，两个半测回的角差的限差为（　　）。
   A. $±18''$　　　B. $±5''$　　　C. $±36''$　　　D. $±24''$

5. 用测回法测量水平角时，计算半测回角值是第二方向的读数减去第一方向的读数。若第二方向的读数小于第一方向的读数，则第二方向的读数应加上（　　）再减去第一方向的读数。
   A. $90°$　　　　B. $180°$　　　C. $270°$　　　D. $360°$

6. 用 DJ_6 经纬仪观测水平角，要求观测 3 个测回，第 3 测回起始方向置数应当是（　　）。
   A. $30°$　　　　B. $60°$　　　　C. $90°$　　　　D. $120°$

7. 经纬仪测量水平角时，正倒镜瞄准同一方向所读的水平方向值理论上应相差（　　）。
   A $0°$　　　　　B $90°$　　　　C $180°$　　　　D $270°$

8. 经纬仪度盘配置的目的是（　　）。
   A. 减小读数误差　　　　　　　B. 减小仪器竖轴不竖直误差
   C. 减小刻度盘不均匀误差　　　D. 减小视准轴不水平误差

9. 某经纬仪，竖盘为顺时针方向注记，现用盘右测得读数为 $290°35'24''$，则此角值为（　　）。
   A. $20°35'24''$　　B. $-69°24'36''$　　C. $-20°35'24''$　　D. $69°24'36''$

10. 通过经纬仪竖轴的同一竖直平面上，不同高度的点在水平度盘上的读数是（　　）。
    A. 点位越高，读数越大　　　B. 不相同
    C. 点位越高，读数越小　　　D. 相同

三、判断题

1. 经纬仪的竖盘指标差，对于同一目标，通过盘左、盘右观测取平均值可以消除其影响。（　　）

2. 角度测量时，由于调焦不正确，会产生视差现象，但它不会对角度测量产生影响。（　　）

3. 在一测回观测过程中，发现水准管气泡偏移了 1 格以上，这时需调整气泡后继续观测。（　　）

4. 角度测量时，读数要准确，观测结果应及时记录和计算，发现错误或超过限差，立即重测。（　　）

5. 在水平角观测时,一测回内不得重新对中、整平。( )
6. 经纬仪的竖直度盘固定在横轴的一端,不随望远镜一起转动。( )
7. 经纬仪进行水平角观测时,盘左的读数一定比盘右的读数大。( )
8. 测量水平角时度盘可以置零;观测竖直角时,度盘同样可以置零。( )
9. 测量水平角时,为了保证瞄准的准确性,应尽量瞄准目标底部。( )
10. DJ$_6$级光学经纬仪用测回法测角时,各测回角值之差,不得大于36″。( )

四、简答题

1. 简述测回法测量水平角一个测回的操作步骤。
2. 经纬仪有哪些主要轴线?各轴线之间应满足什么条件?
3. 观测水平角时对中和整平的目的是什么?
4. 简述经纬仪光学对点器对中的方法。
5. 经纬仪有哪几部分组成?说明各部分的功能。

五、计算题

1. 完成表 3.5 中测回法观测水平角的计算。

表 3.5　　　　　　　　　　　测 回 法 观 测 水 平 角

测回	度盘位置	目标	水平度盘读数 (° ′ ″)	半测回角值 (° ′ ″)	一测回角值 (° ′ ″)	各测回平均值 (° ′ ″)
第一测回	左	A	0　03　30			
		B	90　48　48			
	右	A	180　03　18			
		B	270　48　18			
第二测回	左	A	90　03　06			
		B	180　48　18			
	右	A	270　02　54			
		B	0　48　24			

2. 根据竖直角观测手簿中的观测数据,计算竖直角,填入表 3.6 中(竖盘顺时针注记)。

表 3.6　　　　　　　　　　　竖 直 角 观 测 计 算

测站	目标	竖盘位置	竖盘读数	半测回竖直角	指标差	一测回竖直角
O	A	左	72°18′18″			
		右	287°42′00″			
O	B	左	96°32′48″			
		右	263°27′30″			

项目 3　习题答案

项目4 距离测量

【项目介绍】本项目主要介绍距离测量的相关知识,包含钢尺量距、视距测量和全站仪距离测量等方法。通过本项目的学习,学生能够使用测距工具完成测距任务,能够使用全站仪进行距离测量,并通过了解我国距离测量技术的快速发展与取得的成就,培养学生科技强国意识和创新精神。

任务4.1 距离测量基础知识

知识目标:
(1) 掌握钢尺量距的方法。
(2) 掌握全站仪距离测量方法。
(3) 掌握距离测量的误差分析方法及注意事项。

4.1.1 距离测量的基础知识

4.1.2 距离测量的基础知识

能力目标:
(1) 能够进行钢尺量距。
(2) 能够进行视距测量。
(3) 能够使用全站仪进行距离测量。

素质目标:
培养学生严谨的科学态度和吃苦耐劳、一丝不苟的工作作风。

距离测量是确定地面点位的基本测量工作之一。距离测量的目的是测定地面两点之间的水平距离。常用的距离测量方法有卷尺量距、视距测量和电磁波测距等。卷尺量距是使用可以卷起来的软尺沿地面丈量,属于直接量距;视距测量是利用经纬仪和水准仪中的视距丝及视距尺,按几何光学原理进行测距;电磁波测距是利用仪器发射及接收的电磁波,按其传播速度及时间测量距离,属于电子物理测距。后两者属于间接测距。

卷尺量距工具简单,但易受地形限制,一般只适合于平坦地区的测距。视距测量容易克服地形障碍,工作便利,但其测距精度较低,仅适用于精度要求不高的测距。电磁波测距速度快、效益高,测距精度高、测程远,但仪器成本较高。

4.1.1 钢尺量距

4.1.1.1 量距的工具

(1) 钢尺。钢尺是量距的主要工具,又称钢卷尺或钢带尺。常用的钢尺宽10~15mm,厚0.2~0.4mm,长度有30m、50m及100m等数种。钢尺可以卷放在圆形尺盒内，也有钢尺卷放在金属框架上，如图 4.1 所示。

钢尺的基本分划为毫米，每厘米处及每分米处都刻有数字注记。

图 4.1 钢尺

钢尺的零分划位置有两种形式：一种是零点位于尺的最外端（拉环的外缘），这种尺子称为端点尺；另一种是零分划线靠近尺端的某一位置，这种尺称为刻线尺，如图 4.2 所示。

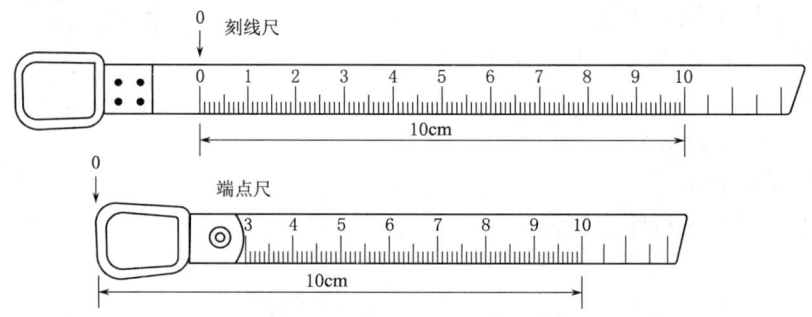

图 4.2 钢尺的零点分划形式

（2）皮尺。在地形测量和精度要求不高的土石方工程测量中，常用皮尺来量距。皮尺又称布卷尺，是用麻纱或化纤与金属丝混织成的带状尺，长度有 20m、30m 和 50m 等几种。尺上基本分划为厘米，尺面每分米和整米处有数字注记。皮尺一般卷放在盒内，大多属于端点尺，如图 4.3 所示。

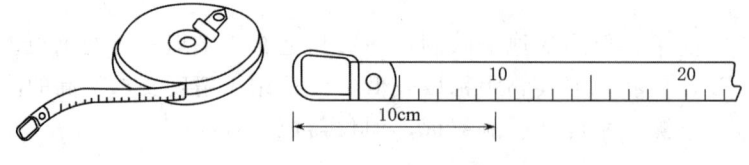

图 4.3 皮尺

（3）标杆。又名花杆，直径约 3cm，长 2～3m，杆身用油漆涂成红白相间，每节 20cm，如图 4.4（a）所示。在距离丈量中，标杆主要用于分段点的定线。

（4）测钎。由粗铁丝或细钢筋加工制成，长 30～40cm，一般 6 根或 11 根为一组，如

图 4.4（b）所示。测钎用于分段丈量时标定每段尺端点位置和记录整尺段数。

（5）垂球。用于在不平坦的地面直接测量水平距离时，将平拉的钢尺的端点投影到地面上。

（6）弹簧秤。用于对钢尺施加规定的拉力，避免因拉力太小或太大造成量距误差。

（7）温度计。用于钢尺量距时测定温度，以便对钢尺长度进行温度改正，消除或减小因温度变化使尺长改变而造成的量距误差。

4.1.1.2 地面点的标定

测量地面上两点间的距离，必须先确定该段距离的起点、终点，然后用适当的标志将它们固定下来。

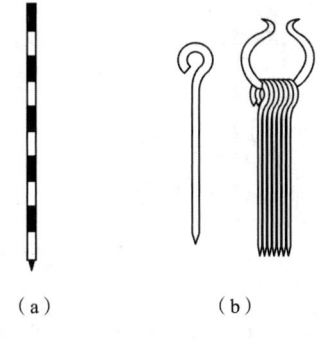

图 4.4 标杆和测钎

地面点标志种类较多，有木桩和混凝土标石等。临时性标志用木桩标定，木桩一般用长为 25～50cm，顶面为 4～8cm 见方的木桩打入地面，桩顶露出地面，在其顶面钉一个小钉或刻一个"＋"作标记，如图 4.5（a）所示。若标志需长期保存，则用混凝土桩标定，顶面可先预制标心或一个钢筋头，在钢筋头上刻一个"＋"作标记，或直接在混凝土桩上面刻一个"＋"作标记，如图 4.5（b）所示。

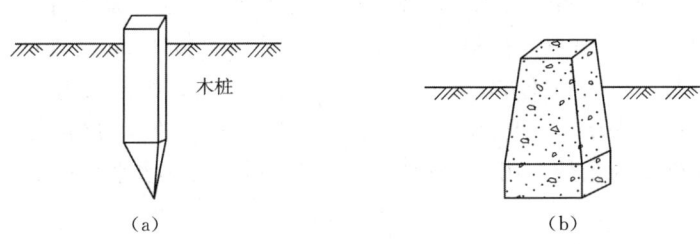

图 4.5 木桩和标石

4.1.1.3 直线定线

地面上两点之间距离较远时，用卷尺一次不能量完，这时需要分段丈量，分段丈量时在地面标定若干点，使其在同一直线上，这项工作称为直线定线。直线定线一般情况下可目测完成，对于精度要求较高或较远的距离丈量要用经纬仪定线。

1. 两点间目测定线

如图 4.6 所示，设 A、B 两点相互通视，要在 A、B 两点间的直线上定出 1、2、…、n 点，首先在 AB 两点竖起花杆，甲站在 A 点标杆后 1m 处，指挥乙左右移动花杆，直到甲从 A 点沿标杆同一侧看到 A、1、B 在一条直线上为止。用同样方法可在直线上定出其他各点。

2. 经纬仪定线

当直线定线精度要求较高时，可用经纬仪定线。如图 4.7 所示，欲在 AB 线内精确定出 1、2 等点的位置。可由甲将经纬仪安置于 A 点，用望远镜照准 B 点，固定照准部制动螺旋。然后将望远镜向下俯视，用手势指挥乙移动标杆，当标杆与十字丝纵丝重合时，便在标杆的位置打下木桩，再根据十字丝在木桩上钉下铁钉，准确定出 1 点的位置。同理定出 2 点和其他各点的位置。

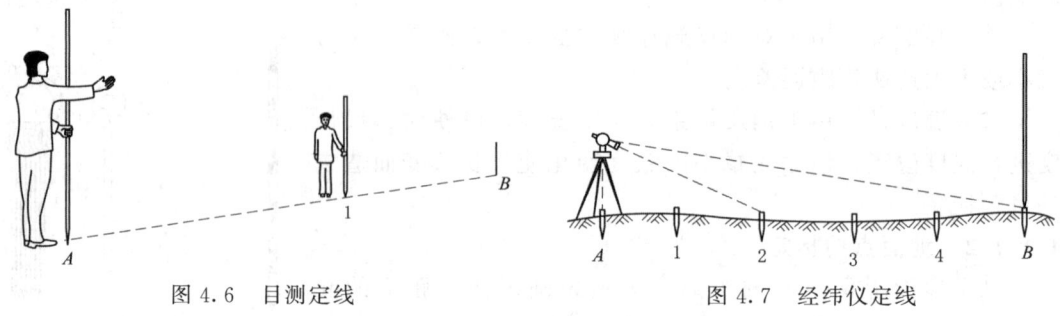

图 4.6　目测定线　　　　　　　　　　图 4.7　经纬仪定线

4.1.1.4　钢尺量距的一般方法

1. 平坦地面的量距

沿平坦地面量距时，可先用目测定线，也可边定线边丈量。如图 4.8 所示，欲测 A、B 两点之间的水平距离 D，其丈量工作可由后尺手、前尺手两人进行。后尺手先在直线起点 A 插一测钎，并将钢尺零点一端放在 A 点。前尺手持钢尺末端和一束测钎沿 AB 线行至一整尺段距离后停下。后尺手以手势指挥前尺手将钢尺拉在 AB 直线上，待钢尺拉平、拉紧、拉稳后，前尺手喊"预备"，后尺手将钢尺零点对准 A 点后说"好"，前尺手立即将测钎对准钢尺末端分划插入地下，得第一尺段距离。后尺手拔出 A 点测钎，二人持尺前进，待后尺手到达 1 点时，再用同样方法丈量第二段距离后，后尺手又拔出 1 点测钎同法继续丈量。每量完一段，后尺手增加一根测钎，因此，后尺手手中的测钎数为所量整尺段数。最后不足一整尺段的长度称为余长，用 q 表示，则 A、B 两点间的水平距离 D 为

$$D = n \times l + q \tag{4.1}$$

式中：n 为整尺段数；l 为钢尺长度。

图 4.8　平坦地面量距

如测量场地为硬质地面，可在分段点上用笔或油漆作记号，此时要注意记录整尺段数。

为了校核和提高精度，一般要进行往返丈量。往返丈量的距离之差与距离的平均值之比，称为相对误差。相对误差通常以分子为 1 的分数形式表示，一般方法量距要求相对误差不大于 1/2000，即

$$K = \frac{|D_{往} - D_{返}|}{D_{均}} \leqslant \frac{1}{2000} \tag{4.2}$$

其中
$$D_{均} = (D_{往} + D_{返})/2$$
若符合要求，则以 $D_{均}$ 作为最后丈量的结果。

2. 倾斜地面的量距

（1）平量法。如图 4.9 所示，若地面起伏不大，可以将钢尺一端放在地面上，钢尺的另一端抬高，将钢尺拉至水平并进行丈量，同时用垂球在地面上标记尺端（并不一定为整尺段）位置，并插一测钎作标记。显然各尺段丈量结果之和即为 AB 两点间的距离。

平量法量距应沿高点至低点方向作两次丈量，当两次丈量的相对误差不大于 1/1000 时，取平均值作为最后结果。

（2）斜量法。如图 4.10 所示，当地面倾斜坡度均匀时，可以沿斜坡量出 AB 的斜距 L，同时用水准测量的方法测出 AB 间的高差 h，则 AB 的水平距离 D 为

$$D = \sqrt{L^2 - h^2} \tag{4.3}$$

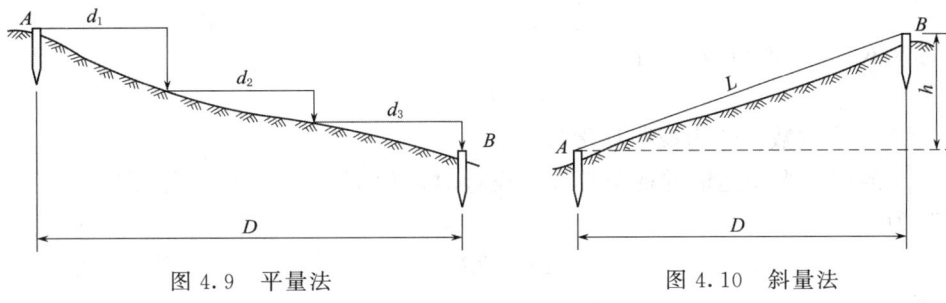

图 4.9　平量法　　　　　　　　图 4.10　斜量法

4.1.2　视距测量

视距测量是利用经纬仪和水准仪等测量仪器望远镜内的视距装置，根据几何光学和三角学原理，测定距离和高差的方法。这种方法操作简便、迅速，不受地面起伏的限制，但精度相对比较低（距离精度约 1/300），可用于地形图碎部测量等精度要求不是很高的场合。

4.1.2.1　视准轴水平时的视距测量

1. 水平距离公式

如图 4.11 所示，在 A 点上安置经纬仪，B 点处竖立标尺，使望远镜视线水平，瞄准 B 点标尺，此时视线垂直于标尺。尺上 M、N 点成像在视距丝上的 m、n 处，MN 的长度可由上、下视距丝读数之差求得。上、下视距丝读数之差称为尺间隔。

在图 4.11 中，l 为尺间隔，p 为视距丝间距，f 为物镜焦距，δ 为物镜至仪器中心的距离。由相似三角形 MNF 与 $m'n'F$ 可得

$$\frac{d}{l} = \frac{f}{p}$$

则
$$d = \frac{f}{p} l$$

由图可知
$$D = d + f + \delta$$

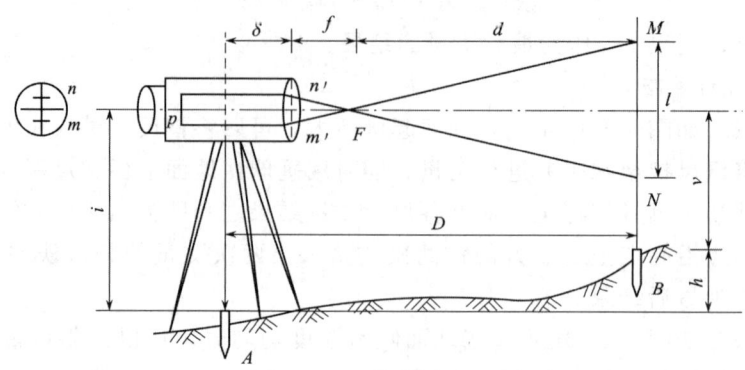

图 4.11 视距测量原理

则

$$D = \frac{f}{p}l + f + \delta$$

令 $f/p = K$，$f + \delta = C$，则有

$$D = Kl + C$$

式中：K 为视距乘常数；C 为视距加常数。

目前使用的内对光望远镜的视距常数，设计时已使 $K = 100$，C 接近于零，故水平距离公式可写为

$$D = Kl \tag{4.4}$$

2. 高差公式

在图 4.11 中，i 为地面标志到仪器望远镜中心线的高度，可用尺子量取；v 为十字丝中丝在标尺上的读数，称为瞄准高；h 为 A、B 两点间的高差。从图中可以看出高差公式为

$$h = i - v \tag{4.5}$$

4.1.2.2 视线倾斜时的视距测量

1. 水平距离公式

当地面起伏较大或通视条件较差时，必须使视线倾斜才能读得尺间隔。这时视距尺仍是竖直的，但视线与尺面不垂直，如图 4.12 所示，因而不能直接应用上述视距公式。需根据竖直角 α 和三角函数进行换算。

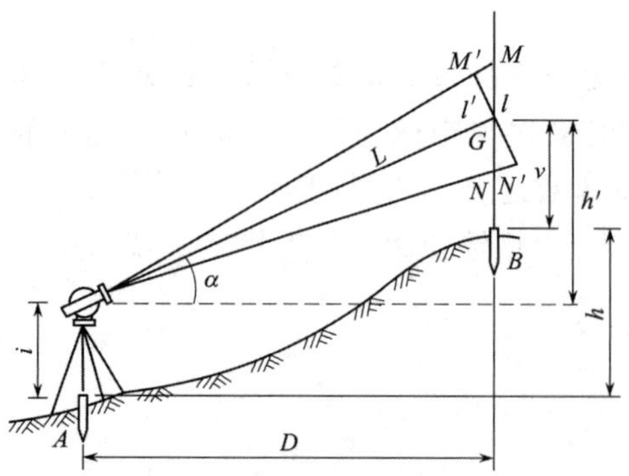

由于图 4.12 中上下丝视线所夹的角度很小，可以将 $\angle GM'M$ 和 $\angle GN'N$ 近似地看成直角，并且可以证明 $\angle MGM'$ 图和 $\angle NGN'$ 均等于 α，则可以进行下列推导：

$$M'N' = M'G + GN'$$
$$= MG\cos\alpha + GN\cos\alpha$$
$$= MN\cos\alpha$$

即

$$l' = l\cos\alpha$$

图 4.12 视距测量原理

代入式（4.4）可推出斜距为
$$L = Kl\cos\alpha$$
再将斜距换算为水平距离
$$D = Kl\cos^2\alpha \tag{4.6}$$
式中：D 为水平距离；K 为常数（100）；l 为视距间隔；α 为竖直角。

2. 高差公式

由图 4.12 可以看出，A、B 两点的高差 h 为
$$h = h' + i - v$$
式中：h' 为初算高差。

由图 4.12 中可以看出：
$$h' = D\tan\alpha$$
故得高差计算公式为
$$h = D\tan\alpha + i - v \tag{4.7}$$

4.1.2.3 视距测量的观测与计算

欲测定 A、B 两点间的水平距离和高差，已知 A 点高程，求 B 点高程。观测和计算步骤如下：

(1) 安置经纬仪于测站 A 点上，对中、整平、量取仪器高 i，置望远镜于盘左位置。

(2) 瞄准立于测点 B 上的标尺，读取下、上丝读数（读到毫米）求出视距间隔 l，或将上丝瞄准某整分米处，下丝直接读出视距 Kl 之值。

(3) 调竖盘指标水准管气泡居中，读取标尺上的中丝读数 v（读到厘米）和竖盘读数 L（读到分）。

(4) 计算。

尺间隔： $l = $ 下丝读数 $-$ 上丝读数

视距： $Kl = 100l$

竖直角： $\alpha = 90° - L$

水平距离： $D = Kl\cos^2\alpha$

高差： $h = D \cdot \tan\alpha + i - v$

测点高程： $H_B = H_A + h$

4.1.2.4 影响视距测量精度的主要因素

(1) 仪器误差。视距乘常数 K 值不准确会直接影响到视距测量的精度。另外上、下视距丝本身具有一定的宽度，它必将遮盖尺面分划的一部分，影响读数的正确性。因此在使用新仪器前应对 K 值进行检定。

(2) 视距尺分划误差。视距尺在制作时有一定的刻划误差，这项误差可通过检定来确定它的大小，选用合格的尺子即可。

(3) 视距尺倾斜的误差。此项误差是人为或外界影响造成的，当竖直角较大时产生的误差也较大，尽量将尺扶直或用装有圆水准器的尺子，就可减小该项误差的影响。

(4) 外界的影响。外界条件中有不少因素会对视距产生影响，如大气的竖直折光，使视线产生弯曲，特别是越靠近地面，折光影响越显著，所以视线应离开地面一定的高度。

另外还有温度的变化，会使 K 值发生变化；风力较大时尺子抖动或扶不直，都将直接影响到视距测量。

从以上分析知道，影响视距测量精度的因素是多方面的，只要选择较精确的仪器和工具，并在良好条件下进行测量，相对精度可以达到 1/200～1/300。

任务 4.2　全站仪测距

知识目标：
(1) 掌握光电测距原理。
(2) 掌握全站仪的操作步骤。
(3) 掌握全站仪的测距方法。

技能目标：
(1) 具有操作全站仪的能力。
(2) 具有使用全站仪进行距离测量的能力。

4.2.1 全站仪及其附件

4.2.2 全站仪测距

素质目标：
培养学生严谨认真的工作态度和创新精神以及精益求精的工匠精神。

电磁波测距是用电磁波（光波或微波）作为载波传输测距信号来测量两点间距离的一种方法。全站仪的测距载波为光波，也称光电测距。与钢尺量距的繁琐和视距测量的低精度相比，光电测距具有测程长、精度高、操作简便、自动化程度高的特点。

4.2.1　光电测距原理

光电测距是通过测量光波在待测距离上往返一次所经历的时间，根据光波在大气中的传播速度 c 来计算两点之间的距离。如图 4.13 所示，若要测定 A、B 两点间的距离 D，在 A 点安置测距仪，在 B 点安置棱镜，测距仪发射的光波到达棱镜后又返回测距仪。设光速 c 为已知，如果光波在待测距离 D 上的往返传播时间为 t，则距离 D 为

$$D = \frac{1}{2} c \cdot t \tag{4.8}$$

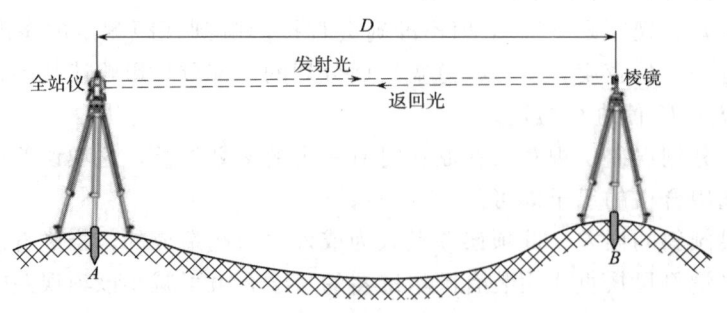

图 4.13　光电测距原理

4.2.2 棱镜与觇牌

与全站仪配套使用的反光棱镜与觇牌如图 4.14 所示，由于全站仪的望远镜视准轴与测距发射接收光轴是同轴的，故棱镜中心与觇牌中心一致。对中杆棱镜组的对中杆与两条铝脚架一起构成简便的三脚架系统，操作灵活方便，在低等级控制测量和施工放线测量中应用广泛。在精度要求不是很高时，还可拆去其两条铝脚架，单独使用一根对中杆，携带和使用更加方便。

1. 棱镜组的安置

如图 4.14（a）所示，将基座安放到三脚架上，利用基座上的光学对中器和基座螺旋进行对中整平，具体方法与光学经纬仪相同。将棱镜和觇牌组装在一起，安放到基座上，再将反光面朝向全站仪，如果需要观测高程，则用小钢尺量取棱镜高度，即地面标志到棱镜或觇牌中心的高度。

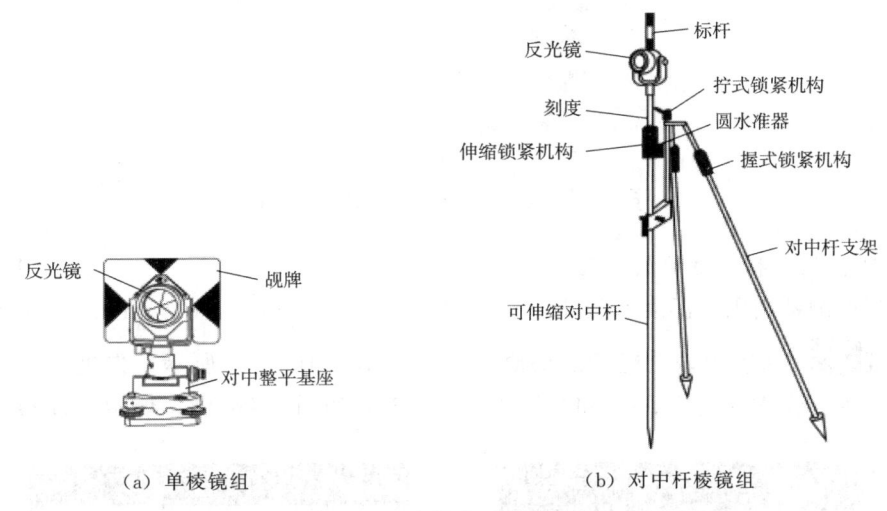

（a）单棱镜组　　　　　　　　　（b）对中杆棱镜组

图 4.14　全站仪反光棱镜组

2. 对中杆棱镜组的安置

如图 4.14（b）所示，使用对中杆棱镜组时，将对中杆的下尖对准地面测量标志，两条架腿张开合适的角度并踏稳，双手分别握紧两条架腿上的握式锁紧装置，伸缩架腿长度，使圆气泡居中，便完成对中整平工作。对中杆的高度是可伸缩的，在接头处有杆高刻划标志，可根据需要调节棱镜的高度，刻划读数即为棱镜高度。

4.2.3　全站仪测距（以南方 NTS－552 为例）

1. 安置仪器

将全站仪安置在测站上，对中整平，方法与经纬仪相同，注意全站仪脚架的中心螺旋与经纬仪脚架不同，两种脚架不可混用。安置棱镜于待测点上，经对中整平后，将棱镜朝向全站仪。

2. 开机

按开机键打开电源，面板如图 4.15（a）所示，点击合作目标键 ![icon]，可设置目标为反射板、棱镜或无合作，如 4.15（b）所示。点击测量模式键 ![icon]，可设置精测单次、N次精测、连续测量或跟踪测量，如图 4.15（c）所示。

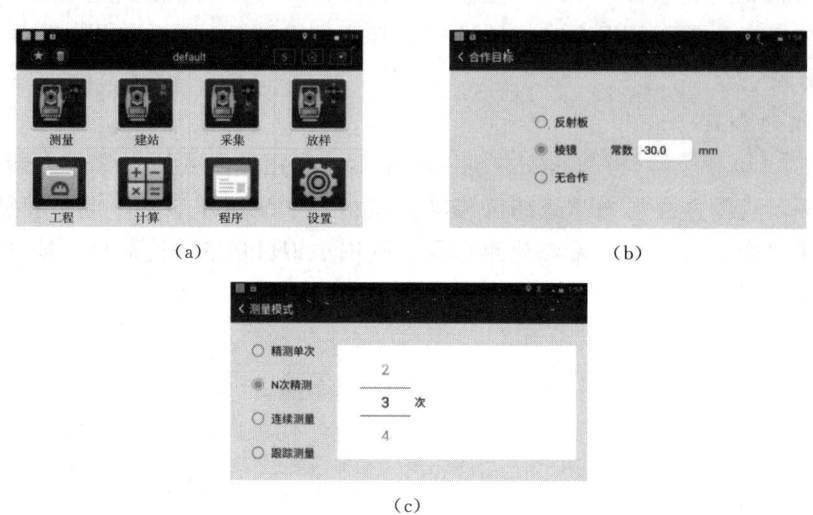

图 4.15　南方 NTS-552 全站仪面板

3. 温度、气压和棱镜常数设置

预先测得测站周围的温度和气压。例：温度＋20℃，气压 1013.0hPa。在主界面点击快捷功能键 ![icon]，可唤出该功能键的快捷设置，如图 4.16（a）所示。先进入温度、气压设置状态，依次输入温度 20.0℃和气压 1013.0hPa，如图 4.16（b）所示，仪器界面显示

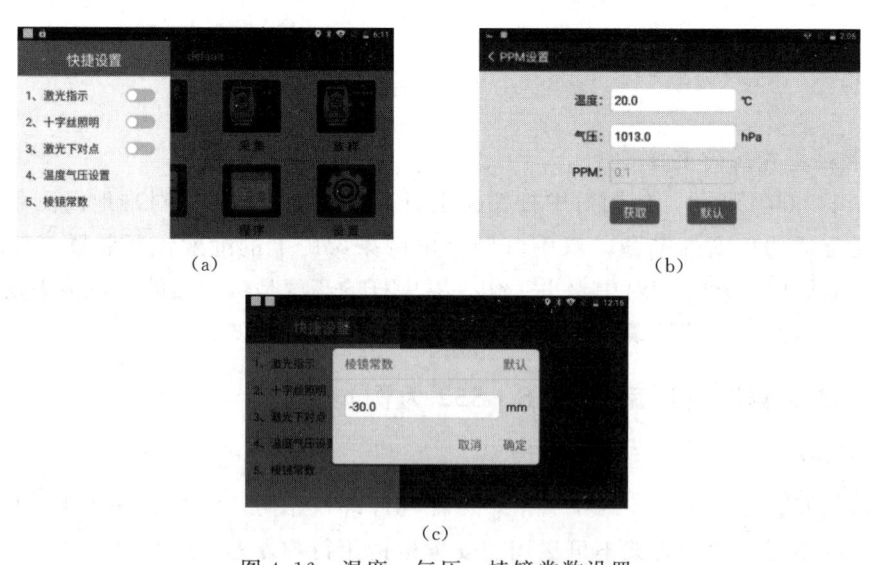

图 4.16　温度、气压、棱镜常数设置

温度为设置项目温度，气压为设置项目气压，PPM 为自动计算大气改正值，"获取"为获取当前温度和气压，"默认"为设置默认温度和气压。返回上一界面进入棱镜常数设置状态，本次测距配套棱镜常数为－30mm，输入棱镜常数（－30），点击"确认"，如图 4.16（c）所示。

4. 距离测量

照准棱镜中心，在测量程序下，点击测量键，距离测量开始，1～2s 后在屏幕

图 4.17 距离测量

上显示数据，其中 HD 为水平距离，例如"HD：1.758m"，SD 为斜距，例如"SD：2.301m"，同时屏幕上还显示全站仪中心与棱镜中心之间的高差 VD，例如"VD：1.485m"，如图 4.17 所示。

注意：

（1）全站仪在测量过程中，应该避免对准强反射目标（如交通灯）进行激光距离测量。因为其所测量的距离要么错误，要么不准确。

（2）当点击测量键时，仪器将对在光路内的目标进行距离测量。测距进行时应确保仪器与目标之间通视，如有行人、汽车、动物、摆动的树枝等通过测距光路，会有部分光束反射回仪器，从而导致距离结果不准确。

（3）在无合作测量模式及配合反射片测量模式下，测量时要避免光束被遮挡干扰。

4.2.3 距离测量虚拟仿真操作

知 识 梳 理

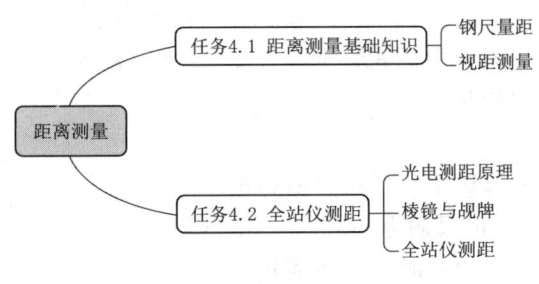

思 政 园 地

2018 年 1 月 22 日晚，中国科学院云南天文台应用天文研究团组的研究人员成功接收到了月球激光测距（LLR）的回波信号，这标志着中国人首次成功利用激光精确地测量了地球距月球的距离。这一技术对于验证广义相对论、研究月球和地球物理特性、提高卫星定轨精度等方面具有重要意义。我国成功开展月球激光测距（LLR）试验，填补了国内在这一领域的空白，标志着我国空间探测技术迈上了新台阶，也为后续的科学研究和技术应

用提供了坚实的基础。

月球激光测距（LLR）是一种通过精确测定激光脉冲从地面观测站到月面反射器的往返时间，从而计算地月距离的技术。在现代测量技术诞生前，最常用的测量地月距离的方法是视差法。随着 LLR 技术的不断发展，其测量精度已达到亚厘米级。中国科学院云南天文台应用天文研究团组利用 1.2m 望远镜激光测距系统，多次成功探测到月面反射器（如阿波罗 15 号月面反射器）返回的激光脉冲信号。在试验中，激光发射接收采取共光路工作方式，激光波长 532nm，脉冲宽度为 10ns，脉冲能量 3.3J。研究团队在收发转镜的研制与控制、望远镜的精确跟踪指向模型、月面特征识别、极微弱信号识别等关键技术上取得了突破。

高精度地月距离测量数据可用于研究月球动力学、地球物理学、天文学等多个领域，能提升我国在这些领域的科学研究水平，还能为我国引力波探测计划（如"天琴计划"）提供技术验证与支持。最重要的是，高精度地月距离测量可以为我国嫦娥探月工程做出应有贡献。月球激光测距试验的成功离不开科研人员的严谨态度、探索精神和不懈努力。随着中国科技的发展与进步，月球激光测距技术将有机会给未来的深空探测卫星保驾护航。

（资料来源：文汇科技文摘 2018 年 2 月 13 日，作者：李语强）

习 题

一、填空题

1. 距离测量的目的是测定地面两点之间的_____。
2. 钢尺按零点的位置不同可分为_____和_____。
3. 直线定线一般采用_____和_____定线两种方法。
4. 距离丈量中，通常用_____来衡量丈量精度。
5. 对于倾斜地面的距离丈量有_____和_____两种方法。
6. 视距测量是利用望远镜中的视距丝（上、下丝）装置，根据几何光学原理同时测定_____和_____的一种方法。

二、选择题

1. 在钢尺量距的一般方法中，后尺手所持的工具是（　　）。
   A. 钢尺末端　　　B. 钢尺的零端　　　C. 测钎　　　D. 标杆
2. 当直线定线精度要求较高时，定线应用（　　）。
   A. 经纬仪　　　B. 水准仪　　　C. 标杆　　　D. 目测
3. 测量某段距离，往测为 123.456m，返测为 123.485m，则相对误差为（　　）。
   A. 1/4300　　　B. 1/4200　　　C. 0.000 235　　　D. 0.029
4. 视距测量的精度通常是（　　）。
   A. 低于钢尺　　　B. 高于钢尺　　　C. 1/2000　　　D. 1/4000

三、判断题

1. 在距离丈量中，测钎是用来标点、投点、对点的。　　　　　　　　　　　　（　　）

2. 在平坦地区，钢尺量距的相对误差一般不应大于 1/5000。　　　　　(　　)

3. 一般来说，相对误差分母越大，则相对误差 K 越小，精度越高。　　(　　)

4. 在距离测量中，标定出距离丈量方向的工作称为直线定线。　　　　　(　　)

5. 距离丈量的精度是用相对误差来衡量的。　　　　　　　　　　　　　(　　)

四、计算题

1. 某地 AB 经往返丈量的 $D_{AB}=117.891\text{m}$，$D_{BA}=117.909\text{m}$，AB 边长应为多少？并评价其质量。

2. 用视距法测量 A、B 两点之间的水平距离，其中测站 A 点的高程为 $H_A=112.67\text{m}$，仪器高 $i=1.46\text{m}$，B 点水准尺的上、下丝读数分别为 2.317m 和 2.643m，中丝读数 $v=2.48\text{m}$，竖盘读数 $L=87°42'$，求 A 点到 B 点的水平距离和 B 点的高程。

项目 4　习题答案

第二部分

专项模块

项目5 高程控制测量

【**项目介绍**】本项目主要介绍小区域高程控制测量的常用方法三、四等水准测量及三角高程测量。通过本项目学习，学生能够根据不同的任务要求选择高程控制测量的方法，按照相应规范要求完成外业测量，并能正确计算出各水准点的高程。在测量过程中，学生将深刻体会到测绘工作的艰辛与责任，同时培养学生的爱国情怀和吃苦耐劳、无私奉献的精神。

任务5.1 三、四等水准测量

知识目标：
(1) 掌握四等水准测量的主要技术要求。
(2) 掌握四等水准测量外业观测、记录、计算及检核方法。

技能目标：
(1) 能够根据地形测量或工程建设需要布设四等水准路线。
(2) 能够进行四等水准测量外业观测、记录、计算及检核。

素质目标：
(1) 培养学生的团队合作意识。
(2) 培养学生的规范意识和质量意识。

　　高程控制测量的任务是建立高程控制网，精确测定控制网中各水准点的高程。高程控制测量的形式有水准测量和三角高程测量。小区域高程控制测量常采用三、四等水准测量和图根水准测量；在山区，由于地面起伏较大，进行水准测量较为困难，常用三角高程测量。

　　四等水准路线一般根据地形测量或工程建设的需要布设，通常采用闭合或附合路线；而在山区、带状工程测区，可采用支水准路线。为便于施测和减小测量误差，所选路线应当是坡度比较平缓，避免通过土质松软和具有不良地质现象的地段。点位应选在土质坚实的地带，并按要求埋设标石或打一大木桩（桩顶钉圆帽顶）标定点位，同时按施测的前进方向依序编号，为便于日后寻找，所有水准点都应绘制水准点之记；一般应在埋石之后立即绘制。水准点点之记应作为水准测量的成果妥善保存。图5.1为一个点之记的示例。

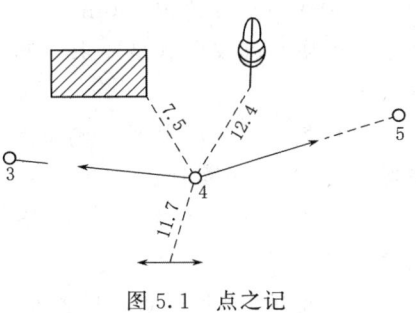

图5.1　点之记

5.1.1 二、四等水准测量技术要求

三、四等水准测量所使用的仪器、工具、作业方法基本相同,区别主要是限差不同。根据《工程测量标准》(GB 50026—2020)、行业标准《城市测量规范》(CJJ/T 8—2011),三、四等水准测量的主要技术要求见表 5.1。

表 5.1　　三、四等水准测量的主要技术要求

技术项目	三 等	四 等	技术项目	三 等	四 等
所用仪器、标尺	DS_3 水准仪、双面水准尺	DS_3 水准仪、双面水准尺	K+黑-红	≤±2mm	≤±3mm
测站观测程序	后—前—前—后	后—后—前—前	黑、红面高差之差	≤±3mm	≤±5mm
视线最低高度	三丝能读数	三丝能读数	测段前后视距累积差	≤±5m	≤±10m
最大允许视距	75m	100m	路线总长(L)	≤200km	≤80km
前、后视距差	≤±2.0m	≤±5.0m	高差闭合差	≤±12$\sqrt{L}$mm(平地) ≤±4$\sqrt{n}$mm(山区)	≤±20$\sqrt{L}$mm(平地) ≤±6$\sqrt{n}$mm(山区)
视距读数法	三丝读数	三丝读数	其他	每一测段偶数站	每一测段偶数站

注　1. L 为水准路线长度,单位为 km,L 小于 1km 时,按 1km 计。
　　2. 光学水准仪四等水准测量中,视线离地面的最低高度应不小于 0.2m。

下面以四等水准测量为例介绍外业观测、记录、计算和检核方法。

5.1.2 外业观测、记录、计算及检核方法

5.1.2.1 观测程序和记录方法

四等水准一般采用双面尺法。为消除尺底因磨损而造成的零点差的影响,每测段的测站数应设置为偶数站。

每一测站上,先安置水准仪,概略整平后分别瞄准前后水准尺,估读视距,最大视距不应超过 100m,前后视距差应不超过 5m。否则,应当移动前视水准尺或水准仪以满足要求。然后按下述步骤进行观测和记录,记录格式见表 5.2。

(1) 照准后视尺黑面。调整水准管气泡居中,按下丝(1)、上丝(2)、中丝(3)的顺序读数、记录。

(2) 照准后视尺红面。调整水准管气泡居中,读取中丝读数(4),记录。

(3) 照准前视尺黑面。调整水准管气泡居中,按下丝(5)、上丝(6)、中丝(7)的顺序读数、记录。

(4) 照准前视尺红面。调整水准管气泡居中,读取中丝读数(8),

5.1.1 四等水准测量

5.1.2 四等水准测量

5.1.3 虚拟仿真综合实训—DS_3 微倾式四等闭合水准测量

记录。

以上观测顺序简称为"后—后—前—前"。所有读数以 m 为单位,读记至 mm。观测完毕后应立即进行测站的计算与检核,符合要求后方可迁站,不符合要求须重新观测。

5.1.2.2 测站计算与检核

1. 视距部分

后视距:(9)=[(1)-(2)]×100(式中 100 为视距乘常数,下同)。

5.1.4 四等水准测站计算与检核

前视距:(10)=[(5)-(6)]×100。

前后视距差:(11)=(9)-(10),绝对值不应超过 5.0m。

前后视距累积差:(12)=本站(11)+上站(12),绝对值不应超过 10.0m。

2. 高差部分

后尺黑红面读数差:(13)=k+(3)-(4)(式中 k 为后尺尺常数,其值为 4.687 或 4.787),只注记毫米数,绝对值不应超过 3mm。

前尺黑红面读数差:(14)=k+(7)-(8)(式中 k 为前尺尺常数,其值为 4.787 或 4.687),只注记毫米数,绝对值不应超过 3mm。

黑面高差:(15)=(3)-(7)。

红面高差:(16)=(4)-(8)。

黑红面高差之差:(17)=(15)-[(16)±0.1]=(13)-(14),只注记毫米数,绝对值不应超过 5mm。由于两水准尺红面起点读数相差±0.1m(即 4.687 与 4.787 之差),因此红面测得的高差应加上或减去 0.1m 才等于实际高差。到底是加还是减可以黑面高差为准来确定。当红面高差大于黑面高差减去 0.1m,反之加上 0.1m。

黑红面高差中数:(18)={(15)+[(16)±0.1]}/2,取至 0.0001m 位。

5.1.2.3 测段计算与校核

一个测段所有测站的观测、记录、计算、校核全部完成后,立即进行测段的计算与校核。测段计算与校核的项目如下(表 5.2):

表 5.2 四等水准测量观测记录

测段:自 BM_4 至 BM_5 仪器型号:DS$_3$ 观测者:×× 　记录者:××

时间:2021 年 9 月 29 日   天气、呈像:晴,良   (k_A=4.687 k_B=4.787)

测站编号	后尺 下丝 上丝 后距 视距差 d	前尺 下丝 上丝 前距 Σd	方向及尺号	标尺读数 黑面	标尺读数 红面	k+黑-红	高差中数
	(1)	(5)	后	(3)	(4)	(13)	
	(2)	(6)	前	(7)	(8)	(14)	
	(9)	(10)	后-前	(15)	(16)	(17)	(18)
	(11)	(12)					

续表

测站编号	后尺 下丝 上丝 后距 视距差 d	前尺 下丝 上丝 前距 Σd	方向及尺号	标尺读数 黑面	标尺读数 红面	$k+$黑—红	高差中数
1	0.920	2.770	后 A	0.820	5.509	-2	
	0.720	2.585	前 B	2.677	7.465	-1	
	20.0	18.5	后—前	-1.857	-1.956	-1	-1.8565
	$+1.5$	$+1.5$					
2	1.068	1.079	后 B	0.880	5.667	0	
	0.689	0.688	前 A	0.885	5.572	0	
	37.9	39.1	后—前	-0.005	$+0.095$	0	-0.0050
	-1.2	$+0.3$					
3	2.571	2.566	后 A	2.082	6.769	0	
	1.593	1.596	前 B	2.081	6.867	$+1$	
	97.8	97.0	后—前	$+0.001$	-0.098	-1	$+0.0015$
	$+0.8$	$+1.1$					
4	2.010	1.523	后 B	1.706	6.494	-1	
	1.400	0.900	前 A	1.210	5.896	$+1$	
	61.0	62.3	后—前	$+0.496$	$+0.598$	-2	$+0.4970$
	-1.3	-0.2					
测段校核	Σ（9） 216.7	Σ（3）	Σ（4）	5.488	24.439		
	Σ（10） 216.9	Σ（7）	Σ（8）	6.853	25.800		
	Σ（11） -0.2	Σ（15）	Σ（16）	-1.365	-1.361	Σ（18）	-1.363
	L_i 433.6	\{Σ（15）+Σ（16）\}/2=-1.363=Σ（18）					

注 计算检核与精度检核的区别在于，计算检核是检查计算是否出错；精度检核是检查观测成果精度是否合格。计算出错，要重算；而精度不合格，要重测。

1. 视距部分

测段后距全长 Σ（9）。

测段前距全长 Σ（10）。

测段视距累积差 Σ（11）检核：Σ（11）=Σ（9）−Σ（10）=本测段末站的（12）。

测段全长 L_i：$L_i=\Sigma$（9）+Σ（10）（式中 i 为测段编号）。

2. 高差部分

测段后尺黑面读数和 Σ（3）。

测段后尺红面读数和 Σ（4）。

测段前尺黑面读数和 Σ（7）。

测段前尺红面读数和 Σ（8）。

测段黑面高差 Σ（15）。计算检核：Σ（15）=Σ（3）−Σ（7）。

测段红面高差$\sum$（16）。计算检核：$\sum(16)=\sum(4)-\sum(8)$。

测段高差中数$\sum$（18）。计算检核：$\sum(18)=\{\sum(15)+\sum(16)\}/2$。

5.1.2.4 全线的计算与检核

一条水准路线所有测段的作业完成后，立即汇总出全线的路线长度 L（即各测段的长度之和）以及全线高差$\sum h_{测}$（即各测段高差中数之和），然后按下式计算高差闭合差 f_h：

$$f_h = \sum h_{测} \quad （闭合水准路线）$$

$$f_h = \sum h_{测} - (H_{终} - H_{始}) \quad （附合水准路线）$$

式中：$H_{终}$、$H_{始}$ 分别为终点、始点高程。

对于四等水准测量，高差闭合差的允许值为 $\pm 20\sqrt{L}$（mm）（L 以 km 为单位）。如果闭合差超限，应分析原因，作部分测段或全线返工。

5.1.3 三、四等水准测量注意事项

（1）在水准点（已知点或待定点）上立尺时，不得放尺垫。

（2）水准尺应保持直立，不要左右倾斜、前后俯仰。

（3）在记录员未提示迁站前，后视尺尺垫不能移动。

（4）每一测站，前后视距要保持大致相等，可采用步量。

（5）同一测站观测，一般不能调焦两次。

（6）同一测站内不得有两个相关数字"连环涂改"。例如，更改了水准尺的黑面前两位读数后，就不能再改同一水准尺的红面前两位读数；否则就称为连环涂改。若出现连环涂改应立即废去重新测量。

（7）有正、负意义的量，在记录计算时，都应加上"＋""－"号，正号不能省略。计算的占位"0"要写完整。

（8）每测段的往测与返测，其测站数均应为偶数。

5.1.4 水准测量主要误差来源

水准测量误差来源于仪器误差、观测误差和外界条件影响三个方面。在作业过程中，应根据误差产生的原因，采取相应措施，尽量消除或减弱其影响。

1. 仪器误差

（1）水准管轴（LL）不平行于视准轴（CC）。水准管轴不平行于视准轴称为 i 角误差，虽然经过校正，但仍然存在残余误差。

处理：尽量使前后视距相等，可削弱此项误差的影响。故规范规定，对于四等水准测量，每一站的前、后视距差不应大于 5m，前、后视距差的累积值不应大于 10m。

（2）十字丝横丝与竖轴不垂直误差。若十字丝横丝不垂直于竖轴，则十字丝的不同位置在水准尺上截得的读数不同，将产生误差。

处理：尽量用十字丝的中部读数。

（3）水准尺误差。

1）水准尺弯曲、刻划不准。

处理：使用前用标准水准尺进行检校。若尺子弯曲、刻划不准，则不能使用。

2) 底部零点磨损。

处理：对于一个测段的测站数为偶数站的水准路线，可自行抵消；若为奇数站，则所测高差中将含有因底部零点磨损而带来的影响。

2. 观测误差

（1）水准管气泡居中误差。水准管气泡不居中，则视线不水平，从而带来读数误差。距离越远，误差越大。

处理：每次观测应使气泡严格居中，且距离不宜太远。

（2）估读水准尺误差。估读误差与成像清晰度、望远镜放大倍率及视线长度有关。

处理：①精确调焦，消除视差，保证成像清晰度；②根据不同的仪器，保证视线长度要在规范所规定的范围内。

（3）水准尺倾斜误差。水准尺倾斜，使读数比正确的标尺读数偏大，从而产生误差，且视线越高，误差越大。

处理：可以使用安装有圆水准器的水准尺，并尽量使水准尺竖直，照准时让十字丝竖丝与水准尺边重合，可发现水准尺是否竖直，以便纠正。

3. 外界条件影响

（1）仪器、尺垫下沉。仪器下沉使得视线降低，尺垫下沉使得视线相对升高，从而引起高差误差。

处理：对于精度要求较高的等级水准测量，采用"后前前后"的观测程序，可以削弱仪器、尺垫下沉对高差的影响。

（2）地球曲率及大气折光。水准仪的水平视线和大地水准面之间因地球曲率和大气折光引起视线弯曲，从而使水准测量产生误差，且视线离地面越近，视线越长，误差越大。

处理：尽可能使前后视距相等并使视线离地面有一定高度，可削弱此项误差的影响。故规范规定，三、四等水准测量应保证上、中、下三丝都能读数，二等精密水准测量则要求下丝读数不小于 0.3m。

（3）温度影响。温度变化会引起大气折光的变化，同时会使水准管气泡向温度高的方向移动。

处理：选择有利的观测时间，强光下应打伞。

任务 5.2　高　程　计　算

知识目标：

（1）掌握水准测量的精度要求。

（2）掌握附合水准路线和闭合水准路线的内业计算方法。

技能目标：

（1）能够检测水准测量精度是否符合要求。

（2）能够进行水准路线高差闭合差调整和高程计算。

素质目标：

培养学生严谨、认真、仔细的工作态度及水准测量精度意识。

5.2.1 水准测量的精度要求

一条水准路线，从理论上讲其实测高差应等于其理论值，若不等，其差值即为高差闭合差，其值不应超过规定的限差。不同形式的水准路线，高差闭合差的含义有所差异，计算方法也不同。

对于附合水准路线，各测段观测高差的代数和$\sum h_{测}$应等于路线两端已知水准点A、B的高程之差$H_B - H_A$。由于测量误差的存在，实际上这两者一般不会相等，所存在的差值称为附合水准路线的高差闭合差，用f_h表示，即

$$f_h = \sum h_{测} - (H_B - H_A) \tag{5.1}$$

对于闭合水准路线，各测段观测高差的代数和$\sum h_{测}$应等于零，如果不等于零，即为高差闭合差：

$$f_h = \sum h_{测} \tag{5.2}$$

对于支水准路线，沿同一路线往测所得高差$\sum h_{往}$与返测所得高差$\sum h_{返}$的绝对值应大小相等而符号相反，如果不相等，其差值即为高差闭合差，亦称较差，即

$$f_h = |\sum h_{往}| - |\sum h_{返}| \tag{5.3}$$

不同等级的水准测量，高差闭合差的限值也不相同，等外水准测量高差闭合差的容许值规定为

平地　　　　　$f_{h容} = \pm 40\sqrt{L}$ (mm)

山地　　　　　$f_{h容} = \pm 10\sqrt{n}$ (mm)　　　　(5.4)

四等水准测量高差闭合差高差闭合差的容许值规定见表5.1。水准测量的高差闭合差若超过容许值，应查找原因并返工重测。

5.2.1 高程计算

5.2.2 高程计算

5.2.2.1 附合水准路线高差闭合差的调整与高程计算

如图5.2所示，某测区布设了一条等外水准路线，其中BM_A、BM_B为已知高程点，其高程分别为$H_A = 65.376$m，$H_B = 68.623$m，1、2、3为新布设的水准点，为待求高程点。现测得各测段高差分别为$h_1 = +1.575$m，$h_2 = +2.036$m，$h_3 = -1.742$m，$h_4 = +1.446$m，已知各测段路线长分别为：$L_1 = 1.0$km，$L_2 = 1.2$km，$L_3 = 1.4$km，$L_4 = 2.2$km。要求检核观测质量是否合格，并计算1、2、3点的高程。计算步骤如下：

5.2.2 附合水准高程计算

1. 观测数据和已知数据填写

将图5.1中的观测数据（各测段的距离、实测高差）及已知数据（A、B两点已知高程），填入表5.3相应的栏目内。

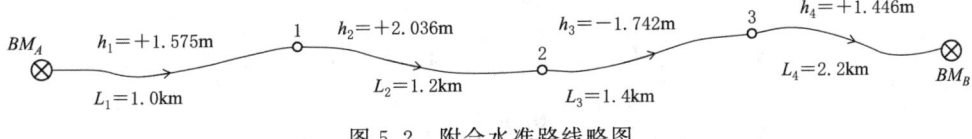

图5.2　附合水准路线略图

表 5.3　　　　　　　　　水准路线高差闭合差调整与高程计算

测段编号	点名	路线长/km	实测高差/m	改正数/m	改正后高差/m	高程/m
1	A	1.0	+1.575	−0.012	+1.563	65.376
2	1	1.2	+2.036	−0.014	+2.022	66.939
3	2	1.4	−1.742	−0.016	−1.758	68.961
4	3	2.2	+1.446	−0.026	+1.420	67.203
	B					68.623
Σ		5.8	+3.315	−0.068	+3.247	
辅助计算		$f_h=+0.068\text{m}\quad V_{\text{km}}=-\dfrac{f_h}{L}=-0.011\text{m/km}$ $f_{h容}=\pm40\sqrt{L}=\pm40\sqrt{5.8}=\pm96\text{mm}$ 由于$|f_h|<|f_{h容}|$，所以观测精度合格				

2. 高差闭合差计算

$$f_h=\sum h_{测}-(H_B-H_A)$$
$$=3.315-(68.623-65.376)=+0.068(\text{m})$$

3. 高差闭合差容许值的计算

假设该水准路线为山地，闭合差的容许值为

$$f_{h容}=\pm40\sqrt{L}=\pm40\sqrt{5.8}=\pm96(\text{mm})$$

由于$|f_h|\leqslant|f_{h容}|$，高差闭合差在限差范围内，说明观测成果的精度符合要求。

4. 高差闭合差的调整

高差闭合差调整的方法如下：按与测段的长度或测站数成正比例进行调整，取其相反符号进行分配，其调整值称作改正数，按测站数计算改正数的公式为

$$V_i=-\dfrac{f_h}{n}\times n_i \tag{5.5}$$

按测段长度计算改正数的公式为

$$V_i=-\dfrac{f_h}{L}\times L_i \tag{5.6}$$

式中：V_i为第i测段的高差改正数；n为水准路线测站总数；n_i为第i测段的测站数；L为水准路线的全长；L_i为第i测段的路线长度。

本例是按路线长度来计算改正数的：

$$V_1=-\dfrac{f_h}{L}L_1=-\dfrac{0.068}{5.8}\times1.0=-0.012(\text{m})$$

$$V_2=-\dfrac{f_h}{L}L_2=-\dfrac{0.068}{5.8}\times1.2=-0.014(\text{m})$$

$$V_3=-\dfrac{f_h}{L}L_3=-\dfrac{0.068}{5.8}\times1.4=-0.016(\text{m})$$

$$V_4=-\dfrac{f_h}{L}L_4=-\dfrac{0.068}{5.8}\times2.2=-0.026(\text{m})$$

将各测段改正数分别填入表 5.3 中第 5 栏内。

注意：

(1) 改正数应凑整至 mm，以 m 为单位填写在表 5.3 相应栏内。

(2) 改正数的总和应与闭合差数值相等、符号相反，根据这一关系可对各段高差改正数进行检核。

检核：
$$\sum V_i = -f_h$$

(3) 由于取舍误差的存在，在数值上改正数的总和可能与闭合差存在一微小值，此时可将这一微小值强行分配到测站数最多或路线最长的一个或几个测段。

5. 改正后高差的计算

各测段改正后的高差等于实测高差加上相应的改正数，即
$$\bar{h}_i = h_{i测} + V_i$$

改正后的高差记入表 5.3 相应栏内。

注意：

改正后的各测段高差代数和应与水准点 A、B 的高差 $H_B - H_A$ 相等，据此对改正后的各测段高差进行检核。

检核：
$$\sum \bar{h} = H_B - H_A$$

6. 计算待定点高程

用改正后的高差，按顺序逐点推算各点的高程，即
$$H_1 = H_A + \bar{h}_1 = 65.376 + 1.563 = 66.939 (m)$$
$$H_2 = H_1 + \bar{h}_2 = 66.939 + 2.022 = 68.961 (m)$$

仿此推算出所有待定点的高程，并逐一记入表 5.3 相应栏内。最后推算得到的 B 点高程应与水准点 B 的已知高程相同，以此来检核高程推算的正确性。

5.2.2.2 闭合水准路线高差闭合差的调整与高程计算

如图 5.3 所示，BM_1 为已知水准点，1、2、3、4 点为待测高程的水准点，其已知数据和观测数据如图所示。按普通水准精度要求，计算步骤如下：(其计算结果详见表 5.4)。

1. 观测数据和已知数据填写　将已知数据和观测数据填入表 5.4 相应的栏目内。

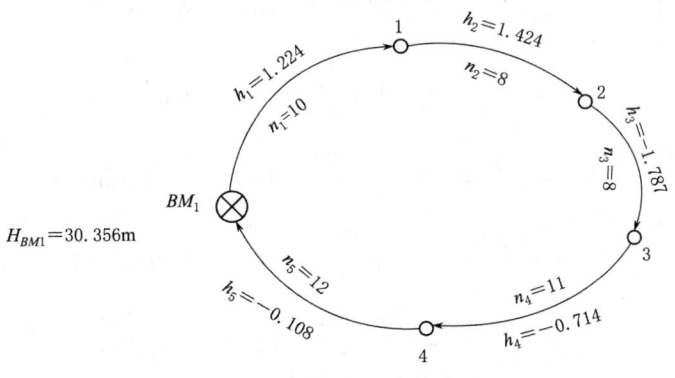

图 5.3　闭合水准路线略图

表 5.4　　　　　　　　　水准路线高差闭合差调整与高程计算

测段编号	点名	测站	实测高差/m	改正数/m	改正后高差/m	高程/m
1	BM_1	10	+1.224	-0.008	+1.216	30.356
	1					31.572
2		8	+1.424	-0.006	+1.418	
	2					32.990
3		8	-1.787	-0.006	-1.793	
	3					31.197
4		11	-0.714	-0.009	-0.723	
	4					30.474
5		12	-0.108	-0.010	-0.118	
	BM_1					30.356
Σ		49	+0.039	-0.039	0.000	
辅助计算	\multicolumn{6}{l}{ $f_h = \Sigma h_{测} = +0.039\text{m}$　　　$V_{站} = -\dfrac{f_h}{n} = -0.0008\text{m/站}$ $f_{h容} = \pm 10\sqrt{n} = \pm 70\text{mm}$ 由于 $	f_h	<	f_{h容}	$，所以观测精度合格 }

2. 高差闭合差计算

$$f_h = \Sigma h_{测} = +0.039(\text{m})$$

3. 高差闭合差容许值的计算

假设该水准路线为山地，闭合差的容许值为

$$f_{h容} = \pm 10\sqrt{n} = \pm 10\sqrt{49} = \pm 70(\text{mm})$$

因为 $|f_h| \leqslant |f_{h容}|$，高差闭合差在限差范围内，说明观测成果的精度符合要求。

4. 高差闭合差的调整

按与测站数成正比的原则，反其符号进行分配，即

$$V_i = -\frac{f_h}{n} n_i$$

各测段改正数为

$$V_1 = -\frac{f_h}{n} n_1 = -\frac{0.039}{49} \times 10 = -0.008(\text{m})$$

$$V_2 = -\frac{f_h}{n} n_2 = -\frac{0.039}{49} \times 8 = -0.006(\text{m})$$

$$V_3 = -\frac{f_h}{n} n_3 = -\frac{0.039}{49} \times 8 = -0.006(\text{m})$$

$$V_4 = -\frac{f_h}{n} n_4 = -\frac{0.039}{49} \times 11 = -0.009(\text{m})$$

$$V_5 = -\frac{f_h}{n} n_5 = -\frac{0.039}{49} \times 12 = -0.010(\text{m})$$

检核：　　　　　　　　　$\Sigma V_i = -f_h = -0.039\text{m}$

将各测段改正数分别填入表 5.4 中第 5 栏内。

5. 改正后高差的计算

各测段改正后的高差等于实测高差加上相应的改正数,即

$$\bar{h}_i = h_{i测} + V_i$$

将各测段改正后高差填入表5.4中第6栏。

6. 高程的计算

根据已知水准点 A 的高程和各测段改正后的高差,依次逐点推算出各点的高程,将推算出的各点高程填入表5.4中第7栏。

最后推算的 BM_1 点高程应等于已知高程,否则说明高程计算有误。

5.2.2.3 支水准路线高差闭合差的调整与高程计算

支水准路线的高差闭合差及容许值可分别通过式(5.3)和式(5.4)求得,但式(5.4)中路线长度 L 或测站总数 n 只按单程计算。当 $|f_h| \leq |f_{h容}|$ 时,取测段往、返高差绝对值的平均值作为测段的最终高差,其符号以往测为准。推算待定点高程的方法与附合水准路线的方法相同。

任务5.3 三角高程测量

5.3.1 三角高程测量

知识目标
(1) 掌握三角高程测量的基本原理。
(2) 掌握三角高程测量的内业计算方法。

能力目标
(1) 能够进行三角高程测量。
(2) 能够进行三角高程测量内业计算。

素质目标
(1) 培养学生团队协作精神。
(2) 培养学生严谨、认真、仔细的工作态度。

三、四等水准测量是一种直接测高程的方法,测量精度比较高,但速度较慢,且只适用于较平坦的地区。在丘陵地区或山区,由于地面高低起伏较大,或水准点位于较高的建筑物上,用水准测量方法进行高程控制时困难大且速度慢,甚至无法实施,这时可应用三角高程测量的方法测定两点间的高差而求得高程。三角高程测量是一种间接测高法,它不受地形条件限制,主要用于山区的高程控制和平面控制点的高程测定。在高精度全站仪出现后,三角高程测量精度大为提高。

5.3.1 三角高程测量原理

三角高程测量,是通过观测两点间的水平距离或倾斜距离及竖直角或天顶距,确定两点间高差的方法。进行三角高程测量所用的仪器必须具有测出竖直角的功能。为了能观测较远的目标,还应具备望远镜。

如图 5.4 所示，已知 AB 水平距离 D，A 点高程，求 B 点高程。方法是，先在 A 点架设仪器，量取仪器高 i；在 B 点竖立觇标，并量取觇标高 L，用仪器横丝瞄准其顶端，测定竖直角 α，则 AB 两点间的高差计算公式为

$$h_{AB} = D\tan\alpha + i - L$$

B 点高程 $H_B = H_A + h_{AB} = H_A + D\tan\alpha + i - L$

具体应用公式时，注意竖直角的正负号，当 α 角为仰角时取正号，相应的 $D\tan\alpha$ 也为正值；当 α 角为俯角时取负号，相应的 $D\tan\alpha$ 也为负值。

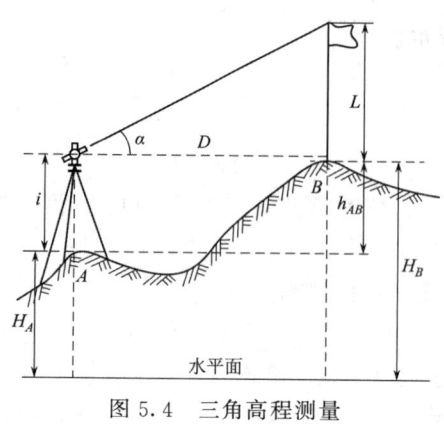

图 5.4 三角高程测量

当 A、B 两点距离大于 300m 时，应考虑地球曲率及大气折光对高差的影响，所加的改正数简称为两差改正。

设 c 为地球曲率改正，R 为地球半径，一般 R 取 6371km，则 $c = \dfrac{D^2}{2R}$。设 γ 为大气折光改正，则 $\gamma = -k \times \dfrac{D^2}{2R}$，$k$ 为大气垂直折光系数，一般 k 取 0.14。故两差改正值为

$$f = c + \gamma = (1 - 0.14) \times \dfrac{D^2}{2R} = 67D^2$$

式中：f 为两差改正值，mm；D 为水平距离，km。

因此，在图根控制（为地形测图而建立的平面控制和高程控制）的三角高程测量中，当 A、B 两点的距离超过 300m 时，应加两差改正。而在三、四等控制测量中，必须采用对向观测，既由 A 点观测 B 点，又由 B 点观测 A 点，取对向观测所得高差绝对值的平均值，以抵消两差影响。

仪器在已知高程点，观测该点与未知高程点之间的高差称为直觇。仪器设在未知高程点，测定该点与已知高程点之间的高差称为反觇。

5.3.2 三角高程测量的实施

5.3.2.1 三角高程测量的操作步骤

（1）安置全站仪于测站点上，对中整平，量取仪器高 i。在目标点安置觇标，量取觇标高 L。

（2）当中丝瞄准目标，读取竖盘读数，必须以盘左、盘右进行观测。

（3）竖直角观测的测回数与限差按规范规定等级进行。

（4）测量两点间的水平距离 D，或倾斜距离 S，利用三角测量方法计算出两点间的水平距离 D。

5.3.2.2 三角高程测量的计算

三角高程测量往返测得的高差之差 f_h（经两差改正后）不应大于 $0.1D$（D 为边长，以 km 为单位）。由对向观测所求得的高差平均值计算出的闭合环线或附合路线的闭合差

的绝对值应不大于 $0.05\sqrt{\sum D^2}$ m（D 以 km 为单位）。

如图 5.5 所示，在 A、B 两点间进行三角高程测量，观测结果列于图上。高差计算和闭合差调整见表 5.5。

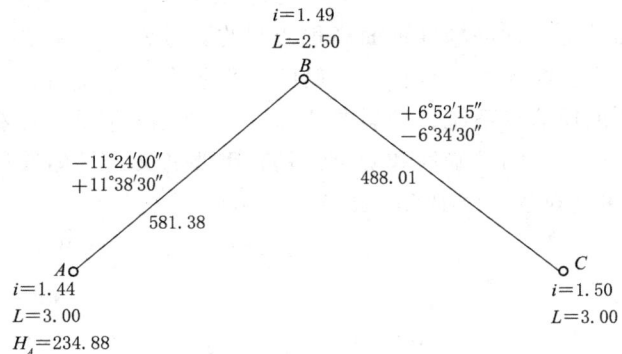

图 5.5　三角高程测量观测成果图

表 5.5　　　　　　　　　　三角高程测量的高差计算

起算点	A		B	
待求点	B		C	
测量方向	往	返	往	返
水平距离 D/m	581.38	581.38	488.01	488.01
竖直角 α	11°38′30″	−11°24′00″	6°52′15″	−6°34′30″
仪器高 i/m	1.44	1.49	1.49	1.50
目标高 L/m	2.50	3.00	3.00	2.50
两差改正 f/m	0.02	0.02	0.02	0.02
高差/m	118.74	−118.72	57.31	−57.23
平均高程/m	118.73		57.27	

知 识 梳 理

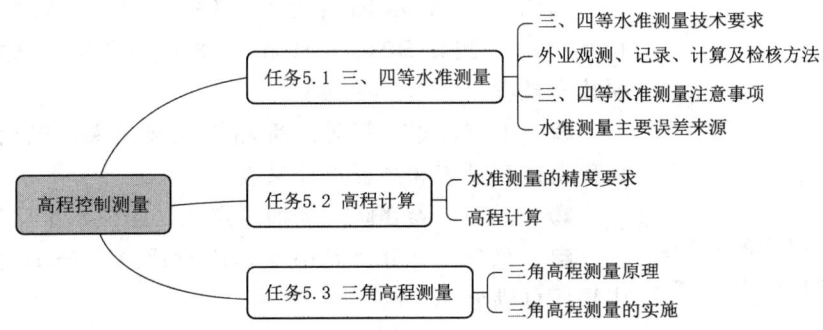

知 识 拓 展

一、二等水准测量是一种高精度地面高程控制的测量方法。主要用于建立国家高程控制网,为各类测绘工程提供准确的高程基准。它在国家基础测绘、重大工程建设、地理信息系统、地震监测以及水文观测等领域有着广泛的应用,对于确保工程建设的准确性和安全性具有重要意义。具体操作详见《国家一、二等水准测量规范》(GB/T 12897—2006)。

知识拓展
国家一、二等
水准测量规范

证 书 对 接

1+X测绘地理信息数据获取与处理(中级)中要求学生具备路线水准测量的能力,具体要求见表5.6。

表5.6　　　　　　　　　测绘地理信息数据获取与处理(中级)

工作领域	工作任务	职 业 技 能 要 求
水准仪测量	路线水准测量	能熟记高程基准面等概念; 能熟记测量误差来源及消除方法; 能使用光学水准仪进行等外水准线路测量的方法,包括布设水准点、水准路线以及读数、记录、计算等步骤; 能使用电子水准仪进行二等水准路线测量的观测、记录以及计算。

比 赛 项 目

在全国职业院校技能大赛地理空间数据采集与处理赛项模块二水准测量项目,要求完成规定水准路线的观测、记录、计算和成果整理,提交合格成果。比赛时间90min。赛题如下:

如图5.6所示闭合水准路线,已知$A01$点高程为412.369m,测算$B04$、$C01$和$D03$点的高程,测算要求按赛项技术规程。

● 上交成果:三等水准测量竞赛成果,包括观测手簿、高程误差配赋表和高程点成果表。

● 说明:参赛队现场抽签点位,组成水准路线。

● 总分100分,其中竞赛用时成绩满分15分,实操及成果质量满分85分。

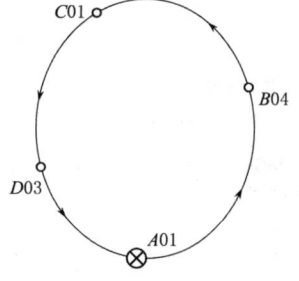

图5.6　三等水准测量竞赛路线示意图

思 政 园 地

2020年12月8日，国家主席习近平同尼泊尔总统班达里互致信函，共同宣布珠穆朗玛峰最新高程——8848.86m。这一数据不仅是科技进步的体现，更是国家实力和综合国力的象征。

2020珠峰高程测量，是继2005年之后，我国测绘工作者再次重返世界之巅测量珠峰高程，也是中华人民共和国建立以来开展的第7次大规模珠峰测绘和科考工作，在我国珠峰测绘史上树立起一座新的里程碑。在我国多次开展的珠穆朗玛峰高程测量的壮丽进程中，一以贯之地凝聚着我国测绘工作者勇攀高峰的智慧和心血，坚持不懈地传承着测绘队伍挑战极限、理性探索的优良品格，百折不挠地形成了难能可贵的珠峰测量精神。

思政园地
国测一大队
测绘精神▶

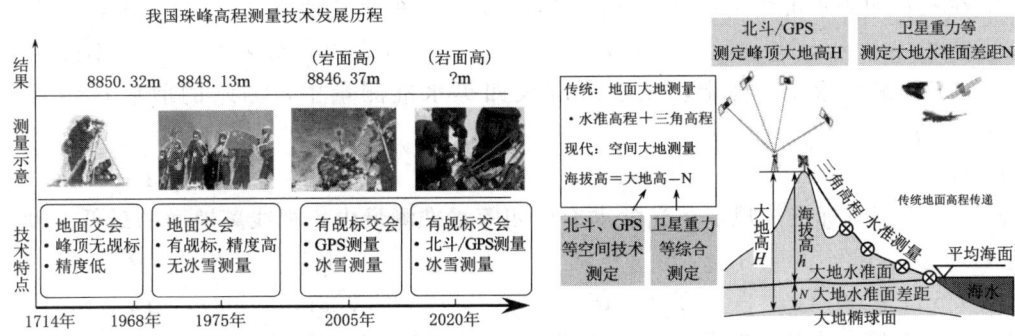

珠峰高程测量的准确性取决于两个关键因素：珠峰的山顶高度位置、海拔的起算面位置。珠峰峰顶雪层的厚度一年四季都在变化，而测量是在一个时间点完成的，所以不能用雪顶的高度代表珠峰的高度，而是要想办法测得峰顶岩石面的高度。在测得雪顶高度的同时，还必须利用雪深雷达测得雪层厚度，经过计算，最终获得珠峰岩面高度。

如何进行测量？主要有三种方法：水准测量、三角高程测量、GNSS卫星测量。

党的二十大报告指出，"科技是第一生产力，人才是第一资源，创新是第一动力。"珠峰测高正是这一精神的生动实践。中国测绘人以科技创新为动力，充分利用现代科技手段，克服重重困难，成功完成了珠峰测高任务。这不仅展示了我国测绘科技的世界领先水平，也体现了新时代测绘人的责任和担当。"艰苦奋斗、不怕牺牲、无私奉献、热爱祖国、严谨细致、精益求精"的珠峰测量精神，又一次在世界之巅闪耀。

（参考资料：中国网：最新珠峰高度怎样测出的？有何科学道理？专家详解.）

习 题

一、判断题

1. 四等水准每测段的测站数应为偶数。　　　　　　　　　　　　　　　　　　（　　）

2. 在泥地上用 DS₃ 进行四等水准测量,同一测站黑、红面高差之差是±6mm。（　　）

3. 在泥地上用 DS₃ 进行四等水准测量,同一水准尺、黑红面中丝读数之差可以是±4mm。（　　）

4. 四等水准测量前后视距差不超过 5m,前后视距累计差不超过 10m,视线长不超过 100m。（　　）

5. 在进行四等高程控制测量时,对于地势比较平坦地区,一般采用几何水准,对于地势起伏较大的山区一般采用三角高程测量。（　　）

二、选择题

1. 四等水准测量属于（　　）。
   A. 高程控制测量　　B. 平面控制测量　　C. 碎部测量　　D. 施工测量

2. 光学水准仪四等水准测量两次仪器高法观测两点高差,两次高差之差应不超过（　　）。
   A. 2mm　　B. 3mm　　C. 5mm　　D. 10mm

3. 在三、四等水准测量中同一站黑红面高差之差的理论值为（　　）mm。
   A. 0　　B. 100　　C. 4687 或 4787　　D. 不确定

4. 《工程测量标准》规定,光学水准仪四等水准测量中,测站的前后视距差应不大于（　　）。
   A. 1m　　B. 3m　　C. 5m　　D. 10m

5. 《工程测量标准》规定,光学水准仪四等水准测量中,视线离地面的最低高度应不小于（　　）。
   A. 0.5m　　B. 0.2m　　C. 0.3m　　D. 1.0m

6. 三、四等水准测量时若要求每测段测站数为偶数站,主要目的是消除（　　）。
   A. i 角误差　　B. 标尺零点差　　C. 读数误差　　D. 视差

7. 四等水准测量测站的视线长度应小于等于（　　）。
   A. 100m　　B. 80m　　C. 75m　　D. 50m

三、计算题

1. 四等水准一站的观测数据（单位：m）见表 5.7,请完成表中的所有计算（已知 $k_后=4.687$m,$k_前=4.787$m）。

表 5.7　　四等水准观测数据

测站	后尺 下丝 上丝 后距 视距差 d	前尺 下丝 上丝 前距 $\sum d$	方向及尺号	标尺读数 黑面	标尺读数 红面	k+黑-红
1	2.571	2.566	$k_后$	2.082	6.769	
	1.593	1.596	$k_前$	2.081	6.867	
			后-前			
			高差中数			

2. 按四等水准测量的要求计算下面闭合水准路线中的各未知点的高程（已知数据和观测数据已填入表 5.8）。

表 5.8　　　　　　　　　　　四等水准测量计算未知点高程

点名	路线长/km	实测高差/m	改正数/m	改后高差/m	高程/m
BM_A	0.43	+5.453			1720.114
1	0.41	−4.246			
2	0.41	−2.545			
3	0.38	+1.337			
BM_A					1720.114
Σ					
辅助计算					

3. 完成表 5.9 中的三角高程测量计算。

表 5.9　　　　　　　　　　　三角方程测量计算

起算点	A	
待求点	B	
测量方向	往	返
水平距离 D/m	468.013	468.013
竖直角 α	+3°25′43″	−3°26′16″
仪器高 i/m	1.514	1.408
目标高 L/m	1.374	1.506
两差改正 f/m		
高差/m		
平均高程/m		

项目 5　习题答案

项目6 平面控制测量

【项目介绍】本项目主要介绍平面控制测量的常用方法导线测量和 GNSS 图根控制测量。通过本项目学习,学生能够根据不同的任务要求选择平面控制测量的方法,按照相应规范要求完成导线外业测量及内业工作,并能正确计算出各控制点的坐标。通过导线测量任务,培养学生团队协作意识和吃苦耐劳的精神。在 GNSS 控制测量任务中,深刻领会自主创新的北斗精神。

任务6.1 导 线 测 量

知识目标:
(1) 掌握方位角和象限角的概念。
(2) 掌握方位角的推算、坐标正反算方法。
(3) 掌握导线的布设方法和外业观测方法。
(4) 掌握导线的内业计算方法。

能力目标:
(1) 能够正确完成方位角推算和坐标正反算。
(2) 能够进行导线布设并完成导线外业测量工作。
(3) 能够完成导线内业计算工作。

6.1.1 导线测量

素质目标:
培养学生严谨认真的学习态度和合作意识,以及吃苦耐劳的精神。

6.1.1 直线定向

确定直线的方向称为直线定向。要确定直线的方向,首先要选定一标准方向线,作为直线定向的依据,然后由该直线与标准方向线之间的水平夹角来确定其方向。

6.1.2 直线定向

6.1.1.1 标准方向线

测量工作中常用的标准方向有真子午线方向、磁子午线方向和纵坐标方向。

1. 真子午线方向

地球椭球的子午线方向称为真子午线,通过地球表面上某点的真子午线的切线方向称为该点的真子午线方向(又称真北方向),如图 6.1 (a) 所示。真子午线方向可通过天文观测、陀螺经纬仪测量来测定。

2. 磁子午线方向

磁子午线方向即为磁针静止时所指的方向(又称磁北方向),如图 6.1 (a) 所示。它是用罗盘来测定的。

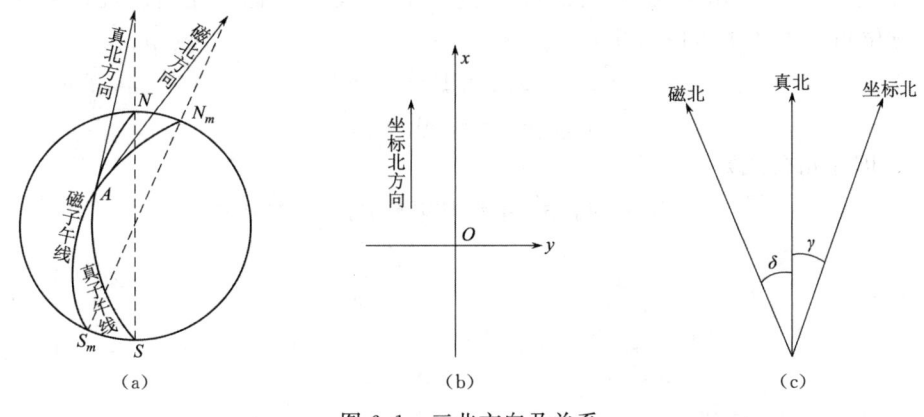

图 6.1 三北方向及关系

3. 纵坐标方向

我国采用高斯平面直角坐标系，其每一投影带中央子午线的投影为坐标纵轴方向，即 x 轴方向，平行于高斯投影平面直角坐标系 x 坐标轴的方向称为坐标纵线（又称轴北方向）。如图 6.1（b）所示。

上述三种北方向的关系如图 6.1（c）所示。过一点的磁北方向与真北方向之间的夹角称为磁偏角，用 δ 表示；过一点的坐标北方向与真北方向之间的夹角称为子午线收敛角，用 γ 表示。磁北方向或坐标北方向偏在真北方向东侧时，δ 或 γ 为正；偏在真北方向西侧时，δ 或 γ 为负。

6.1.1.2 方位角

从标准方向线指北方向开始顺时针旋转至某直线的水平角称为方位角。和标准方向相对应的方位角有：从真子午线指北方向开始顺时针旋转至某直线的水平角称为真方位角 A；从磁子午线北方向开始顺时针旋转至某直线的水平角称为磁方位角 M；从纵坐标线指北方向开始顺时针旋转至某直线的水平角称为坐标方位角 α。方位角的取值范围是 $0°\sim360°$。

6.1.1.3 坐标方位角的推算

普通测量中，应用最多的是坐标方位角。在以后的讨论中，若无特别说明，所讲到的方位角均指坐标方位角。

如图 6.2 所示，直线 AB 有两个方向，从 A 到 B 的方向为正方向，则从 B 到 A 的方向为反方向，故直线 AB 有两个方位角 α_{AB} 和 α_{BA}，α_{AB} 称为正方位角，α_{BA} 称为反方位角。从图中可知，α_{AB} 与 α_{BA} 存在下述关系：

$$\alpha_{BA} = \alpha_{AB} \pm 180° \tag{6.1}$$

当 $\alpha_{AB} \geqslant 180°$ 时，用 $-180°$；当 $\alpha_{AB} \leqslant 180°$ 时，用 $+180°$。

应当指出，通过 A 点、B 点的真子午线是向两极收敛的，故直线 AB 的正、反真方位角不存在上述关系。同样，直线 AB 的正、反磁方位角也不存在上述关系。

实际工作中，常常根据已知边的方位角和观测的水平角来推算相关未知边的方位角。

如图 6.3 所示，从 A 到 D 是一条折线，假定 α_{AB} 已知，在转折点 B、C 上分别设站观测了水平角 β_B、β_C，由于观测了推算路线左边的角度，故称为左角。现在来推算 BC、CD 边的方位角。由图中可以看出：

$$\alpha_{BC} = \alpha_{AB} + 180° + \beta_B$$
$$\alpha_{CD} = \alpha_{BC} + 180° + \beta_C$$

一般公式（即左角公式）为

$$\alpha_前 = \alpha_后 + 180° + \beta_左 \tag{6.2}$$

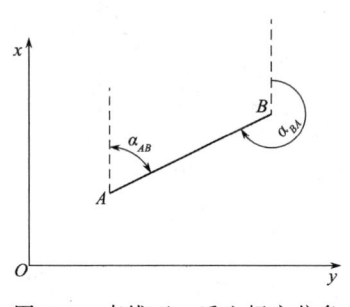
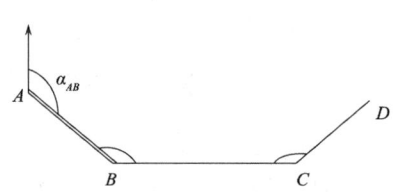

图 6.2　直线正、反坐标方位角　　　图 6.3　坐标方位角的推算

即前一边的方位角等于后一边的方位角加上 180°再加上观测的左角。

如果观测了推算路线右侧的角度，称为右角。不难得到用右角推算未知边方位角的公式为

$$\alpha_前 = \alpha_后 + 180° - \beta_右 \tag{6.3}$$

即前一边的方位角等于后一边的方位角加上 180°减去观测的右角。

6.1.1.4　象限角

直线与纵坐标轴所夹的锐角，称为象限角，以 R 表示。显然，象限角的变化范围是 0°～90°。

如图 6.4 所示，通过直线起点 O 的纵坐标轴和横坐标轴将平面划分为四个象限。直线 OA，位于第Ⅰ象限，象限角是 R_1；直线 OB，位于第Ⅱ象限，象限角是 R_2；直线 OC，位于第Ⅲ象限，象限角是 R_3；直线 OD 位于第Ⅳ象限，象限角是 R_4。

6.1.3　象限角与坐标正反算

从图 6.4 不难看出，直线的方位角与象限角存在表 6.1 中的关系。

表 6.1　　　　　　　　直线的坐标方位角与象限角的关系

直线所在的象限	象限角与方位角的关系	直线所在的象限	象限角与方位角的关系
Ⅰ	$R_1 = \alpha_1$	Ⅲ	$R_3 = \alpha_3 - 180°$
Ⅱ	$R_2 = 180° - \alpha_2$	Ⅳ	$R_4 = 360° - \alpha_4$

6.1.1.5　坐标正算

根据两点间的水平距离和方位角来计算待定点平面直角坐标的方法称为坐标正算。

如图 6.5 所示，设 A 点的坐标 x_A、y_A 已知，测得 A、B 两点间的水平距离为 D_{AB}，方位角为 α_{AB}，则 B 点的坐标 x_B、y_B 可用下式计算：

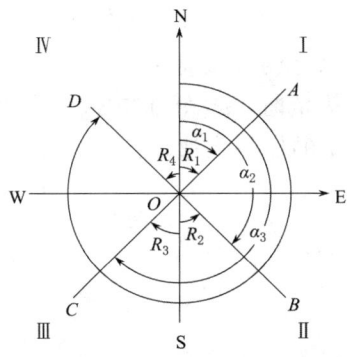
图 6.4 方位角与象限角的关系

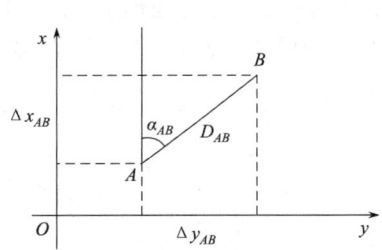
图 6.5 坐标正、反算

$$\left.\begin{array}{l}\Delta x_{AB}=D_{AB}\cos\alpha_{AB}\\ \Delta y_{AB}=D_{AB}\sin\alpha_{AB}\end{array}\right\} \quad (6.4)$$

$$\left.\begin{array}{l}x_{B}=x_{A}+\Delta x_{AB}\\ y_{B}=y_{A}+\Delta y_{AB}\end{array}\right\} \quad (6.5)$$

式中：Δx_{AB}、Δy_{AB} 分别为 A 点到 B 点的纵、横坐标增量，其符号分别由 α_{AB} 的余弦、正弦函数确定。

6.1.1.6 坐标反算

根据两点的平面直角坐标，反过来计算它们之间水平距离和方位角的方法，称为坐标反算。

在图 6.5 中，设 A、B 两点的坐标 x_A、y_A，x_B、y_B 已知，则直线 AB 的方位角 α_{AB} 可按下述方法计算。

1. 计算坐标增量 Δx_{AB}、Δy_{AB}

$$\left.\begin{array}{l}\Delta x_{AB}=x_B-x_A\\ \Delta y_{AB}=y_B-y_A\end{array}\right\} \quad (6.6)$$

2. 计算象限角 R_{AB}

$$R_{AB}=\arctan\frac{|\Delta y_{AB}|}{|\Delta x_{AB}|} \quad (6.7)$$

3. 计算方位角 α_{AB}

根据 Δx_{AB}、Δy_{AB} 的符号，确定该直线所在的象限，见表 6.2，并以相应公式计算方位角 α_{AB}。

表 6.2   方 位 角 计 算 公 式

直线所在的象限	Δx	Δy	象限角与方位角的关系
Ⅰ	+	+	$\alpha_{AB}=R_{AB}$
Ⅱ	−	+	$\alpha_{AB}=180°-R_{AB}$
Ⅲ	−	−	$\alpha_{AB}=180°+R_{AB}$
Ⅳ	+	−	$\alpha_{AB}=360°-R_{AB}$

应当注意，有几种特殊情况，可根据 Δx_{AB}、Δy_{AB} 的符号可直接写出 AB 边的方位角 α_{AB}，即

当 Δx_{AB} 为零，Δy_{AB} 为正时，$\alpha_{AB}=90°$，Δy_{AB} 为负时，$\alpha_{AB}=270°$；

当 Δy_{AB} 为零，Δx_{AB} 为正时，$\alpha_{AB}=0°$，Δx_{AB} 为负时，$\alpha_{AB}=180°$。

A、B 两点间的水平距离 D_{AB} 可以按下列公式中的任一式计算：

$$D_{AB}=\frac{\Delta x_{AB}}{\cos\alpha_{AB}}$$

$$D_{AB}=\frac{\Delta y_{AB}}{\sin\alpha_{AB}}$$

$$D_{AB}=\sqrt{\Delta x_{AB}^{2}+\Delta y_{AB}^{2}}$$

6.1.4 导线外业测量工作

6.1.2 导线测量

导线测量作为平面控制测量的一种方法，适用于地形复杂、建筑物较多、隐蔽的狭长地区。其特点是布设灵活、推进迅速，受地形限制小，边长精度分布均匀。如在平坦隐蔽、交通不便、气候恶劣地区，采用导线测量法布设大地控制网是有利的。但导线测量控制面积小，检核条件少，方位传算误差大。

6.1.2.1 导线布设形式

图根导线通常布设成单一导线，其形式有以下三种。

1. 闭合导线

从某一已知点出发，顺序连接各个未知点，最后又闭合到该已知点的导线，称为闭合导线，如图 6.6（a）所示。

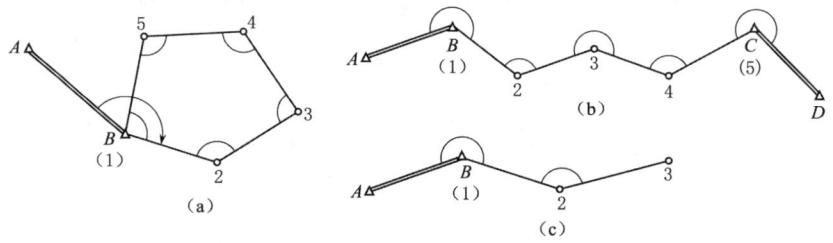

图 6.6 导线的布设形式

2. 附合导线

从某一已知点出发，顺序连接各个未知点，最后又附合到另一已知点的导线，称为附合导线，如图 6.6（b）所示。

3. 支导线

从某一已知点出发，顺序连接各个未知点，既不闭合又不附合的导线，称为支导线，如图 6.6（c）所示。

以上三种导线形式中，闭合导线、附合导线均具有严格的几何条件供检核，所以实际工作中得到了广泛应用；支导线没有检核条件，一般不宜采用，特殊情况下需要采用时，最多只能布设两点。

6.1.2.2 导线测量的外业工作

1. 选点

在实地上选择、落实和标定控制点点位的工作称为选点。

选点前应根据测区的形状、大小，已知控制点分布以及测图比例尺要求，在已有的地形图上初步拟订控制点的位置和导线的布设形式，然后到实地落实并标定点位。对于面积较小的测区，亦可直接到实地选择并标定点位。点位的选择应符合下述要求：

(1) 点位应选在视野开阔、土质坚实，便于安置仪器和测绘地形的地方。

(2) 相邻点间必须通视，以便于测角和测距。

(3) 相邻两导线边长应大致相等，以防测角时因望远镜调焦幅度过大引起测角误差。

(4) 导线总长应不超过 $0.8Mm$（M 为测图比例尺分母）；边长最短不应短于 50m，最长不应超过相关规定。

(5) 导线点的密度合理，应满足测图或施工测量的需要。

点位选好后，做好标记，并按前进顺序编写点名或点号（闭合导线应按逆时针方向编号）。为了便于日后寻找，应量出导线点与附近固定而明显地物点的距离，绘制草图（示意图），这种图称为"点之记"。

2. 测角

在导线的各转折点上观测水平角。一般观测左角。对于闭合导线，由于前进顺序为逆时针方向，故左角亦即多边形的内角。

水平角观测一般采用 DJ_6 仪器测回法观测两测回，测回间变动度盘位置 90°，两半测回角值差应≤±36″，两测回角值差应≤±24″。

当导线边与高级控制边连接时，应在连接点上观测连接角，如图 6.6（a）中的 $\angle AB2$、图 6.6（b）中的 $\angle AB2$ 及 $\angle 4CD$、图 6.6（c）中的 $\angle AB2$。不与高级控制边连接的独立闭合导线，应用罗盘仪测定起始边的磁方位角作为起始坐标方位角。

3. 测边

测定各个导线边的边长（两导线点间的水平距离）。

边长测定如果采用钢尺量距，则称导线为"量距导线"；如果采用电磁波测距，则称导线为"电磁波测距导线"。不论用何种方法测距，要求测距精度≤1/2000。

6.1.5 导线测量虚拟仿真

6.1.2.3 导线测量的内业计算

内业计算的目的就是通过计算消除各观测值之间的矛盾，最终求得各点的坐标。下面讲解手工计算（借助计算器）的作业步骤和方法。

1. 计算前准备工作

(1) 检查外业观测手簿（包括水平角观测、边长观测、方位角观测等），确认观测、记录及计算结果正确无误。

(2) 绘制导线略图。如图 6.7 所示，略图是一种示意图，只要大小适宜，与实际图形保持相似，且与实地方位大体一致即可。所有的已知数据（已知方位角、点坐标）和观测数据（水平角值、边长）应正确抄录于图中，注意字迹工整，位置正确。

(3) 绘制计算表格。见表 6.3，在对应的列表中抄录已知数据和观测数据，注意应确

项目 6 平面控制测量

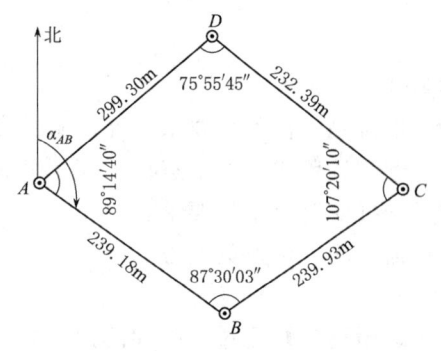

($\alpha_{AB}=133°46'40''$, $x_A=1540.00$m, $y_A=1500.00$m)

图 6.7 闭合导线计算示意图

认抄录无误。在点名或点号一列应按推算坐标的顺序（亦即前进顺序）填写点名和点号。

2. 闭合导线的计算

以下结合图 6.7 和表 6.3 所示示例说明闭合导线的计算步骤与方法。

(1) 角度闭合差的计算与调整。闭合导线是由折线组成的多边形，由平面几何可知，n 边形内角和的理论值为

$$\sum\beta_{理}=(n-2)\times 180°$$

设实际观测的各个内角的内角和为 $\sum\beta_{测}$。由于观测误差的存在，致使内角和的观测值不等于其理论值，两者的差值称为角度闭合差，以 f_β 表示，则

$$f_\beta=\sum\beta_{测}-\sum\beta_{理}=\sum\beta_{测}-(n-2)\times 180° \quad (6.8)$$

角度闭合差 f_β 的大小在一定程度上标志着测角的精度。对于图根导线，角度闭合差的允许值为

$$f_{\beta允}=\pm 60''\sqrt{n} \quad (6.9)$$

如果角度闭合差超过允许值，应分析原因，进行外业局部或全部返工。当角度闭合差不大于允许值时，可将闭合差按"反号平均法则"分配到各个观测角中，即给每个观测角分配一个改正数：

$$V_\beta=-\frac{f_\beta}{n} \quad (6.10)$$

如果 f_β 的数值不能被内角数 n 整除而有余数时，可将余数调整分配在短边的邻角上。

本例所示的闭合导线，其角度闭合差为 $+38''$，角度闭合差的允许值为 $f_{\beta允}\pm 120''$，显然有 $f_\beta<f_{\beta允}$，可以进行角度闭合差的调整分配。按式（6.10）算得角度改正数为 $V_\beta=-\frac{38''}{4}=-9.5''$，可先按 $-9''$ 分配给各个角剩余共有 $-2''$ 的余数，可分别给 C 角和 D 角再各分配 $-1''$（因 CD 边长最短），亦即 C 角和 D 角的改正数各为 $-10''$。各角的改正数应写在表中各相应观测角值的正上方位置，详见表 6.3 中第 2 栏。为避免改正数的计算或分配错误，应按下式作角度改正数的检核：

$$\sum V_\beta=-f_\beta \quad (6.11)$$

如改正数计算和分配无误，将各角观测值加上相应的改正数即得各角改正后的角值，详见表 6.3 中第 3 栏。改正后角值之和应该等于内角和的理论值，以此可检核改正后角值的计算是否有误。

(2) 导线边方位角的推算。从已知方位角的边开始，结合各角改正后的角值，依序推算各边的方位角，见表 6.3 中第 4 栏。方位角的推算公式为

$$\alpha_{前}=\alpha_{后}+180°+\beta_{左} \quad (6.12)$$

任务6.1 导 线 测 量

表6.3 闭 合 导 线 计 算 表

点号	观测角	改正后角值	坐标方位角	边长/m	坐标增量/m Δx	坐标增量/m Δy	改正后坐标增量/m Δx	改正后坐标增量/m Δy	坐标值/m x	坐标值/m y
1	2	3	4	5	6	7	8	9	10	11
A			133°46′40″	239.18	+0.03 −165.48	0 +172.69	−165.45	+172.69	1540.00	1500.00
B	−9 87°30′03″	87°29′54″	41°16′34″	239.93	+0.03 +180.32	0 +158.28	+180.35	+158.28	1374.55	1672.69
C	−10 107°20′10″	107°20′00″	328°36′34″	232.39	+0.03 +198.38	0 −121.04	+198.41	−121.04	1554.90	1830.97
D	−10 75°55′45″	75°55′35″	224°32′09″	299.30	+0.03 −213.34	−0.01 −209.92	−213.31	−209.93	1753.31	1709.93
A	−9 89°14′40″	89°14′31″	133°46′40″						1540.00	1500.00
B										
Σ	360°00′38″	360°00′00″		1010.80	−0.12	+0.01	0	0		

计算公式：

$f_\beta = 360°00′38″ − 360° = +38″ \quad f_{\beta允} = ±60″\sqrt{4} ±120″ \quad f_x = −0.12$

$f_y = +0.01 \quad f_D = \sqrt{f_x^2 + f_y^2} = 0.12 \quad K = \dfrac{f_D}{\sum D} = \dfrac{0.12}{1010.80} ≈ \dfrac{1}{8400}$

应当注意，算出的方位角值大于360°时，应减去360°。为检核方位角的推算是否正确，方位角应推算至已知边，推算得的方位角值应等于其已知值，否则说明方位角推算有误，应重新推算。

(3) 计算各边的坐标增量。各边方位角推出后，即可根据边长和方位角按坐标正算公式计算导线各边的坐标增量：

$$\Delta x_i = D_i \cos\alpha_i, \quad \Delta y_i = D_i \sin\alpha_i \tag{6.13}$$

式中：i 为第 i 条导线边，$i = 1、2、\cdots、n$。

计算结果应填写在表6.3中第6、第7栏相应位置中。计算结果的取位应当和已知点坐标的取位一致。

(4) 坐标增量闭合差的计算与调整。闭合导线每一条边的坐标增量算出后，由图6.8(a) 可以看出，闭合导线各边纵、横坐标增量的代数和在理论上应等于零，即 $\sum\Delta x_{理} = 0$，$\sum\Delta y_{理} = 0$。

由于角度和边长测量均存在误差，尽管角度进行了闭合差的调整，但调整后的角值也不一定是该角的真值，所以由边长、方位角计算出的纵、横坐标增量，其代数和 $\sum\Delta x_{测}$、$\sum\Delta y_{测}$ 一般都不等于其理论值（即等于零），那么它们和理论值（即零）的差值称为纵、横坐标增量闭合差，分别以 f_x、f_y 表示，则

$$\left. \begin{array}{l} f_x = \sum\Delta x_{测} \\ f_y = \sum\Delta y_{测} \end{array} \right\} \tag{6.14}$$

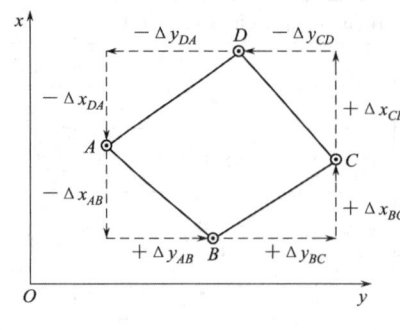 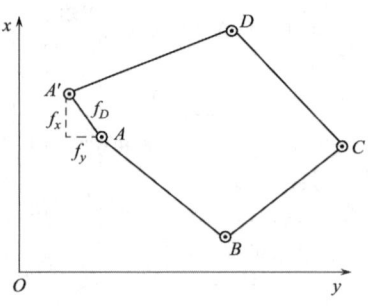

(a)闭合导线理论闭合差　　　　　　(b)闭合导线坐标闭合差

图 6.8　闭合导线坐标闭合差

由于 f_x、f_y 的存在,使闭合导线由 A 点出发,最后不是闭合到 A 点,而是落在 A' 点,产生了一段差距 $A'A$,如图 6.8(b)所示,这段差距称为导线全长闭合差,用 f_D 表示,从图中可以看出:

$$f_D = \sqrt{f_x^2 + f_y^2} \tag{6.15}$$

导线全长闭合差 f_D 主要是由测边误差引起的。一般来说,导线越长,全长闭合差越大,因而单纯用导线全长闭合差 f_D 还不能正确反映导线测量的精度,通常采用 f_D 与导线全长 $\sum d$ 的比值并化成分子为 1 的形式来衡量导线测量的精度,这种表示形式称为导线全长相对闭合差,以 K 来表示,则

$$K = \frac{f_D}{\sum d} = \frac{1}{\dfrac{\sum d}{f_D}} \tag{6.16}$$

图根导线测量中,一般情况下,K 值不应超过 $\dfrac{1}{2000}$,困难地区也不应超过 $\dfrac{1}{1000}$。若 K 值不满足限差要求,首先检查内业计算有无错误,其次检查外业成果,若均不能发现错误,则应到现场重测可疑成果或全部重测;若 K 值满足限差要求,即可进行坐标增量闭合差的调整。

由于坐标增量闭合差主要是由边长误差的影响而产生的,而边长误差的大小与边长的长短有关,因此,坐标增量闭合差的调整方法是将增量闭合差 f_x、f_y 反号,按与边长成正比的法则,分配到各边坐标增量中,使改正后的坐标增量之和等于其理论值(零)。换言之,即为了消除闭合差,应给各边的坐标增量施加一个改正数。设第 i 边的边长为 D_i,坐标增量改正数为 $V_{\Delta x_i}$、$V_{\Delta y_i}$,则

$$\left. \begin{array}{l} V_{\Delta x_i} = -\dfrac{f_x}{\sum D} D_i \\[6pt] V_{\Delta y_i} = -\dfrac{f_y}{\sum D} D_i \end{array} \right\} \tag{6.17}$$

改正数的计算结果应填写在表 6.3 中第 6、第 7 栏相应坐标增量的上方位置,改正数

计算结果的取位应当与坐标增量的取位一致。

坐标增量改正数计算的正误，可用下式来进行检核：

$$\left.\begin{array}{l}\sum V_{\Delta x}=-f_x\\ \sum V_{\Delta y}=-f_y\end{array}\right\} \tag{6.18}$$

由于取舍误差的影响，即便是改正数的计算和取舍正确无误，有时也难免会使改正数之和与增量闭合差相反数有一微小的差值，即上式不能得到绝对满足。这时可以将这一微小差值分配到较长的导线边上。

本例所示的闭合导线，$f_x=-0.12$，$f_y=+0.01$，$f_D=0.12$，$K=\dfrac{1}{8400}$，显然 K 值满足要求，可以对坐标增量闭合差进行调整。按照式（6.17），各边纵坐标增量改正数的正确计算结果是：$+0.03$、$+0.03$、$+0.03$、$+0.04$，但 $\sum V_{\Delta x}=0.03+0.03+0.03+0.04=+0.13\neq -f_x=+0.12$，而是多了 0.01，这是由于取舍误差造成的，此时可将 DA 边（长边）的纵坐标增量改正数减去 0.01，即使 DA 边的纵坐标增量改正数为 $+0.03$。

坐标增量改正数经检核无误后，即可计算各边改正后的坐标增量，填写在表 6.3 中第 8、第 9 栏相应位置中。不难理解，改正后的坐标增量之和应等于其理论值（即等于零），以此可检核改正后坐标增量计算的正确性。

（5）导线点的坐标计算。坐标增量调整后，即可根据起点（如本例中的 A 点）的坐标和改正后的坐标增量，依序推算各导线点的坐标，填写于表 6.3 中第 10、第 11 栏中相应的位置。推至最后一个点的坐标后，还要再推算出起点的坐标，看是否与已知坐标相等，以此来检核坐标推算的正确性。

3. 附合导线的计算

附合导线的计算与闭合导线的计算基本相同，但由于两者的形式不同，在某些方面的计算上存在差别，现仅将其不同之处说明如下：

（1）角度闭合差的计算不同于闭合导线。

如图 6.9 所示的附合导线中，A、B、C、D 为已知点，α_{AB} 为起算边的已知方位角，α_{CD} 为终边的已知坐标方位角。根据方位角推算公式，有

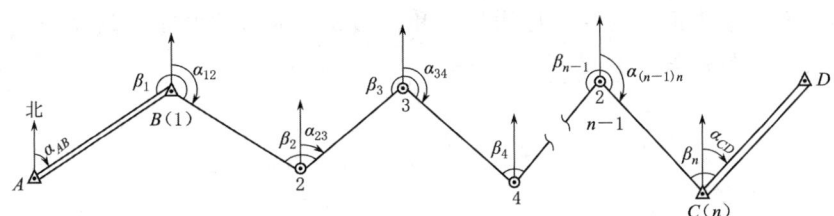

图 6.9 附合导线计算

$$\alpha_{12}=\alpha_{AB}+180°+\beta_1$$
$$\alpha_{23}=\alpha_{12}+180°+\beta_2=\alpha_{AB}+2\times 180°+(\beta_1+\beta_2)$$
$$\alpha'_{CD}=\alpha_{(n-1)n}+180°+\beta_n=\alpha_{AB}+n\times 180°+(\beta_1+\beta_2+\cdots+\beta_n)$$

即
$$\alpha'_{CD} = \alpha_{AB} + \sum \beta_{测} + n \times 180°$$

式中：n 为观测角的个数；$\sum \beta_{测}$ 为观测角的总和；α'_{CD} 为推算得的 CD 边（终边）的方位角。

应当注意，当推算出的 α'_{CD} 超过 360°时，应减去一个或若干个 360°。

由于测量误差的存在，使得推算的 CD 边的方位角 α'_{CD} 不等于其已知方位角 α_{CD}。两者的差值（方位角闭合差）称为角度闭合差 f_β，即

$$f_\beta = \alpha'_{CD} - \alpha_{CD}$$

故附合导线角度闭合差的计算公式为

$$f_\beta = (\alpha_{AB} + \sum \beta_{测} + n \times 180°) - \alpha_{CD}$$

6.1.6 导线内业计算

写成一般形式为

$$f_\beta = (\alpha_{起} + \sum \beta_{测} + n \times 180°) - \alpha_{终} \tag{6.19}$$

式中：$\alpha_{起}$ 为附合导线起算边的已知方位角；$\alpha_{终}$ 为附合导线终边的已知方位角。

角度闭合差允许值的计算以及调整方法与闭合导线相同。改正后角值的检核公式为

$$\sum \beta_{改} = \sum \beta_{测} - f_\beta \tag{6.20}$$

式中：$\sum \beta_{改}$ 为各角改正后的角值之和。

（2）坐标增量闭合差的计算不同于闭合导线。由于附合导线是从一个已知点出发，附合到另一个已知点，其纵、横坐标增量的代数和理论上不是零，而应等于起、终两已知点间的坐标增量（即两已知点坐标之差）。如不相等，其差值即为附合导线的坐标增量闭合差，计算公式为

$$\left. \begin{aligned} f_x &= \sum \Delta x_{测} - (x_{终} - x_{起}) \\ f_x &= \sum \Delta y_{测} - (y_{终} - y_{起}) \end{aligned} \right\} \tag{6.21}$$

式中：$x_{起}$、$y_{起}$ 为附合导线起点的纵、横坐标；$x_{终}$、$y_{终}$ 为附合导线终点的纵、横坐标。

附合导线全长闭合差的计算以及坐标增量闭合差的调整方法与闭合导线相同。但须注意，改正后坐标增量的检核应按下式进行：

$$\left. \begin{aligned} \sum \Delta x_{改} &= x_{终} - x_{始} \\ \sum \Delta y_{改} &= y_{终} - y_{始} \end{aligned} \right\} \tag{6.22}$$

式中：$\sum \Delta x_{改}$ 为各边改正后的纵坐标增量之和；$\sum \Delta y_{改}$ 为各边改正后的横坐标增量之和。

附合导线的算例见图 6.10 及表 6.4。

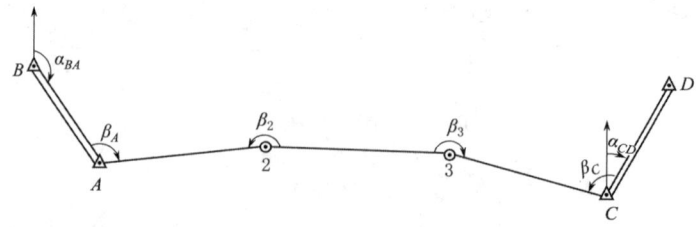

图 6.10 附合导线算例

表 6.4 附 合 导 线 计 算 表

点号	观测角	改正后角值	坐标方位角	边长/m	坐标增量/m		改正后坐标增量/m		坐标值/m	
					Δx	Δy	Δx	Δy	x	y
1	2	3	4	5	6	7	8	9	10	11
B			149°40′00″							
A	−10 168°03′24″	168°03′14″	137°43′14″	236.02	−0.09 −174.62	−0.05 +158.78	−174.71	+158.73	3806.00	3785.00
2	−10 145°20′48″	145°20′38″	103°03′52″	189.11	−0.07 −42.75	−0.04 +184.12	−42.82	+184.08	3631.29	3943.73
3	−10 216°46′36″	216°46′26″	139°50′18″	147.62	−0.05 −112.82	−0.02 +95.21	−112.87	+95.19	3588.47	4127.81
C	−11 49°02′48″	49°02′37″	8°52′55″						3475.60	4223.00
D										
Σ	579°13′36″	579°12′55″		572.75	−330.19	+438.11	−330.40	+438.00		
计算公式	\multicolumn{10}{l}{$\alpha'_{CD}=\alpha_{AB}+n\times180°+\sum\beta_{测}=8°53'36''$　　$f_\beta=\alpha'_{CD}-\alpha_{CD}=\pm41''$　　$f_{\beta允}=\pm60''\sqrt{4}=\pm120''$ $f_x=+0.21\text{m}$　$f_y=+0.11\text{m}$　$f_D=\sqrt{f_x^2+f_y^2}=0.24\text{m}$　　$K=\dfrac{f_D}{\sum D}\approx\dfrac{1}{2300}$}

任务 6.2　GNSS 图根控制测量

知识目标：

(1) 了解 GNSS 系统的构成及作用。
(2) 了解 GNSS 定位测量原理。
(3) 掌握控制网设计方案制定。
(4) 掌握 GNSS 控制网外业观测的具体实施流程。

能力目标：

(1) 能够熟练操作 GNSS 接收机。
(2) 能够根据具体项目要求布设 GNSS 控制网。
(3) 能够制定静态 GNSS 定位观测计划。
(4) 能使用 GNSS-RTK 进行外业控制测量。
(5) 能使用随机软件内业解算。

素质目标：

(1) 培养良好的职业道德。
(2) 培养团结协作、爱岗敬业的精神。
(3) 培养仔细认真的工作态度。

6.2.1
GNSS 图根
控制测量

6.2.1 GNSS 系统概述

GNSS 系统是指能在地球表面或近地空间的任何地点为用户提供全天候的三维坐标和速度以及时间信息的空基无线电定位系统，包括一个或多个卫星星座及其支持特定工作所需的增强系统。GNSS 英文全称为 global navigation satellite system，简称 GNSS。主要是 GPS、GLONASS、GALILEO 和 COMPASS 四大系统。下面以 GPS 为例介绍其系统组成。

GPS 系统包括地面监控部分、空间卫星部分、用户接收部分三大部分。三大部分之间还要用数字通信技术联络传达各种信号信息，靠各种计算软件处理繁复的数据，最后由用户接收信号来解决导航定位问题。

1. 地面监控部分

地面监控部分由一个主控站、三个注入站和五个监控站组成。

2. 空间卫星部分

GPS 系统的空间部分由 21 颗工作卫星及 3 颗备用卫星组成，它们均匀分布在 6 个相对于赤道的倾角为 55°的近似圆形轨道上，每个轨道上有 4 颗卫星运行，它们距地面的平均高度为 20200km，运行周期为 12 恒星时，GPS 卫星星座均匀覆盖着地球，可以保证地球上所有地点在任何时刻都能看到至少四颗 GPS 卫星。

3. 用户接收部分

GPS 卫星所发送的导航定位信号主要包括载波、测距码（C/A 码）和导航电文（数据码或 D 码），是一种可供无数用户共享的信息资源。用户部分是能够接收、跟踪、变换和测量 GPS 导航定位信号的无线电接收设备，即 GPS 信号接收机。

卫星不间断地发送自身的星历参数和时间信息，用户接收到这些信息后，经过计算求出接收机的三维位置，三维方向以及运动速度和时间信息。

6.2.2 GNSS 定位测量原理

GNSS 定位的实质就是将高速运动的卫星瞬间位置作为已知的起算数据，采用空间距离后方交会的方法，确定待定点的空间位置。

如图 6.11 所示，现在欲确定待定点 P 的位置，可以在该处安置一台 GNSS 接收机。考虑到卫星上的原子钟和地面上接收机的钟不能严格同步而存在钟差，在某一时刻 t 同时测得了 4 颗 GNSS 卫星 1、2、3、4 的 d_1、d_2、d_3、d_4，则可列出 4 个观测方程，其中 (x_1, y_1, z_1)，(x_2, y_2, z_2)，(x_3, y_3, z_3)，(x_4, y_4, z_4) 分别为卫星 1、2、3、4 在 t 时刻的

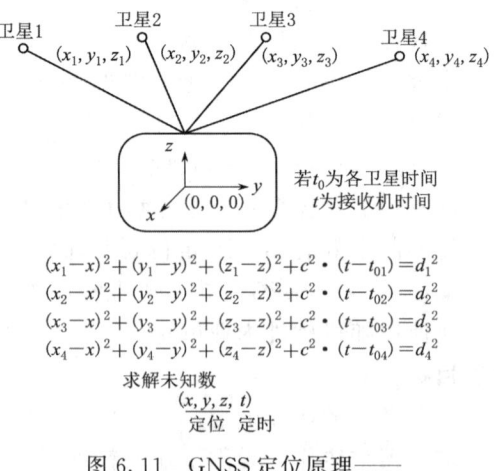

图 6.11 GNSS 定位原理——空间距离后方交会

空间直角坐标；$(t-t_{01})$，$(t-t_{02})$，$(t-t_{03})$，$(t-t_{04})$ 分别为 t 时刻 4 颗卫星的钟差，它们均由卫星所广播的卫星星历来提供。求解方程，即得待定点的空间直角坐标 (x, y, z)。

6.2.3 GNSS 控制网的布设方法与要求

GNSS 静态控制测量作业流程如图 6.12 所示。

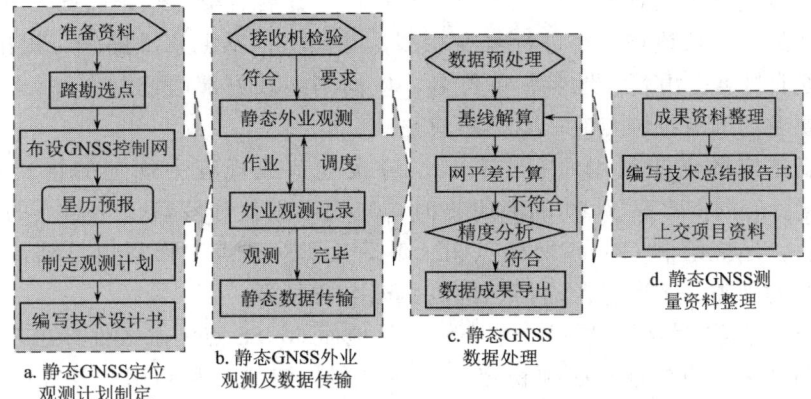

图 6.12 GNSS 静态控制测量作业流程

1. 准备资料

(1) 测量任务书。

(2) 测区地形图或平面图。

(3) 测区已知控制点之记。

(4) 测区已知控制点坐标。

(5) 技术规范：《全球导航卫星系统（GNSS）测量规范》（GB/T 18314—2024）；《卫星定位城市测量技术标准》（CJJ/T 73—2019）；《铁路工程卫星定位测量规范》（TB 10054—2010）；《城市测量规范》（CJJ/T 8—2011）。

2. 踏勘选点

由于 GNSS 测量中不要求测站之间相互通视，网的图形结构也比较灵活，所以选点的野外工作比较简便。但是，点位的正确选择对观测工作的顺利进行和测量结果的可靠性具有重要意义。因此，在选点工作开始之前，必须搜集测区的有关资料，例如已有的小比例尺地形图（1∶1 万～1∶10 万）、行政区划图和已有的测绘成果资料。要充分了解和研究测区情况，特别是交通、通信、供电、气象及原有控制点等情况。

(1) GNSS 选点要求。

1) 点位应选设在易于安置接收设备和便于操作的地方，视野应开阔。被测卫星的地平高度角一般应大于 10°～15°，以减弱对流层折射影响。

2) 点位应远离大功率无线电发射源（如电视台、微波站等），其距离不得小于 200m，并应远离高压输电线，其距离不得小于 50m，以避免周围磁场对 GNSS 卫星信号的干扰。

3) 点位附近不应有强烈干扰接收卫星信号的物体，并尽量避免大面积水域，以减弱多路径误差的影响。

4) 点位应选在交通方便的地方，有利于用其他测量手段联测或扩展。

5) 地面基础稳定，利于点位保存。

6) 应充分利用符合要求的旧有控制点。

（2）选点作业。选点人员在实地选定的点位上，打一木桩或以其他方式加以标定，同时树立测旗，以便埋石及观测人员能迅速找到点位，开展后续工作。选点人员还应按技术设计的要求，最后确认该点是否进行水准联测，并应实地踏勘水准路线，提出有关建议。GNSS点名可取村名、山名、地名、单位名，应向当地政府部门或群众进行调查后确定。当利用符合要求的旧有控制点时，点名不宜更改。

不论是新选定的点或利用原有点位，均应按规范或规程中规定的格式在实地绘制 GNSS点之记。若周围有高于 $10°$ 的障碍物时，应用平板仪和罗盘仪绘制点的环视图。测区选点完成后，还应绘制 GNSS 网选点图。最后，要对选点工作写出总结，包括详细的交通情况，车的种类、车次以及通信、供电、充电情况等。

（3）GNSS 点标志和标石埋设。中心标石是地面 GNSS 点的永久性标志，为了长期使用 GNSS 测量成果，点的标石必须稳定、坚固以利长期保存和利用。各等级 GNSS 点的标石用混凝土灌制。一般普通标石分上标石和下标石两层，其上均设有金属的中心标志。

埋设标石时，须使各层标志中心在同一铅垂线上，其偏差不得大于 2mm。新埋标石时，应依法办理征地手续和测量标志委托保管书。

3. 布设 GNSS 控制网

GNSS 定位网设计及外业测量的主要技术依据是测量任务书和测量规范。测量任务书是测量施工单位上级主管部门下达的技术文件；而测量规范则是国家测绘管理部门制定的技术法规。

（1）GNSS 网的精度分级。对于 GNSS 网的精度要求，主要取决于网的用途和定位技术所能达到的精度。精度指标通常是以相邻点间弦长标准差来表示：

$$\sigma = \sqrt{a^2 + (b \cdot d \cdot 10^{-6})^2} \tag{6.23}$$

式中：σ 为标准差，mm；a 为固定误差，mm；b 为比例误差系数；d 为相邻点间的距离，mm。

GNSS 卫星定位网虽然不存在常规控制网的那种逐级控制问题，但是由于不同的 GNSS 网的应用目的不同，其精度标准也不相同。根据传统的习惯做法，人们通常将 GNSS 卫星定位网划分成几个等级。

《全球导航卫星系统（GNSS）测量规范》（GB/T 18314—2024）规定，GNSS 测量按照用途和测量精度分为 A、B、C、D、E 级，详见表 6.5 和表 6.6。A 级 GNSS 测量用于建立国家一等大地控制网，进行全球性的地球动力学研究、地壳形变测量和精密定轨等；B 级 GNSS 测量用于建立国家二等大地控制网，建立地方或城市坐标基准框架、区域性的地球动力学研究、地壳形变测量、局部形变监测和各种精密工程测量等；C 级 GNSS 测量用于建立三等大地控制网，以及区域、城市及工程测量的基本控制网等；D、E 级 GNSS 测量用于建立四等大地控制网和中（小）城市、城镇以及测图、地籍、土地信息、房产、物探、勘测、建筑施工等的控制测量等。

A 级 GNSS 网的测量精度由卫星导航定位基准站构成,其坐标年变化率中误差、相对精度和地心坐标各分量年平均中误差应不大于表 6.5 的要求。

表 6.5　A 级 GNSS 网测量精度

级别	坐标年变化率中误差		相对精度	地心坐标各分量年平均中误差/mm
	水平分量/(mm/a)	垂直分量/(mm/a)		
A	2	3	1×10^{-8}	0.5

B、C、D、E 级 GNSS 网的点位中误差、相邻点基线分量中误差精度和相邻点间平均距离应不大于表 6.6 的要求。

表 6.6　B、C、D、E 级测量等级精度

级别	点位中误差		相邻点基线分量中误差		相邻点间平均距离/km
	水平分量/mm	垂直分量/mm	水平分量/mm	垂直分量/mm	
B	5	10	5	10	50
C	10	15	10	20	15
D	15	30	20	40	5
E	15	30	20	40	2

为了进行城市和工程测量,《卫星定位城市测量技术标准》(CJJ/T 73—2019)规定其 GNSS 网按相邻点的平均距离和精度划分为二、三、四等和一级、二级,详见表 6.7。并规定在布网时可以逐级布设、越级布设或布设同级全面网。

表 6.7　《卫星定位城市测量技术标准》(CJJ/T 73—2019)规定的 GNSS 测量精度分级

等级	平均距离/km	a/mm	b/(1×10^{-6})	最弱边相对中误差
二	9	≤10	≤2	1/12 万
三	5	≤10	≤5	1/8 万
四	2	≤10	≤10	1/4.5 万
一级	1	≤10	≤10	1/2 万
二级	<1	≤15	≤20	1/1 万

注　当边长小于 200m 时,边长中误差应小于 20mm。

在实际工作中,精度标准的确定还要根据用户的实际需要及人力、物力、财力等情况合理设计。由于以载波相位观测量为依据的静态相对定位,可以提供很高的定位精度,这种精度对于大多数普通工程定位来说并非必要。所以应根据不同的任务要求,合理地安排精度标准,这对于提高人力和物力的利用率,加快工程进度是十分必要的。

(2) GNSS 点的密度。各种不同的任务要求和服务对象,对 GNSS 网点的分布有着不同的要求。例如,国家特级(AA 级)基准点主要用于提供国家级基准,有助于定轨、精密星历计算和大范围大地变形监测,希望能以几百公里的平均距离而布满全国。而一般工程测量所需要的网点则应满足测图加密和工程测量的需要,平均边长需要缩短至几公里以

内。考虑到这些情况，《全球导航卫星系统（GNSS）测量规范》（GB/T 18314—2024）（以下简称《规范》）和《卫星定位城市测量技术标准》（CJJ/T 73—2019）（以下简称《标准》）对 GNSS 网中相邻点间距离视其需要作出了规定：相邻点间最小距离应为平均距离的 1/3～1/2；最大距离应为平均距离的 2～3 倍。《标准》还规定，特殊情况下，个别点的间距还允许超出表中规定。由此可以看出，对于城市和工程测量而言，《标准》比《规范》有较大的灵活性。

（3）技术设计中应考虑的因素。技术设计主要是根据上级主管部门下达的测量任务书和 GNSS 测量规范或规程来进行的。它的总的原则是，在满足用户要求的情况下，尽可能减少物资、人力和时间的消耗。在工作过程中，要考虑下面一些因素：

1）测站因素。同测站布设有关的技术因素有网点的密度，网的图形结构，时段分配、重复设站和重合点的布置等。

2）卫星因素。同观测对象卫星有关的一些因素有卫星高度角与观测卫星的数目，图形强度因子，卫星信号质量。大部分接收机具有解码并记录来自卫星的广播星历表的能力。

3）仪器因素。同仪器有关的一些因素有接收机（用于相对定位，至少应有两台），天线质量，记录设备。

4）后勤因素。后勤保障方面的因素有使用的接收机台数、来源和使用时间，各观测时段的机组调度，交通工具和通信设备的配置等。

（4）GNSS 网的布网原则。为了用户的利益，GNSS 网图形设计时应遵循以下原则：

1）GNSS 网应根据测区实际需要和交通状况、作业时的卫星状况、预期达到的精度、成果的可靠性以及工作效率，按照优化设计原则进行。

2）GNSS 网一般应通过独立观测边构成闭合图形，例如一个或若干个独立观测环，或者附合路线形式，以增加检核条件，提高网的可靠性。

3）GNSS 网的点与点之间不要求通视，但应考虑常规测量方法加密时的应用，每点应有一个以上通视方向。

4）在可能条件下，新布设的 GNSS 网应与附近已有的 GNSS 点进行联测；新布设的 GNSS 网点应尽量与地面原有控制网点相连接，连接处的重合点数不应少于三个，且分布均匀，以便可靠地确定 GNSS 网与原有网之间的转换参数。

5）GNSS 网点，应利用已有水准点联测高程。C 级网每隔 3～6 点联测一个高程点，D 和 E 级网视具体情况确定联测点数。A 和 B 级网的高程联测分别采用三、四等水准测量的方法；C 至 E 级网可采用等外水准或与其精度相当的方法进行。

（5）GNSS 网的联测设计。GNSS 卫星定位所测得的点位坐标，属于 WGS-84 世界大地测量坐标系。为了将它们转换成国家或地方坐标系，在设计 GNSS 定位网时，一定要考虑联测一定数量的常规控制点和基准点。

1）联测点（公共点）的精度要求。联测点作为 GNSS 成果转化到常规地面坐标系的基准点，在 GNSS 测量数据处理中具有重要意义。联测点的地面实用坐标是将 GNSS 定位结果的 WGS-84 坐标系转换至地面坐标系时的起算数据，所以要求联测点的地面坐标具有较高的精度。

为此，联测点应是下列几种点之一：①测区内现有的最高等级的常规地面控制点；②

地方坐标系中控制网定位、定向的起算点；③联接国家坐标系和地方坐标系的联接点；④水准点。

2）联测点的密度和分布。GNSS 网与地面网的联测点最少应有两个。其中一个作为 GNSS 在地面网坐标系内的定位起算点，两个点间的方位和距离作为 GNSS 网在地面坐标系内定向、长度的起算数据。显然，为了更好地解决 GNSS 网与地面网两者成果的转换问题，应有更多的联测点。分析研究和作业实践表明，一个 GNSS 网应联测 3~5 个精度较高、分布合理的地面点作为 GNSS 网的一部分。当测区较大时，还应适当增加联测点。

3）GNSS 网中水准点的选择和分布。GNSS 网一般是求得测站点的三维坐标，其中高程为大地高，而实际应用的高程系统为正常高系统。为此，通常是在 GNSS 网中施测或重合少量的几何水准点，用数值拟合方法拟合出测区的似大地水准面，继而内插出其他 GNSS 点的高程异常，再求出其正常高。

根据研究，在平原地区布设的 GNSS 网中，只要用三等实测或重合全网五分之一 GNSS 点的几何水准，用数值拟合方法求定 GNSS 点的正常高，即可代替四等水准测量。所实测的水准点，大部分应布设在网的周围点上，少量放在网的中间，以求获得最佳效果。

（6）GNSS 网的图形设计。在城市或大、中型工程中布设 GNSS 控制网时，控制点数量比较多，由于受接收机数量的限制，难以再选择同步网的测设方案。此时必须将多个同步网相互连接，构成统一整体的 GNSS 控制网。这种由多个同步网相互连接的 GNSS 网，称作异步网。

异步网的测设方案决定于投入作业的接收机数量和同步网之间的连接方式。不同的接收机数量决定了同步网的网形结构，而同步网的不同连接方式又会出现不同的异步网的网形结构。由于 GNSS 网的平差及精度评定，主要是由不同时段观测的基线组成异步闭合环的多少及闭合差大小所决定的，而与基线边长度和基线所夹角度无关，所以异步网的网形结构与多余观测密切相关。

同步网之间的连接方式有以下三种。

1）点连式。同步网之间仅有一点相连接的异步网称为点连式异步网，如图 6.13 所示。

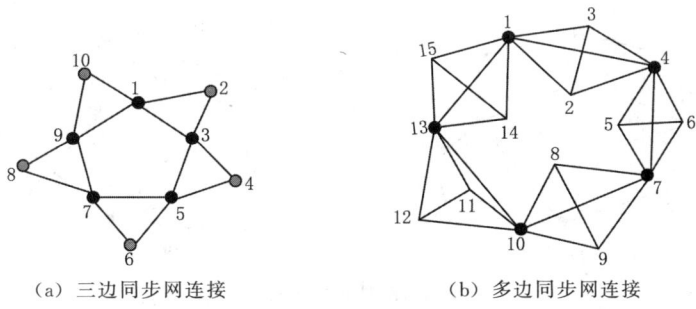

(a) 三边同步网连接　　(b) 多边同步网连接

图 6.13　点连式异步网

在图 6.13（a）中共有 10 个点，用 3 台接收机分别在 5 个三边同步网中依次作同步观测。同步网间用 1、3、5、7、9 各点相连接，连接点上设站 2 次，其余点只设站 1 次。该图形中有 5 个同步环和 1 个异步环，基线总数为 15，其中独立基线数为 9，非独立基线数为 6，没有重复基线。

在图 6.13（b）中共有 15 个点，用 4 台接收机分别在 5 个多边同步网中依次作同步观测，构成点连式异步网。该图形中有 5 个同步环和 1 个异步环，基线总数为 30，其中独立基线数为 14，非独立基线数为 16。由图 6.13 可以看出，在点连式异步网中均没有重复基线出现。

2）边连式。同步网之间由一条基线边相连接的异步网称为边连式异步网，如图 6.14 所示。

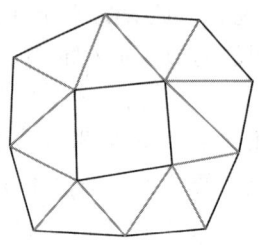 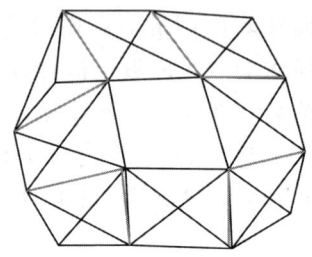

（a）三边同步网连接　　　　　　　　（b）多边同步网连接

图 6.14　边连式异步网

图 6.14（a）表示用 3 台接收机分别在 13 个三角形同步网中先后作同步观测。同步网间由 1 条公共基线连接，公共基线在相连的同步环中分别测量两次。该网中有 13 个同步环和 1 个异步环，基线总数为 26，其中独立基线数为 13，重复基线数为 13。这样，就出现了 13 个同步环、1 个异步环、13 条重复基线的检核。

图 6.14（b）为 4 台接收机先后在 8 个观测时段进行同步观测所构成的边连式异步网。网中有 8 个同步环和 1 个异步环、8 个重复基线的检核。其中在同步环检核中，又可产生大量同步闭合环。

3）混连式。混连式是点连式与边连式的一种混合连接方式，如图 6.15 所示。其中图 6.15（a）为 3 台接收机作同步观测，由 9 个三边同步网所构成的混连式异步网；图 6.15（b）为 4 台接收机进行同步观测，由 5 个多边同步网构成的混连式异步网。

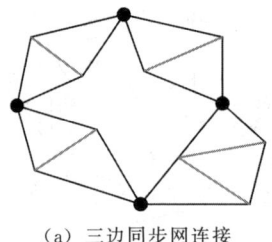 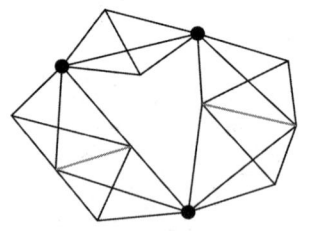

（a）三边同步网连接　　　　　　　　（b）多边同步网连接

图 6.15　混连式异步网

在上述三种连接方案中，第一种工作量最小，但无重复基线检核；第二种工作量最大，检核条件亦最多；第三种比较灵活，工作量与检核条件比较适中。在选择测设方案时，应从所具备的接收机数量和精度、工作量大小、卫星运行状态、测区条件等方面进行权衡。通常 GNSS 相对定位精度较高，比较容易达到工程的期望精度，这时也就没有必要以高额投入换取更高的精度。

4. 星历预报

星历预报是指在 GNSS 外业观测之前，利用测站概略经纬度和现有 GNSS 卫星星历所做出的 PDOP 变化、卫星可见数目、卫星分布、卫星高度角等预报信息，以供制定外业观测计划时参考。

编制预报表所用概略位置坐标应采用测区中心位置的经纬度。预报时间应选用作业期的中间时间。当测区较大且，作业时间较长时，应按不同时间和地区分段编制预报表，编制预报表所用概略星历龄期不应超过 20d，否则应重新采集一组新的概略星历。通常可获取历书文件，从而得到卫星星历。

制定外业观测计划，其主要包括以下内容：①确定测量模式；②选定最佳观测时段；③确定同步观测时段长度及起止时分；④编制观测调度表，填写并下达作业调度命令；⑤根据实际作业的进展情况，及时调整观测计划和调度命令。

(1) 确定测量模式。测量模式的确定主要包括定位方式的确定和控制网网形的确定。例如，某计划采用静态差分定位，投入 3 台接收机作业，同步网之间以边连式连接。

(2) 选定最佳观测时段。GNSS 卫星的观测，是待 GNSS 卫星升离地平线一定的角度才开始的，这个角度就是卫星高度截止角。高度角越小，越有利于减小三维图形强度因子 (PDOP)，从而延长最佳观测时间；但是卫星高度角越小，对流层影响越显著，测量误差随之增大。在精密定位测量时，卫星高度截止角宜选定在 15°左右。

(3) 编制观测调度表，详见表 6.8。

表 6.8　　　　　　　　　　GNSS 测量观测调度表

时段编号	观测时间	测站号/名	测站号/名	测站号/名	测站号/名	测站号/名
		机号	机号	机号	机号	机号
0						
1						

作业小组应在观测前根据测区地形、交通状况、控制网的大小、精度的高低、仪器的数量、GNSS 网的设计、星历预报表和测区的天气、地理环境等编制作业调度表，以提高工作效益。GNSS 测量作业调度表的编写格式见表 6.8。

6.2.4　GNSS 控制网的具体作业流程

GNSS 控制网作业流程如图 6.16 所示。

1. 数据采集

目前，接收机的自动化程度比较高，操作人员做好以下工作即可：

(1) 各个测站的观测人员应按计划规定的时间作业，确保同步作业。

(2) 确保接收机有足够的电量和足够的存储空间。

6.2.3
GNSS 静态
数据采集

项目6 平面控制测量

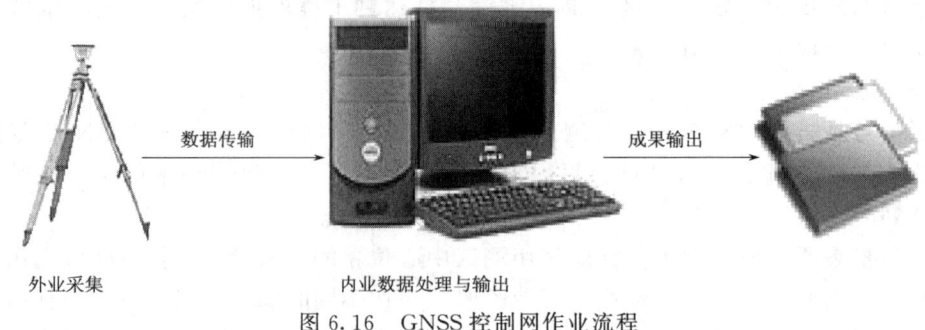

图 6.16 GNSS 控制网作业流程

（3）开始观测后，每个作业小组正确设置相同的因素（站点号、天线高、采样间隔及采样点数等）。

（4）观测过程中，应注意查看测站信息、接收到的卫星数量、卫星号、PDOP 值等。必要时适当延长观测时间。

（5）同一时段中，接收机不得关闭和重启，每时段的观测信息应如实填写于观测手簿中。

（6）高等级的 GNSS 测量应记录气象元素和空气湿度等因素，每 1～2h 记录一次。

2．数据处理

每个厂商生产的接收机都配备有相应的随机数据处理软件，使用步骤大体相同。具体步骤大致如下：

①原始观测数据的读入；②外业读入数据的检查和修改；③基线解算的控制参数；④基线解算；⑤基线质量检查；⑥网平差；⑦成果转化；⑧成果存盘和打印。

6.2.4
GNSS 内业
数据处理

3．技术总结与上交资料

（1）技术总结。GNSS 测量工作结束后，需按要求编写技术总结报告，其内容包括以下几个方面：

1）测区范围与位置，自然地理条件，气候特点，交通及电信、电源等情况。

2）任务来源，测区已有测量情况，项目名称，施测目的和基本精度要求。

3）施测单位，施测起讫时间，技术依据，作业人员情况。

4）接收设备类型与数量以及检验情况。

5）选点所遇障碍物和环境影响的评价，埋石与重合点情况。

6）观测方法要点与补测、重测情况，以及野外作业中发生与存在问题的说明。

7）野外数据检核，起算数据情况和数据后处理内容、方法及软件情况。

8）工作量、工日及定额计算。

9）方案实施与规范执行情况。

10）上交成果尚存问题和需要说明的其他问题。

11）各种附表与附图。

（2）上交资料。GNSS 测量任务完成后，应上交下列资料：

1）测量任务书（或合同书）与专业设计书。

2）点之记、环视图、测量标志委托保管书、选点和埋石资料。

3）接收设备、气象及其他仪器的检验资料。

4）外业观测记录、测量手簿及其他记录。

5）数据加工处理中生成的文件、资料和成果表。

6）GNSS 网展点图。

7）技术总结和成果验收报告。

6.2.5 图根控制操作简介

用南方测绘 GNSS 接收机进行图根控制的具体操作可扫描右侧二维码获取。

知 识 梳 理

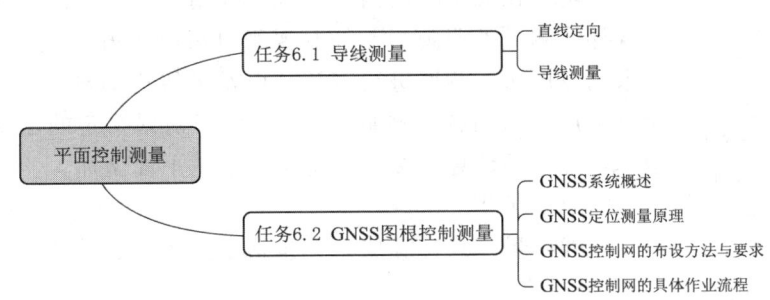

知 识 拓 展

知识拓展工程测量标准

平面控制测量中的一级导线测量是一种高精度、高要求的测量技术，在平面控制测量中具有广泛的应用，特别是在需要高精度平面坐标的场合，如大型工程建设、地形图测绘等，它为其提供可靠的平面控制网，为后续的工程建设和地形图测绘提供精确的基准和依据。在实际应用中，应严格按照相关规范和要求进行操作，确保测量结果的准确性和可靠性。

证 书 对 接

测绘地理信息数据获取与处理（初级）职业技能等级要求见表 6.9。

表 6.9　　　　测绘地理信息数据获取与处理（初级）职业技能等级要求

工作领域	GNSS 测量
工作任务	卫星定位系统认识
职业技能要求	能掌握 GPS 卫星定位系统的相关知识点；能掌握 GLONASS 卫星定位系统的相关知识点；能掌握北斗卫星定位系统的相关知识点

比 赛 项 目

一级导线测量

1. 导线形式

竞赛的导线测量路线设计为附合路线,经过2个指定未知点,赛项执委会为每队提供两个互相通视的平面控制点,作为附合导线的起、闭点,并互相作为定向点。导线边长110m左右。如图6.17所示导线,其中 A、B 为已知点,C、D 为待定点,测算待定点坐标,测算要求按竞赛细则。说明:参赛队现场抽签决定竞赛路线。

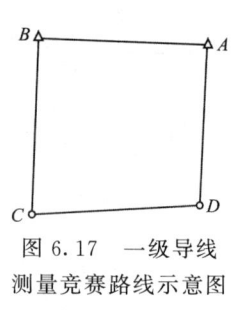

图 6.17 一级导线测量竞赛路线示意图

2. 竞赛内容

参赛队在规定时间内按一级导线精度要求独立完成抽签指定的附合导线测量外业观测。外业观测包括连接角和转折角测量(角度均采用测回法一测回进行观测)以及导线边测量(每条导线边水平距离采用往返测各一测回),内业计算根据给定的已知点 A、B 的坐标,经平差计算出2个指定未知点的平面坐标。

3. 上交成果

导线测量记录计算成果,包括观测手簿、导线平差计算表和导线点成果表。

思 政 园 地

北斗——铸就闪亮的精神坐标

回首发展历程,中国北斗只用了GPS一半左右的时间就实现了从无到有、从小到大、从弱到强,成为世界一流卫星导航系统。背后的秘诀,正是"自主创新、开放融合、万众一心、追求卓越"的新时代北斗精神。

新时代北斗精神蕴含着自主创新的坚定信念。北斗全球卫星导航系统作为我国重大空间基础设施,长期以来受到国外禁运的重重封锁,但北斗人面对困难毫不气馁、迎难而上,硬是走出了一条具有中国特色的自主创新的发展道路。面对缺乏高精度原子钟、行波管放大器、星载CPU、FPGA芯片等众多核心器部件的难关,充分发挥全国各方技术优势,集国家科技发展之大成,攻克了500余种器部件国产化难关,实现了星载部件与核心元器国产化率100%,摆脱了受制于人的局面。面对不能全球布站的难题,创新性地开发出星间链路技术,使在太空中渺如沧海一粟的卫星实现了星间、星地互通互联,将天堑变为通途,在国际上首创了一站式全球星座测控、运控管理。北斗三号工程攻克了160余项类似的技术难关,确保了系统建设的先进性和可实现性。北斗人坚信,关键核心技术是要不来、买不来、讨不来的,只有把关键核心技术牢牢掌握在自己手中,才能真正掌握竞争和发展的主动权,才能为发展自己、造福人类奠定坚实的技术基础。

新时代北斗精神展示着开放融合的大国胸怀。习近平总书记指出:"中国愿同各国共享北斗系统建设发展成果,共促全球卫星导航事业蓬勃发展。"北斗作为全球卫星导航系统,在与国际上其他卫星导航系统同台竞技的同时,必须用开放的胸怀融入国际导航大家庭,让全球用户愿意用北斗、用好北斗。北斗系统的发展既立足中国,又放眼世界,秉持和践行"世界的北斗"发展理念,坚持开放融合、协调合作、兼容互补、资源共享,在覆盖全球的基础上积极融入全球、服务全球。目前,北斗基础产品已出口到全球一半以上的国家和地区,基于北斗的土地确权、精准农业、数字施工、智慧港口等在东盟、南亚、东欧、西亚、非洲等地区得到成功应用。中国北斗已经成为与"一带一路"遥相辉映的"太空丝绸之路",为构建人类命运共同体提供强有力的支撑。

新时代北斗精神凝聚着万众一心的人民力量。北斗工程杨长风总设计师曾经说过:"北斗是五千万工程:调动了千军万马,经历了千难万险,付出了千辛万苦,走进了千家万户,将造福千秋万代。"全国 400 多家单位、30 余万名科研人员参与了北斗工程建设,航天系统内外的国企争相请战、民企主动承担责任;卫星研制过程中,党员干部奋勇争先,员工团队众志成城。在收官星进入发射准备阶段时,一位同志的母亲生重病要做手术,家属坚持不通知发射场试验队,试验队通过单位得知消息后立刻让这位同志回家照顾母亲,但他很快就回到发射场坚守岗位,母亲对他说:"国家把这么重要的任务交给你,你不能脱离岗位……"这样的例子还有很多很多,他们虽然来自五湖四海,但为了一个共同目标,用"以国为重"的家国情怀铸就了"万众一心"的无敌力量。

新时代北斗精神彰显着追求卓越的时代风貌。建设一流的北斗是所有北斗人矢志不渝的奋斗目标,北斗系统建设过程中所彰显的中国精度和中国速度,充分体现了北斗人追求卓越的精神。在组网卫星设备级测试期间,卫星的主任设计师敏锐地发现了测试数据中存在 1 纳秒的微小超差,为此,团队进行了几昼夜的细致分析,最终消除了这个十亿分之一秒的误差。根据国家要求,北斗全球卫星导航系统要在 2020 年底之前建成,这意味着要用三年时间完成 30 颗卫星的建造和发射,压力巨大。面对组批生产、高密度发射等诸多困难,北斗人没有退缩,为了使系统更早投入使用、更早产生效益,他们在组批投产、流程再造、自动化测试、远程测试、机械化装配等方面推出一系列措施,将整星测试、试验周期减少 25%,发射场工作周期减少 36%,发射场人员减少 40%。中国北斗仅用两年半时间就完成了 18 箭 30 星的成功发射,提前半年完成全球组网任务,用追求卓越的精神创造了世界航天史上高密度发射的奇迹。

雄关漫道真如铁,而今迈步从头越。北斗全球卫星导航系统的建成不是终点,而是一个新的起点。中国北斗人将弘扬新时代北斗精神,不懈探索、砥砺前行,为实现中华民族伟大复兴的中国梦作出新的更大贡献!

(资料来源:凤凰新闻)

习 题

一、填空题

1. 在直线定向中,通常可采用的标准方向有_____、_____和_____。
2. 测量工作中,常采用_____表示直线方向。

3. 正、反坐标方位角相差_____。
4. 坐标方位角的角值范围为_____。
5. 推算方位角时应注意：首先应注意左角、右角不能搞错，再有如果算出的方位角大于360°，则应减去_____；如果$α_后+180°<β_右$，则应先加上_____再减去$β_右$。
6. 坐标象限角的角值范围为_____。
7. 图根控制网通常采用_____测量来测定图根点的平面位置。
8. 组成图根控制网的点，也就是直接用于测绘地形图的控制点，称为_____。
9. 导线测量就是依次测定各导线边的_____和各_____，根据起始数据，求出各导线点的坐标。
10. 图根导线一般可布设的三种形式：_____、_____和_____。
11. 选择导线点时，相邻点间应相互_____，地势平坦，便于测角和量距。
12. 布设导线时，导线边长应大致_____，导线点数量必须满足测图的要求，且分布_____，方便控制整个测区。
13. 布设导线时，为了便于寻找，应量出导线点与附近明显地物的距离并绘制草图，注明尺寸，称为_____。
14. 图根导线的边长丈量采用钢尺量距方法进行，导线边长应往返丈量一次，往返丈量相对误差应小于_____。
15. 导线转折角的测量一般采用_____法观测。
16. 图根支导线的转折角常用DJ_6经纬仪分别测一测回，当盘左、盘右两半测回角值较差不超过_____，则可取平均值作为最后结果。
17. 图根导线测量的外业工作主要包括：_____，建立标志，_____，转折角测量。
18. 导线测量中，可根据观测的转折角推算各边的坐标方位角，假定后一边的方位角为$α_后$，观测的左转折角为$β_左$，则前一边的方位角$α_前=$_____。

二、选择题

1. 某直线的坐标方位角为121°23′36″，则反坐标方位角为（　　）。
   A. 238°36′24″　　B. 301°23′36″　　C. 58°36′24″　　D. −58°36′24″
2. 方位角的角值范围为（　　）。
   A. 0°～360°　　B. −90°～90°　　C. 0°～180°　　D. 0°～90°
3. 已知直线AB的坐标方位角为186°，则直线BA的坐标方位角为（　　）。
   A. 6°　　B. 96°　　C. 276°　　D. 84°
4. 导线测量的外业不包括（　　）。
   A. 测量角度　　B. 选择点位　　C. 坐标计算　　D. 量边
5. 导线的布设形式中，支导线缺乏检核条件，其边数一般不得超过（　　）条。
   A. 5　　B. 3　　C. 4　　D. 6
6. 某直线AB的坐标方位角为190°，其两端间坐标增量的正负号为（　　）。
   A. $+\Delta x$，$+\Delta y$　　B. $+\Delta x$，$-\Delta y$　　C. $-\Delta x$，$-\Delta y$　　D. $-\Delta x$，$+\Delta y$
7. 图根控制网通常采用（　　）测量来测定图根点的平面位置。
   A. 一级导线　　B. 二级导线　　C. 图根导线　　D. 三级导线

8. 控制测量分为（　　）和高程控制测量。
A. 平面控制测量　　B. 导线测量　　C. 三角高程测量　　D. 图根导线测量

9. 导线测量就是依次测定各导线边的（　　）和各转折角，根据起始数据，求出各导线点的坐标。
A. 边长　　B. 坡度　　C. 方向　　D. 位置

10. 图根导线一般可布设的三种形式：（　　）、附合导线、支导线。
A. 导线网　　B. 一级导线　　C. 三级导线　　D. 闭合导线

11. 导线转折角在测量一般采用（　　）法观测。
A. 全圆　　B. 方向　　C. 测回

三、判断题

1. 直线定向中，地面上各点的坐标纵轴方向是相互不平行的。（　　）
2. 从直线起点的标准方向北端起，顺时针方向量到直线的水平角，称为该直线的方位角。（　　）
3. 某直线的坐标象限角为 R（第Ⅱ象限），该直线的坐标方位角 $\alpha = R$。（　　）
4. 由于国家等级控制点的密度不能满足测图需要，建立直接为测图服务的控制网，称为图根控制网。（　　）
5. 图根点的密度应根据测图比例尺和地形条件而定，对于地形复杂、隐蔽及城市建筑区，可适当加大图根点的密度。（　　）
6. 导线测量是建立小地区平面控制网常用的一种方法，特别是在地物分布复杂的建筑区、平坦而通视条件差的隐蔽区，多采用导线测量的方法。（　　）
7. 闭合导线、附合导线都有检核条件。（　　）
8. 图根导线测量就是利用导线测量的方法测定图根控制点高程位置的测量工作。（　　）
9. 布设图根导线时相邻点间应不必相互通视良好。（　　）
10. 在坐标计算之前，应先检查外业记录和计算是否正确，观测成果是否符合精度要求，检查无误后，才能进行计算。（　　）
11. 由于支导线缺乏检核条件，容易发现错误，因此其点数一般不超过两个，它仅用于图根导线测量。（　　）
12. 布设导线时，各导线边长应尽量大致相等。（　　）
13. 图根导线测量中，用钢尺量导线长的导线称为电磁波导线。（　　）

四、简答题

1. 什么是支导线？
2. 图根导线测量的外业工作主要包括什么？
3. 图根导线测量选点时应注意哪些事项？
4. GPS 测量外业阶段包括哪几项？
5. GPS 定位网设计及外业测量的主要技术依据是什么？
6. 规范规定，GPS 测量按其精度划分为六级，其中 B 级和 C 级主要用于哪种测量？
7. GPS 网的精度要求是什么？精度指标通常是以什么来表示？
8. 在 GPS 定位外业工作过程中，需要考虑哪些因素？

9. GPS 网图形设计时应遵循哪些原则？

五、计算题

1. 已知直线 12 的正方位角为 $\alpha_{12}=101°30'$，并在 2 点测得两条直线左夹角为 $\beta_{12}=142°20'$，在 3 点测得右夹角 β_3 为 $145°10'$，求 α_{34}、α_{23} 和 34 边的反方位角 α_{43} 各为多少？并将求得的方位角换算为象限角。

2. 根据下列数据进行换算，并将有关答案填入表 6.10 的空格中。

表 6.10　　　　　　　　　　方位角与象限角换算

直　线	坐标方位角	坐标象限角	在何象限
AB	130°10′		
CD		北东 60°	
EF		45°30′	Ⅲ
GH	280°30′		

3. 支导线测量如图 6.18 所示，按表 6.11 中的已知数据，完成表格的计算。

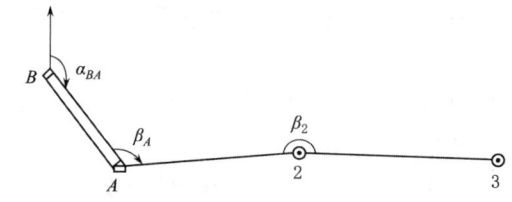

图 6.18　支导线测量

表 6.11　　　　　　　　　　支导线测量数据

点号	观测角	坐标方位角	边长/m	坐标增量/m		坐标值/m	
				Δx	Δy	x	y
B		149°40′00″					
A	160°03′12″					1000.00	1000.00
			136.02				
2	182°20′36″						
			119.11				
3							

4. 已知 $D_{AB}=145.38\text{m}$，$\alpha_{AB}=38°32'42''$，$x_A=500.000\text{m}$，$y_A=500.000\text{m}$，求 x_B、y_B。

项目 6　习题答案

项目 7　地形图测绘及应用

【项目介绍】本项目主要介绍地形图测绘及应用相关知识。通过本项目的学习，学生能够运用全站仪、GNSS-RTK 进行野外数据采集，了解常见地物的内业表示方法，运用 CASS 软件绘制地物、地貌，了解地形图在工程中的基本应用。在培养学生专业技能的同时，还注重学生综合素质的提升，培养学生科学严谨的工作态度、正确的国家版图意识，以及规范使用地图和制作地图的职业素养。

任务 7.1　地形图的基本知识

知识目标：
(1) 了解地形图的基本概念。
(2) 理解比例尺的概念、种类和比例尺精度的含义。
(3) 理解地形图的分幅与编号的方法。
(4) 掌握地物、地貌在地形图上的表示方法。

能力目标：
(1) 能够识别地形图比例尺，根据地图精度要求合理选择测图比例尺。
(2) 能够正确识读大比例尺地形图常用符号。
(3) 能够对地形图做分幅与编号处理。

素质目标：
(1) 学生能够规范使用地图，厚植家国情怀，增强爱国精神、历史责任感和使命感。
(2) 学生能够规范作图，养成科学严谨的工作态度。

7.1.1　地形图的基本知识 ▶

7.1.2　地形图的基本知识 ㉿

7.1.1　地形图的相关概念

1. 地图

地图是根据一定的数学法则，将地球表面的自然现象和社会现象通过概括和取舍用符号缩绘在平面上的图形，这样的图通称为地图。

当绘制大范围的地面图形时，必须考虑地球曲率的影响，这时可根据一定的要求，按照某种数学条件将地面上的图形投影到旋转椭球面上，再将椭球面上的图形变换为平面图形，再按预定比例尺缩制成地图，这个过程称为地图投影。中华人民共和国地图、世界地图等即属于这种图。地图上的图形都有一定的变形，这种因投影而产生的变形，在使用地形图时，可选用不同的投影方法加以限制，以满足不同行业的要求。

2. 地形图及平面图

当测图范围较小时，可将区域地球表面当作平面，将地面点沿铅垂线投影（正射投影）到选定的投影面上，按一定的比例尺，用规定的符号，表示地物、地貌平面位置和高程的正射投影图称为地形图，如图 7.1 所示。在图上仅表示地物、不表示地貌的正射投影图称为平面图。地形图、平面图在工程的规划设计中有着重要的意义和作用。

7.1.2 比例尺与比例尺精度

7.1.2.1 比例尺的概念及分类

比例尺是指图上任意一线段的长度与地面相应线段的实际水平长度之比。比例尺的表示方法有多种，下面介绍常见的两种表示方法，即数字比例尺和直线比例尺。

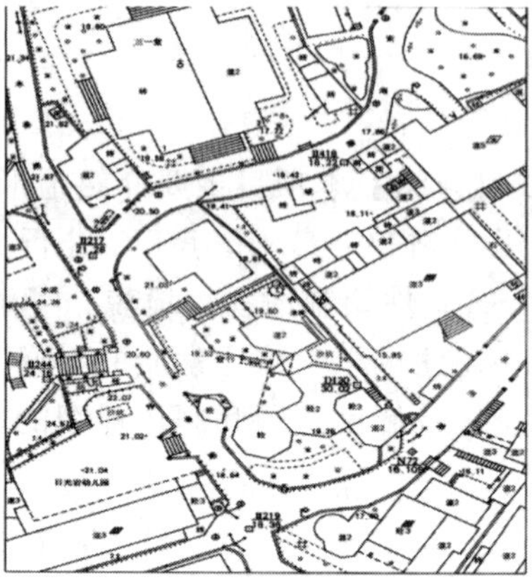

1. 数字比例尺

一般用分子为 1 的分数表示的比例尺称为数字比例尺。设图上的某一直线长度为 d，地面上相应线段的水平距离为 D，则

$$比例尺 = \frac{d}{D} = \frac{1}{D/d} = \frac{1}{M} \tag{7.1}$$

图 7.1 城区居民地（1∶500）

式中：M 为比例尺分母。

这种用分数形式或比例形式表示的比例尺称为数字比例尺，分数值越大，比例尺也越大，图上表示的地物、地貌也越详细。工程建设中，比例尺的选择对于地形图的精度和适用性至关重要。根据比例尺的大小，通常把 1∶500、1∶1000、1∶2000 和 1∶5000 的地形图称为大比例尺地形图。1∶1 万、1∶2.5 万、1∶5 万、1∶10 万的地形图称为中比例尺地形图。1∶20 万、1∶50 万、1∶100 万的地形图称为小比例尺地形图。在工程建设中比较常用到的是大比例尺地形图。

2. 直线比例尺

在图上绘制一条线段，将其分成若干段，并标注上代表的实地长度，可将图上量取的长度与之比较得出实地距离，这种比例尺称为直线比例尺。如图 7.2 所示，在直线上截取若干基本单位（如 2cm），将左端的基本单位再十等分（如 2mm）。对于某种比例尺，如 1∶10000 比例尺，直线上每 2cm 及 2mm 分别相当于地面 200m 及 20m。利用直线比例尺，可以量取图上两点间所代表的实地距离。

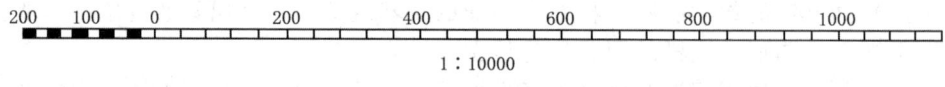

图 7.2 直线比例尺示意图

7.1.2.2 比例尺精度及其意义

1. 比例尺精度

一般认为，人眼能分辨的两点间的最小距离是 0.1mm。通常把图上 0.1mm 所代表的实地水平距离称为比例尺精度，若用 δ 表示比例尺精度，则 $\delta = 0.1\text{mm} \times M$，$M$ 为比例

尺的分母,由此可算得不同比例尺的精度,见表7.1。

表 7.1　　　　　　　　　　　　比 例 尺 的 精 度

比 例 尺	1∶500	1∶1000	1∶2000	1∶5000	1∶10000
比例尺的精度/m	0.05	0.1	0.2	0.5	1.0

2. 研究比例尺精度的意义

(1) 根据比例尺精度可以确定测图比例尺的大小。例如：某工程设计要求,在地形图上能显示出相应实地0.1m的线段精度,问测绘地形图时,应采用多大的比例尺？

根据题意：0.1m就是比例尺的精度,则比例尺为

$$\frac{1}{M} = \frac{0.1\text{mm}}{0.1\text{m}} = \frac{1}{1000} \tag{7.2}$$

(2) 根据比例尺可以确定测绘地形图时应准确到的程度。例如：甲方要求测绘1∶2000比例尺地形图,在测绘地形图时,距离测量应精确到什么程度呢？

根据题意,应精确到

$$\delta = 0.1\text{mm} \times 2000 = 200\text{mm} = 0.2\text{m} \tag{7.3}$$

7.1.3　地物在地形图上的表示方法

7.1.3 地物在地形图上的表示方法

地面上有明显轮廓的,天然形成或人工建造的各种固定物体,例如湖泊、河流、森林、房屋、道路、桥涵、电力线、水渠等,称为地物。地表高低起伏的形态,例如山地、丘陵、盆地、悬崖、峭壁等,称为地貌。地物和地貌总称为地形。

地物一般可分为自然地物与人工地物。自然地物如河流、湖泊、森林等,人工地物如房屋、道路、桥涵、电力线和水渠等。由于地面上物体种类繁多,形状不一,在图上所表示的地物是经过综合取舍,并按一定要求和测图比例尺,遵照《国家基本比例尺地图图式》进行绘制的,因此测绘和使用地形图时,应参阅和熟悉地形图图式。表7.2是比例尺为1∶500、1∶1000和1∶2000地形图图式中的一部分。图式中的符号有三类：地物符号、地貌符号和注记符号。

根据符号与实地地物的比例关系,地物符号可分为以下三类：

(1) 依比例尺符号。地物依比例尺缩小后,其长度和宽度能依比例尺表示的地物符号,称为依比例尺符号(也称面状符号)。如房屋、湖泊等,依比例尺符号能正确反映地物的平面位置、形状和大小。

(2) 不依比例尺符号。由于地物较小,地物依比例尺缩小后,其长度和宽度不能依比例尺表示,该符号称为不依比例尺符号(也称点状符号)。如控制点、电杆、路灯等。不依比例尺符号只能表示地物的中心位置,而不能反映其形状大小。

(3) 半依比例尺符号。地物依比例尺缩小后,其长度能依比例尺绘制,而宽度不能依比例尺表示的地物符号,称为半依比例尺符号(也称线状符号)。例如道路、渠道、通讯线、围墙等。这类符号只能表示地物的长度,而不能表示其宽度。

有些地物除用一定的符号表示外,还要加以说明,如流向符号,各种植被填绘符号

等；用来说明地物名称或数量特征的文字、数字称为注记符号。如街道、道路、村庄名称，路宽、水深、高程注记等。没有说明或注记符号的地形图将难以理解且无法使用。

表 7.2　　　　　　　　　1∶500 、1∶1000 和 1∶2000 地形图符号

编号	符 号 名 称	1∶500　1∶1000	1∶2000
1	一般房屋 混——房屋结构 3——房屋层数	混 3	1.6
2	简单房屋		
3	建筑中的房屋	建	
4	破坏房屋	破	
5	棚房	45° ⋯1.6	
6	架空房屋	砼4　砼　砼4　⋯1.0	1.0
7	廊房	混 3　⋯1.0	⋯1.0
8	台阶	0.6 1.0　⋯1.0	
9	无看台的 露天体育场	体育场	
10	游泳池	泳	
11	过街天桥		
12	高速公路 a. 收费站 0——技术等级代码	a　　　0	0.4
13	等级公路 2——技术等级代码 （G325）——国道路线编码	2(G325)	0.2 0.4
14	乡村路 a. 依比例尺的 b. 不依比例尺的	a ——————— b ─ 8.0 ─ 2.0 ─	4.0　1.0 0.2 0.3

任务 7.1 地形图的基本知识

续表

编号	符号名称	1∶500 1∶1000	1∶2000
15	小路	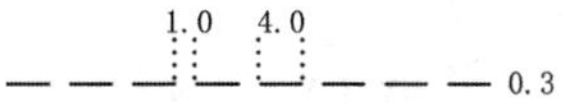	
16	内部道路	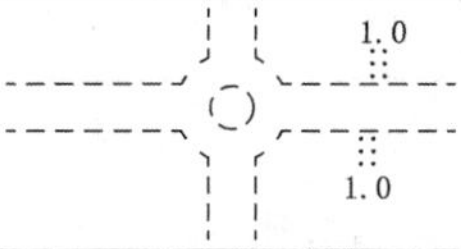	
17	阶梯路	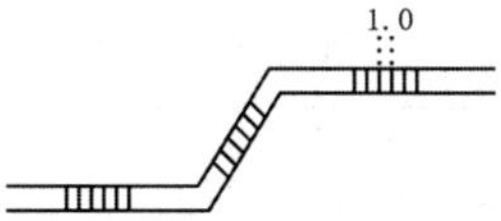	
18	打谷场、球场		
19	旱地	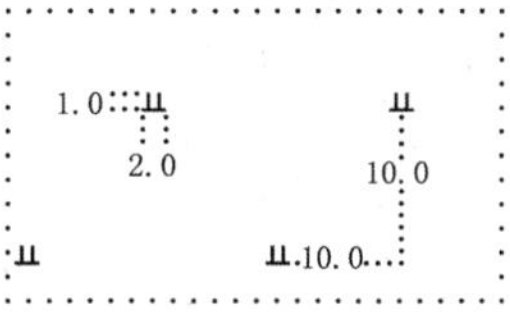	
20	花圃	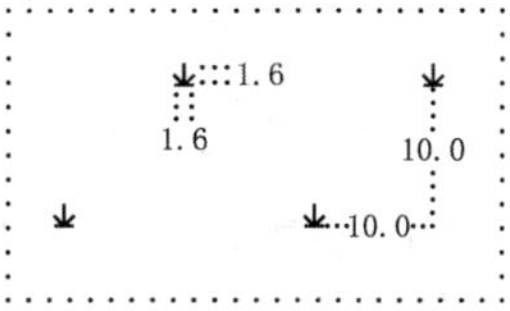	
21	有林地	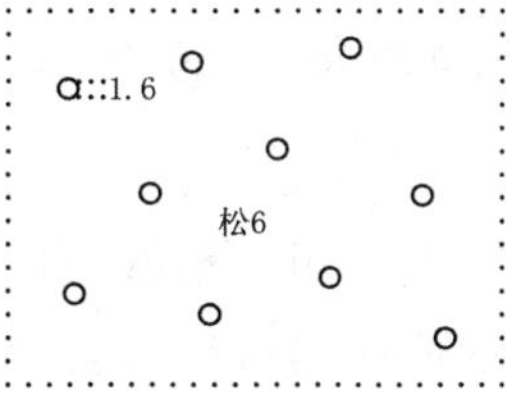	
22	人工草地	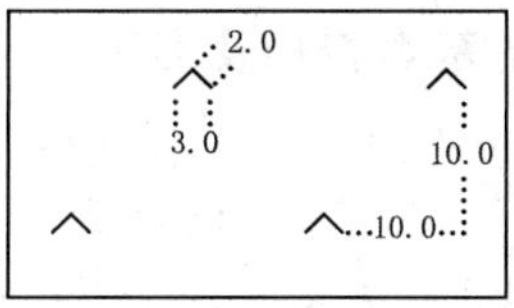	
23	稻田	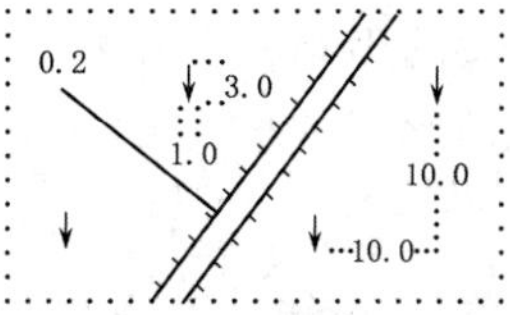	

续表

编号	符号名称	1:500 1:1000	1:2000
24	常年湖	 青湖	
25	池塘	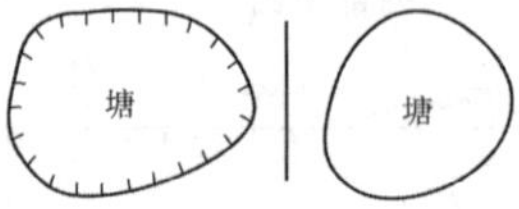 塘	塘
26	常年河 a. 水涯线 b. 高水界 c. 流向 d. 潮流向 ⇐ 涨潮 → 落潮	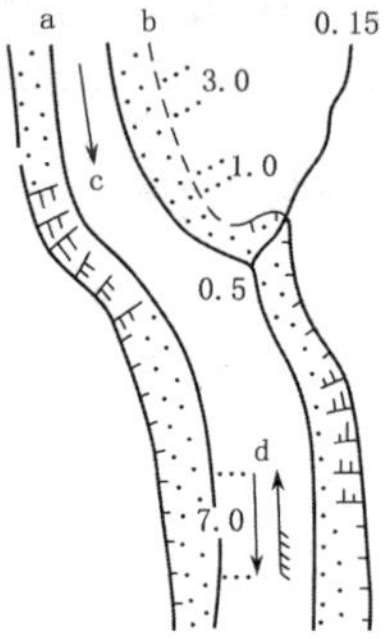 a b 0.15 3.0 1.0 c 0.5 d 7.0	
27	喷水池	 1.0 ⊕ 3.6	
28	GPS 控制点	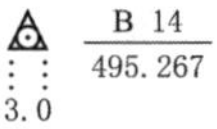 △ B 14 / 495.267 3.0	

7.1.4 地貌在地形图上的表示方法

地貌是地面上各种起伏形态的总称。地貌测绘与地物测绘是同时进行的。地貌测绘实际上是测定足够数量的地貌特征点的平面位置和高程，然后描绘等高线以显示地面起伏的形态。地貌究竟有什么样的形态？又是如何用等高线表示的呢？下面分述之。

7.1.4 地貌在地形图上的表示方法

7.1.4.1 地貌的基本特征及名称

地貌虽然千姿百态，千奇百怪，但归纳起来不外乎有山顶、山脊、山谷、鞍部、盆地等几种典型地貌的形态，了解和熟悉用等高线表示典型地貌的特征，将有助于识读、应用和测绘地形图。如图 7.3 所示。

(1) 山顶。较四周显著凸起的高地称为山，高大的称为山，矮小的称为丘。山的最高部分称为山顶，尖的山顶称为山峰。山侧面斜坡称为山坡。倾斜度在 70°以上的山坡称为陡坡，几乎成竖直形态的称为峭壁（绝壁）。下部凹入的峭壁称为悬崖，山坡与平地相交处称为山脚。

(2) 山脊。两山坡之间呈线状延伸的高地称为山脊。山脊最高间的连线称为山脊线（或分水线）。

(3) 山谷。两山脊之间的凹入地带称为山谷。两侧山坡称为谷坡。两谷坡相交部分称

图 7.3 各种地貌示意图

为谷底。谷底最低点连线称为山谷线（或集水线）。谷地与平地相交处称为谷口。

（4）鞍部。两个山顶之间的低洼山脊处，形状像马鞍形，称为鞍部。

（5）盆地。四周高中间低的地带称为盆地。最低处称为盆底。

地球表面的形状虽千差万别，但实际上都可以看作是一个不规则的曲面。这些曲面是由不同方向和不同倾斜的平面所组成，两相邻倾斜面的交线称为棱线，山脊线和山谷线都是棱线，也称为地貌特征线（又称地性线），如果将这些棱线特征点的高程及平面位置测定，则棱线的方向和坡度也就确定了。

山顶点、盆地中心最低点、鞍部最低点、谷口点、山脚点、坡度变换点等，这些都称为地貌特征点。这些特征点和特征线就构成地貌的骨架。在地貌测绘中，立尺点必须选在这些特征点上。

7.1.4.2 等高线的概念及地貌的表示方法

在地形图上，表示地貌的方法很多，目前常用的是等高线法。等高线能够真实反映出地貌形态和地面的高低起伏，且能依据等高线量出地面点的高程。

1. 等高线的概念

在图 7.4 中，有一高地被水平面 P_1、P_2、P_3 和水面所截，在各平面上得到相应的截线，称为等高线，其高程分别为：53m、52m、51m、50m。将这些截线沿铅垂方向投影（即垂直投影）到大地水准面 N 上，按一定的比例缩小后便得到了地形图上表示该高地的一圈套一圈的闭合曲线，即地形图上的等高线。所以等高线就是地面上高程相等的相邻各点连成的闭合曲线，也就是水平面与地面相交的曲线。可见，等高线为一组高度不同的空间平面曲线，地形图上表示的仅是它们在大地水准面上的投影。在不

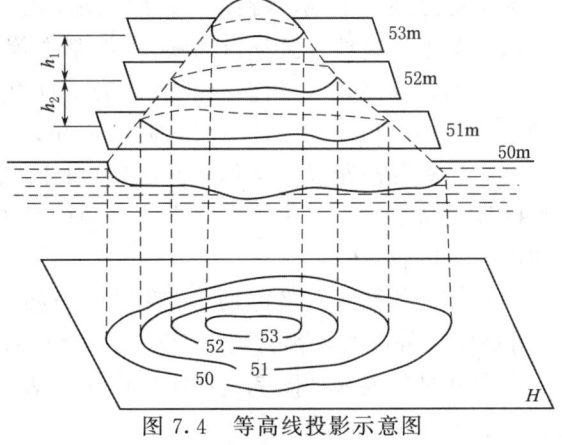

图 7.4 等高线投影示意图

是特别指明的情况下,通常均称地形图上的等高线为等高线。

2. 等高距、示坡线

等高线分别表示了不同的地面高程,相邻两条等高线的高程差称为等高距。相邻两条等高线之间的水平距离,称为等高线平距。通过等高线的形状和等高线平距的变化可以了解地貌的变化。在同一地形图上,等高距是一个常数。而等高线的平距随地形的陡缓而变化,地势越平缓,平距越大,等高线越稀疏;反之,平距越小,等高线越密,地势越陡。因此,由等高线的疏密可以判断地势的陡缓。而地貌的形状,也可以通过等高线的形状看出来。在同一比例尺地形图中,等高距越小,则图上等高线越密,地貌显示越详细、确切;等高距越大,则图上等高线就越稀,地貌显示就越粗略。但不能由此得出结论认为等高距越小越好。事物总是一分为二的,如果等高距过小,等高线非常密集,不仅影响图面的清晰度,而且使用起来也不方便,同时使测绘工作量成倍成倍地增加。因此,等高距的选择必须根据地形高低起伏的程度、测图比例尺的大小和使用者的目的等因素来决定。

结合我国实际情况,国家测绘主管机关对各种不同比例尺测图的等高距已作出明确规定(测图规范)。国家统一规定的等高距称为基本等高距,作业中必须严格执行,见表7.3。必须指出:在同一幅地形图上一般不能有两种不同的等高距。

表 7.3　　　　　　　　　　　地形图的基本等高距 h　　　　　　　　　　　单位:m

地 形 类 别	比　例　尺			
	1∶500	1∶1000	1∶2000	1∶5000
平坦地	0.5	0.5	1	2
丘陵地	0.5	1	2	5
山地	1	1	2	5
高山地	1	2	2	5

有些地形,如山头和盆地,等高线在形状上非常相似。为了区别这两种地形,就在其等高线上绘一短线来表示坡度的降低方向,这一短线我们称其为示坡线。示坡线一般绘制在等高线的高值一侧,用于指示地形的高低走向。如图 7.5 所示。

3. 等高线的分类

为了更好地表示地貌特征,便于识图用图,地形图上主要采用下列四种等高线:

(1) 基本等高线(又称首曲线)。按基本等高距绘制的等高线称为基本等高线。

(2) 加粗等高线(又称计曲线)。为了计算和用图方便,每隔四条基本等高线,加粗描绘一条基本等高线称为计曲线,同时需注记该条等高线的高程值。

(3) 半距等高距线(又称间曲线)。对于坡度很小的局部区域,当用基本等高线不足以反映地貌特征时,可按1/2基本等高距内插加绘一条等高线,该等高线称为间曲线,间曲线不一定闭合。

(4) 辅助等高线(又称助等高线)。当间曲线仍不足以显示地貌特征时,还可加绘1/4等高距的等高线,称为辅助等高线。辅助等高线亦不一定闭合。

以上几种等高线如图 7.5 所示。图中①表示基本等高线;②表示计曲线;③表示间曲线;④表示辅助等高线。

4. 等高线的特性

(1) 位于同一条等高线上各点的高程都相等。

(2) 等高线是一条闭合的曲线，它若不在本幅图内闭合，也会跨越一个或多个图幅闭合。

(3) 不同高程的等高线不能相交也不能重合，只有通过绝壁处的等高线才会重合，通过悬崖时等高线才会相交。

(4) 等高距一定时，等高线越密，表示地势越陡，等高线越稀，表示地势越平缓。

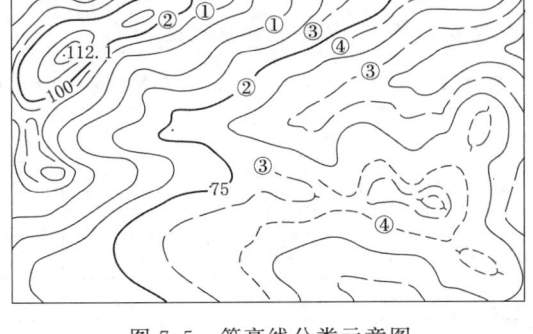

图7.5 等高线分类示意图

(5) 等高线通过山脊线时，与山脊线垂直相交，并向低处凸出；等高线通过山谷线时，与山谷线垂直相交，并向高处凸出。

7.1.5 地形图的分幅与编号

为了便于地形图的管理和使用，需要对地形图进行分幅，并将分幅的地形图进行系统编号。中小比例尺地形图采用国际上统一的分幅和编号方法，大比例尺地图的分幅和编号方法则比较灵活。

1. 梯形分幅与编号

国际分幅法采用经纬线分幅，即按一定的经差和纬差来划分图幅，图幅形状为梯形，故又称为梯形分幅，根据统一的法则对图幅进行编号。

1∶100万比例尺地形图分幅编号方法如下：它是从赤道起向北或向南分别按纬差4°分成22个横行，直至南北纬88°止，各行依次用A、B、C、D、…、V表示。从经度180°起，自西向东按经差6°分成60个纵列，依次用阿拉伯数字1～60表示，如图7.6所示。这样，每幅1∶100万地形图就是由经差6°和纬差4°的经纬线所分成的梯形图幅。每幅图的编号是由该幅图所在的行、列字母号所组成。为了区分南北两半球，在编号前应加注N

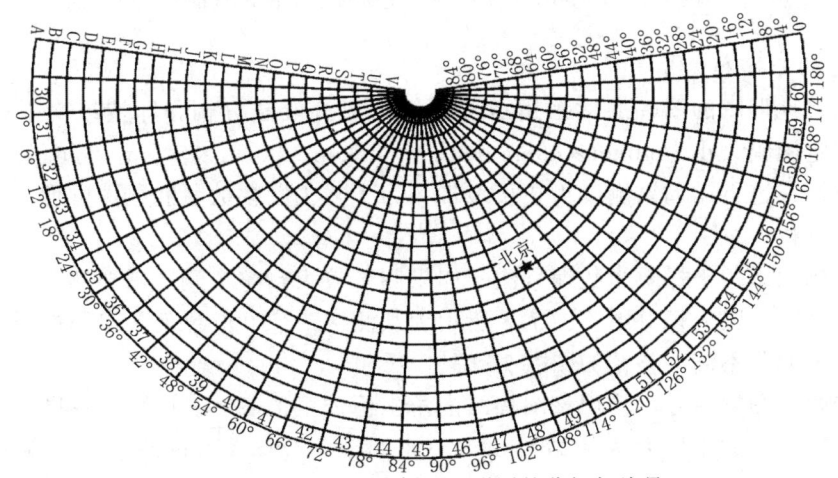

图7.6 1∶100万比例尺地形图的分幅与编号

或 S 予以区别。由于我国整体位于北半球，故编号时省去了 N。如图 7.6 所示，北京所在的 1：100 万地形图的图幅编号为 J50。

我国的基本比例尺地形图分幅和编号方法均以 1：100 万比例尺地形图为基础，按规定的经差和纬差来划分图幅，见表 7.4。

表 7.4　　　　　　　　　各种比例尺地形图分幅与编号表

比例尺	图幅大小		比例尺代码	1：100 万图幅包含该比例尺地形图的图幅数（行数×列数）	某地图图号
	经差	纬差			
1：50 万	3°	2°	B	2×2＝4 幅	J50B002002
1：25 万	1°30′	1°	C	4×4＝16 幅	J50C004004
1：10 万	30′	20′	D	12×12＝144 幅	J50D012010
1：5 万	15′	10′	E	24×24＝576 幅	J50E020020
1：2.5 万	7.5′	5′	F	48×48＝2304 幅	J50F047039
1：1 万	3′45″	2′30″	G	96×96＝9216 幅	J50G094079
1：5000	1′52.5″	1′15″	H	192×192＝36864 幅	J50H187157

1：50 万～1：5000 比例尺地形图的分幅与编号方法是以 1：100 万地形图为基础，采用行列编号方法，将 1：100 万地形图按所含比例尺地形图的经差和纬差划分成若干行和列，横行从上往下，纵列从左往右按顺序分别用阿拉伯数字编号。表示图幅编号的行、列代码均采用三位数字表示，不足三位的在前面补 0，取行号在前，列号在后的排列形式标记，加在 1：100 万图幅的图号之后，均由五个元素 10 位码构成，如图 7.7 所示。

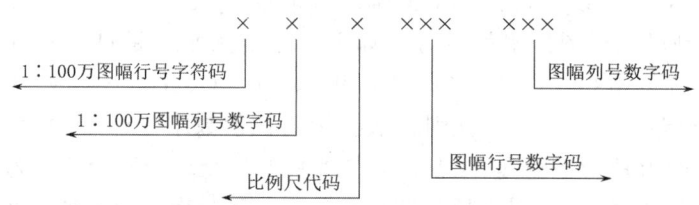

图 7.7　1：50 万～1：5000 比例尺地形图图号的构成

2. 矩形的分幅和编号

大比例尺地形图的图幅通常采用矩形或正方形分幅法分幅，即按纵横坐标线划分图幅。一般规定图幅大小为 40cm×40cm、40cm×50cm、50cm×50cm。分幅是以整公里或整百米的坐标线进行。如果测区为狭长地带，为了减少图幅数量和接图方便，也可采用任意分幅方法分幅。

（1）图幅西南角坐标千米数编号法。如果测区较大，整个测区需要测绘几幅甚至几十幅图，这时应画一张分幅总图。图 7.8 所示为某测区 1：1000 比例尺测图的分幅图。该测区有整幅图 8 幅及不满一整幅的图共 16 幅。

矩形分幅的图幅编号，均用该图幅西南角坐标公里值表示。图 7.9 为图 7.8 中左上角的图幅，其西南角的坐标为 $X＝2500$m，$Y＝1000$m，故该图幅的编号为 2.5 - 1.0（坐标值以千米为单位）。

（2）行列编号法。测区范围较小时，可采用比较简便的流水编号法或行列编号法。流水编号法是将测区各图幅从左到右、自上而下用阿拉伯数字顺序编号（如1，2，3，…）。行列编号法是从上到下、从左到右给横行和纵列编号，用"行—列"表示图幅编号（如A-1，A-2，…，D-1等），如图7.10所示。

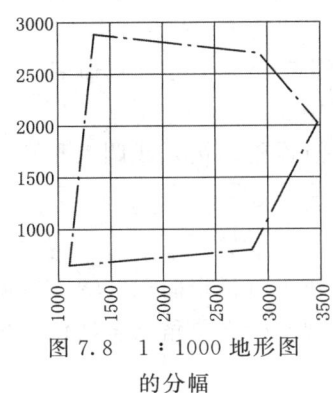

图 7.8 1∶1000 地形图的分幅

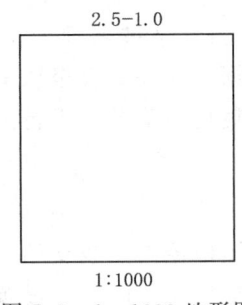

图 7.9 1∶1000 地形图的编号

A-1	A-2	A-3	A-4	A-5	A-6
B-1	B-2	B-3	B-4		
	C-2	C-3	C-4	C-5	C-6

图 7.10 行列编号法

任务 7.2 数 据 采 集

知识目标：
(1) 掌握全站仪数据采集方法。
(2) 了解 RTK 系统组成、作用和影响 RTK 坐标转换及测量精度的因素。
(3) 掌握 RTK 作业的步骤。

能力目标：
(1) 能使用全站仪进行数据采集。
(2) 能正确架设 RTK 参考站与流动站。
(3) 能熟练进行坐标转换、数据传输。
(4) 能使用 RTK 进行数据采集。

素质目标：
(1) 培养学生规范操作仪器的职业素养和实事求是的诚信品质。
(2) 培养学生实验安全意识和责任担当意识。
(3) 通过学生对国产化测绘仪器的学习，培养学生自主创新意识。

7.2.1 数据采集

7.2.2 全站仪数据采集虚拟仿真

7.2.3 全站仪数据采集

7.2.1 全站仪数据采集方法

7.2.1.1 全站仪数据采集步骤

全站仪采集具有精度高、速度快、测量范围大、人工干预少、不易出错、能进行数据采集等特点，所以是目前大比例尺数字测图野外数据采集的主要方法。

1. 准备工作

在测站点安置全站仪，完成对中和整平工作，并量取仪器高。其中全站仪的对中偏差不应大于5mm，仪器高和棱镜高量取应精确至1mm。

测出测量时测站周围的温度、气压，并输入全站仪；根据实际情况选择测量模式（如反射片、棱镜、无合作目标），当选择棱镜测量模式时，应在全站仪中设置棱镜常数；检查全站仪中角度、距离的单位设置是否正确。

2. 测站设置

建立文件（项目、任务），为便于查找，文件名称根据习惯或个性化等方式命名。建好文件后，将需要用到的控制点坐标数据录入并保存至该文件中。

打开文件，进入全站仪野外数据采集功能菜单，进行测站点设置。键入或调入测站点点名及坐标、仪器高、测站点编码。

3. 定向

选择较远的后视点（等级控制点、图根控制点或支站点）作为测站定向点，输入或调入后视点点号及坐标和棱镜高。精确瞄准后视定向点，设置后视坐标方位角（全站仪水平读数与坐标方位角一致）。

4. 检核

定向完毕后，施测前视点（等级控制点、图根控制点或支站点）的坐标和高程，作为测站检核。检核点的平面坐标较差不应大于图上的0.2mm，高程较差不应大于1/5倍基本等高距。如果大于上述限差，必须分析产生差值的原因，解决差值产生的问题。该检核点的坐标必须存储，以备以后进行数据检查及图形与数据纠正。

每站数据采集结束时应重新检测标定方向，检测结果若超出上述两项规定的限差，其检查前所测的碎部点成果须重新计算，并应检测不少于两个碎部点。

5. 数据采集

测站定向与检核结束后，进行碎部点坐标测量。输入碎部点的点名、编码（可选）、棱镜高后，开始测量。存储碎部点坐标数据，然后按照相同的方法测量并存储周围碎部点坐标。注意，当棱镜有变化时，在测量该点前必须重新输入棱镜高，再测量该碎部点坐标。

7.2.1.2 全站仪数据采集实例

用南方全站仪进行数据采集的具体操作可扫描右侧二维码获取。

7.2.2 常规RTK数据采集

7.2.2.1 常规RTK系统结构

RTK测量系统包括基准站、流动站和中继站。

1. 基准站

基准站又称参考站，在某一观测时间内，将一接收机固定安置在测站上，一直保持跟踪观测卫星，并将其接收到的载波相位观测值、伪距观测值、卫星跟踪状态及接收机工作状态等通过无线数据链发送出去，这样的固定测站称为基准站。

在常规RTK测量中，定位结果与基准站的观测数据质量、无线电的信号传播质量有直接关系，所以基准站位置的选择非常重要。基准站的选择一般有以下

7.2.4 全站仪数据采集

7.2.5 RTK动态数据采集

几点：

（1）基准站上空应尽量开阔，不能有遮挡物，即截止高度角应该超过15°。截止高度角是为了削弱多路径效应、对流层延迟和电离层延迟等卫星定位测量误差所设定的角度值，低于此角度视野域内的卫星不予跟踪。

（2）基准站应架设在位置较高处，有利于电台信号的传播。

（3）基准站应远离对电磁波反射强烈的地形、地物。周围无信号反射物（大面积水域、大型建筑物等），以减少多路径干扰。

（4）基准站周围不能有强电磁波干扰源。基准站要远离微波塔、电视发射塔、雷达电视、手机信号发射天线等大型电磁辐射源200m外，要远离高压输电线、通信线路50m外。

（5）基准站接收机天线可安置在已知点，也可安置在未知点上。安置在未知点时，未知点要选在交通方便、地面稳固的地方，有利于点的保存，同时方便以后使用。

基准站需要的硬件设备包括GNSS接收机、基准站数据链电台及天线、电源系统及其他辅助设备（如三脚架、基座、小钢尺等），图7.11为外挂电台模式的基准站。

1）基准站GNSS接收机。为了得到较好的测量精度，基准站一般选择双频甚至更好的GNSS RTK接收机。基准站数据链电台及天线用于将基准站观测的伪距和载波相位观测值等信息发射出去。为了将基准站信号发射得更远，电台天线一般要比流动站的电台天线长很多。基准站电台一般为外置的独立电台。一般有5W、10W、15W、25W、35W几种选择。低功率发射消耗电池电量少，但是发射距离短；高功率发射时，信号稳定，传播距离远，但消耗电池电量多。电台所使用的频率和电台功率必须经过国家和当地无线电管理部门批准，使用时可能会受到某些限制。当功率一定时，发射距离随天线高度增加而增加。

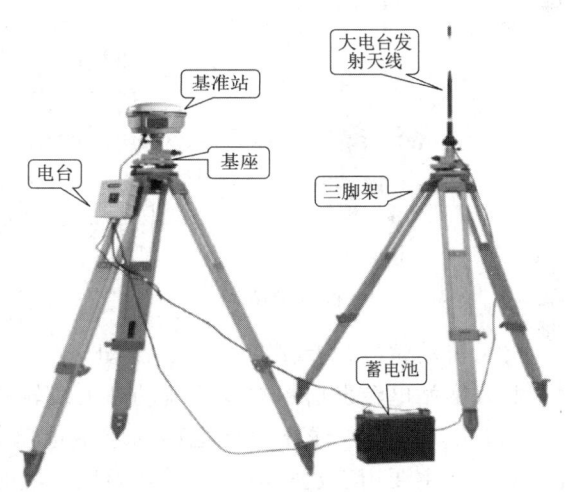

图7.11 外挂电台模式的基准站

2）基准站数据链电台及天线。一般数据链电台采用400～480MHz高频载波发送数据，而高频无线电信号是沿直线传播的，这就要求参考站发射天线和流动站接收天线之间没有遮挡信号的障碍物。这些障碍物在陆地上主要是建筑物、无线电信号发射台等，在海上则主要是地球曲率的影响。

为了尽量避免基准站设备之间的干扰，在RTK作业时，大于25W的数据链电台的发射天线，应距离GNSS接收天线至少2m，最好在6m以上，发射天线与电台的连接电缆必须展开，以免形成新的干扰源。

3）电源系统。GNSS接收机和电台可共用同一电源，也可以采用双电源电池供电。由于基准站电台发射功率大，耗电量大，一般使用外接蓄电池。

2. 流动站

在基准站的一定范围内流动作业，并实时提供三维坐标的接收机所设立的测站，我们称之为流动站。

基于相对定位原理的RTK技术，对于距离不太远的相邻测站间，由于共有的GNSS测量误差对两个测站的影响大体相同，通过相对技术，削弱误差对定位精度的影响。随着基准站与流动站间距离的增加，一方面，基准站和流动站在共有的GNSS测量误差相关性减弱，另一方面，基准站电台信号传输距离受限制，RTK的定位速度和定位精度都会受到影响而降低。一般情况下，RTK技术可以在15km范围内成功作业，但是随着距离增长RTK作业精度将明显地减小，RTK较理想的作业半径为5～8km，所以RTK作业半径受到了极大的限制，对作业效率造成了较大的影响。

基准站和流动站之间的可测量距离在很大程度上取决于选用的电台系统和测点的环境状况。树林、山岭和建筑物会缩小电台系统的作用域。在良好环境下，特高频或甚高频电台系统的作用域可达20km左右。在最佳环境下，扩频电台信号的作用域只有2～3km。目前，常用的单双频RTK系统的数据链电台多为25W（基准站）和2W（流动站）电台。试验表明，当两山顶之间能够通视时，移动站距基准站47km时，也可接收到差分信号。但是，在城镇作业时，如果两点之间有较高的房屋遮挡，有时相距1km也很难进行RTK测量。

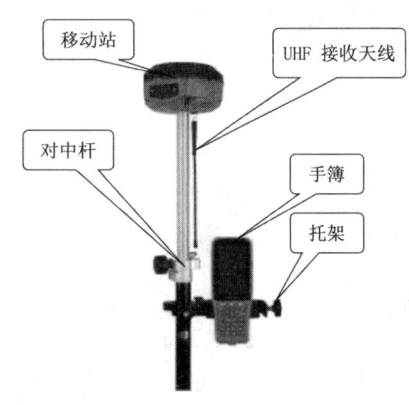

图7.12 RTK流动站

RTK流动站需要的硬件设备包括流动站GNSS接收机、流动站电台及接收天线、电子手簿及其辅助设备（如对中杆、背包等），如图7.12所示。

（1）流动站GNSS接收机。

（2）流动站电台及接收天线。流动站电台一般内置在GNSS接收机内部，流动站天线接收基准站电台发射的数据，流动站天线较基准站电台天线短。

（3）电子手簿。电子手簿也称为掌上电脑，电子手簿上装有RTK数据处理软件，主要用于建立项目、设置参数、实时解算测量点坐标等。

GNSS RTK测量能否顺利进行，与无线电台本身性能、发射天线类型和高度、基准站的选址和架设情况、流动站周围环境有着密切关系，所以具体测量时要认真做好每一方面的工作。

7.2.6 内置电台模式

3. 中继站

为了扩展GNSS RTK作业范围和距离，必要时可以在基准站和流动站之间设立中继电台。

7.2.2.2 常规RTK操作流程

RTK内置电台模式的具体操作可扫描右侧二维码获取。

7.2.3 网络RTK数据采集

常规RTK仅局限在较短距离范围内，随着流动站与参考站间距离的增长，各类系统误差残差迅速增大，导致无法正确确定整周模糊度参数和取得固定解。为了解决常规 RTK 技术存在的缺陷，实现区域范围内厘米级、精度均匀的实时动态定位，网络 RTK 技术应运而生。网络 RTK 也称多参考站 RTK，是近年来在常规 RTK、计算机技术、通信网络技术的基础上发展起来的一种实时动态定位新技术。

网络 RTK 技术就是利用地面布设的一个或多个基准站组成 GNSS 连续运行参考站（CORS），综合利用各个基站的观测信息，通过建立精确的误差修正模型，通过实时发送 RTCM 差分改正数来修正用户的观测值精度，在更大范围内实现移动用户的高精度导航定位服务。网络 RTK 技术集 Internet 技术、无线通信技术、计算机网络技术和 GNSS 定位技术于一体，是基准站网络式 GNSS 多功能服务系统的核心支持技术和解决方案，其理论研究与系统开发均是 GNSS 技术在科研和应用领域最热门的前沿。

7.2.3.1 网络 RTK 系统工作方法

网络 RTK 基准站上应配备双频全波长 GNSS 双频伪距观测值，该接收机最好能同时提供精确的双频伪距观测值。基准站的坐标可采用长时间 GNSS 静态相对定位等方法测定。此外，这些基准站还配备气象仪器设备等。

网络 RTK 的工作方法如下：

（1）基准站按规定的采样率进行连续观测，并通过数据通信链实时将观测资料传送给数据处理中心。

（2）数据处理中心根据流动站送来的近似坐标（可由伪距单点定位得到）判断出该站位于哪三个基准站所组成的三角形内。然后根据这三个基准站的观测资料求出流动站所受的系统误差。

（3）将求出的系统误差播发给流动用户进行修正，通过修正载波相位进而获得准确的定位结果。

有必要时可将上述过程迭代一次。基准站与数据处理中心间的数据通信可采用数字数据网（DDN）或无线通信等方法进行。流动站和数据处理中心间的双向数据通信则可通过移动电话、GSM 等方式进行。目前网络 RTK 大体可采用内插法、线性组合法及虚拟站等方法进行。

7.2.3.2 网络 RTK 组成

网络 RTK 系统包含由若干连续运行的 GNSS 基准站、一个 GNSS 网络控制中心和若干流动站用户部分组成。如图 7.13 所示。

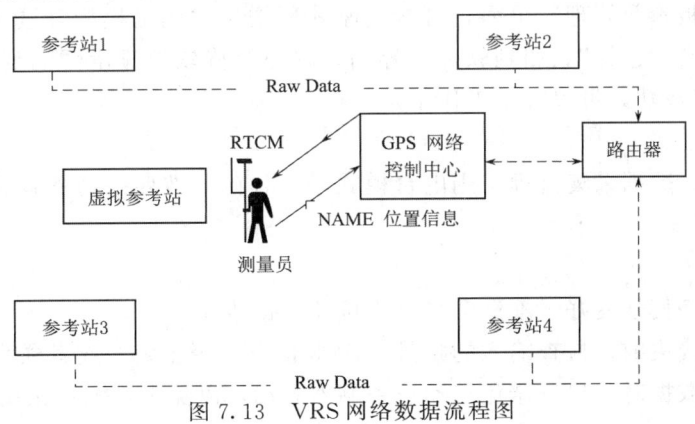

图 7.13 VRS 网络数据流程图

根据实现功能的不同，网络 RTK 系统分为基准站、系统控制中心、用户数据中心、用户应用和数据通信五个子系统。各子系统的定义与功能见表 7.5。

表 7.5 网络 RTK 系统组成与功能

系统名称	主 要 工 作 内 容	设 备 构 成
基准站网子系统	卫星信号的捕获、跟踪、采集与传输；设备完好性监测	单个基准站
系统控制中心子系统	数据分流与处理；系统管理与维护；服务生成与用户管理	计算机、网络设备、数据通信设备、电源设备
数据通信子系统	把基准站 GNSS 观测数据传输至系统控制中心	有线网络
用户数据中心子系统	向用户提供数据服务	Internet、GSM
用户应用子系统	按照用户需求进行不同精度定位	GNSS 接收机、数据通信终端、软件系统

7.2.3.3 网络 RTK 操作

1．开机和软件准备

先把主机打开，再把手簿开机。手簿开机后，打开"工程之星"软件。在软件里，依次点击"配置"→"仪器设置"→"移动站设置"，并将数据链设置为"手机网络"。

2．设置 CORS 连接

点击"CORS 连接设置"，然后点击"增加"按钮。在弹出的界面里，依次输入以下信息。

IP 地址：这是服务器的地址，就像一个网络定位。

端口：相当于网络通信的"通道号码"。

账号和密码：这是登录网络服务的凭证，就像你登录手机 APP 时的账号和密码。

接入点信息：这是网络连接的详细信息，有些地方可能需要填写。

模式：选择"NTRIP"模式。

输入完所有信息后，点击"确定"完成设置。

3．连接网络模板

返回到"模板参数管理"页面，可看到刚才新增加的网络模板，选中这个模板，然后点击"连接"。回到软件主界面，耐心等待软件显示"固定解"（这表示网络连接成功，可以开始工作了）。

7.2.7 网络模式▶

4．数据采集

连接成功后，数据采集流程与用电台模式是一样的，按照平时的操作步骤进行就行。

注意事项：

（1）确保网络信号良好，不然会影响连接和数据传输。

（2）如果连接失败，检查输入的账号、IP 等信息是否正确，或者联系技术支持。

（3）在采集数据时，尽量避免移动设备剧烈晃动，以免影响测量精度。

任务 7.3 地形图绘制

知识目标：
(1) 了解数字地形图内业处理的流程和步骤。
(2) 掌握草图法地形图绘制的方法。
(3) 掌握常见地物的表示方法。

能力目标：
(1) 能够运用 CASS 软件进行展点和图形绘制。
(2) 能正确绘制等高线并进行等高线编辑。
(3) 能进行地形图的图幅整饰及地形图的输出。

素质目标：
(1) 培养学生正确使用地图和规范绘制地图的科学严谨态度。
(2) 培养学生团结协作的团队精神和精益求精的工匠精神。

7.3.1 地形图绘制▶

7.3.2 地形图绘制

地形图绘制一般都需要专业的绘图软件来完成，目前，国内市场上比较成熟的数字绘图软件主要有广州南方测绘科技股份有限公司的"数字化地形地籍成图系统 CASS"系列，北京山维科技股份有限公司 EPSW 系列等。本任务主要以南方 CASS 为例，介绍 1：2000 及以上大比例尺地形图绘制的方法，绘图时按照《国家基本比例尺地图图式 第 1 部分：1：500、1：1000、1：2000 地形图图式》（GBT 20257.1—2017，以下简称为"2017 图式"）的要求进行设置和绘制。

7.3.1 绘图准备

1. 数据准备

外业数据采集完成后，将外业采集数据传输到电脑，按照南方 CASS 的数据文件格式整理编辑便可以将坐标数据展绘至南方 CASS9.0 的绘图区，此坐标数据文件为文本文件，后缀名为". dat"，例如 20130907. dat。

数据文件中每一行为一个坐标点数据，数据行中的数据组织格式为：

点号 1，编码 1，$Y1$，$X1$，$H1$

点号 2，编码 2，$Y2$，$X2$，$H2$

点号 3，编码 3，$Y3$，$X3$，$H3$

……

点号 n，编码 n，Yn，Xn，Hn

注意：数据行中的逗号为西文逗号，如没有进行编码测图，编码位置仍需保留，一般由两个","号隔开，如图 7.14 所示。

2. 定显示区

定显示区的作用是根据输入坐标数据文件的坐标数据大小定义屏幕显示区域的大小，以保证所有点可见，同时也起到检查坐标数据文件中出现错误数据的作用。

进入 CASS9.0 主界面，鼠标单击菜单栏"绘图处理"→"定显示区"项，在弹出的"查找范围"对话框中选择文件或输入已采集的原始坐标相应的原始坐标文件，点击"打开"。系统将自动检索文件中所有点的坐标，找到最大和最小坐标值，并在屏幕命令区显示坐标范围。

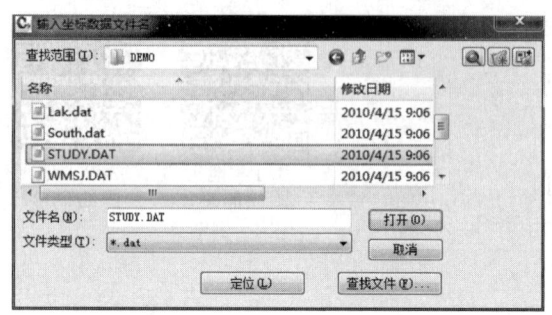 

图 7.14　南方 CASS 坐标数据文件数据组织方式

3. 选择定点方式

定完显示区后，选择当前绘图采用何种定点方式，南方 CASS9.0 中提供的定点方式包括"坐标定位""测点点号""电子平板"等，此处以"点号定位"为例来学习。

4. 展野外测点点号

展野外测点点号是将坐标数据文件中的各个碎部点点位及其属性（如点号、代码或高程等）显示在计算机屏幕上，以便绘图过程中能够更加直观地在图形编辑区内看到各测点之间的关系。

操作方法是单击"绘图处理"菜单，在弹出的下拉菜单中选择"展野外测点点号"命令。在"输入坐标数据文件名"对话框中选择或输入要展绘的坐标数据文件名，然后单击"打开"按钮，则数据文件中所有点以注记点号形式展现在屏幕上。

7.3.2 绘制平面图

CASS 软件将所有地物要素细分为如文字注记、控制点、居民地等菜单，系统中所有地形图图式符号都是按照图层来管理的，每一个菜单都对应一个图层，如沟渠、湖泊、池塘、水井等地物均放在"水系设施"这一层，所有表示植被的符号都放在"植被园林"这一层。下面详细讲解操作步骤。

1. 一般房屋的绘制

选择右侧屏幕菜单的"居民地/一般房屋"选项，在弹出界面后，先用鼠标左键选择"多点砼房屋"，再点击"OK"按钮，按照命令提示进行绘制。

2. 绘制平行高速公路

选择右侧屏幕菜单的"交通设施/城际公路"按钮，找到"平行高速公路"并选中，再点击"OK"，按照命令提示进行绘制。

3. 其他地物的绘制

类似以上操作，分别利用右侧屏幕菜单绘制其他地物。

在"居民地"菜单中，用3、39、16三点完成利用三点绘制2层砖结构的四点房；用68、67、66绘制不拟合的依比例围墙；用76、77、78绘制四点棚房。

在"交通设施"菜单中，用86、87、88、89、90、91绘制拟合的小路；用103、104、105、106绘制拟合的不依比例乡村路。

在"地貌土质"菜单中，用54、55、56、57绘制拟合的坎高为1m的陡坎；用93、94、95、96绘制不拟合的坎高为1m的加固陡坎。

在"独立地物"菜单中，用69、70、71、72、97、98分别绘制路灯；用73、74绘制宣传橱窗；用59绘制不依比例肥气池。

在"水系设施"菜单中，用79绘制水井。

在"管线设施"菜单中，用75、83、84、85绘制地面上输电线。

在"植被园林"菜单中，用99、100、101、102分别绘制果树独立树；用58、80、81、82绘制菜地，要求边界不拟合，并且保留边界。

7.3.3 绘制等高线

在地形图中，等高线是由高程相等的点所组成的线条，通常用不同颜色和线型来表示不同高程。等高线是表示地貌起伏的一种重要手段。

在CASS软件中绘制等高线的步骤是先展高程点，根据野外测的高程点构建数字地面模型（DTM），然后根据数字地面模型生成等高线、最后对等高线进行编辑和等高线注记等完成等高线的绘制。

1. 展高程点

选择"绘图处理"菜单下的"展高程点"项，在弹出的数据文件对话框中选择相应的坐标数据文件，选择"打开"。

2. 建立DTM

数字地面模型（DTM）是以数字形式按一定的结构组织在一起表示实际地形特征的空间分布，是地形属性特征的数字描述。

3. 修改DTM

对于外业采集的坐标点，其中有的不适于用来建立DTM，例如楼顶上的控制点、城市中的大量人工建筑物的特征点等。由CASS自动构成的数字地面模型与实际地貌很难一致，因而生成等高线再修建又加大了工作量，这时可以通过修改三角网来处理这些局部不合理的地方。

4. 绘制等高线

完成了展点、建DTM及修改DTM操作后，就可以开始等高线的绘制。鼠标移动到顶部菜单栏，左键点击"等高线/绘制等高线"项进行等高线绘制工作。

5. 等高线的注记

单个高程注记可以选择单条等高线进行注记，沿直线高程注记则是批量进行等高线注记。一般工作都是沿直线进行高程注记。

6. 等高线的修饰

CASS软件除了可自动生成基本等高线外，还提供了丰富的等高线修改、修饰功能。

通过"增加三角形""删除三角形""过滤三角形"等功能,可以得到更加合理的三角网。通过"等高线修剪"的"批量修剪"或"局部修剪"功能,可以修剪穿越建筑物、坡、坎、湖泊等区域的等高线。通过"等高线注记"的系列功能,可以实现对图面等高线的单个或批量注记、修饰等,使图面得到进一步美化和完善。

7.3.4 地形图的整饰

1. 图形分幅

在图形分幅前,需要做好分幅的准备工作。了解图形数据文件中的最小坐标和最大坐标。注意:在CASS 9.0系统下侧信息栏显示的数学坐标和测量坐标是相反的,即CASS 9.0系统中前面的数为Y坐标(东方向),后面的数为X坐标(北方向)。

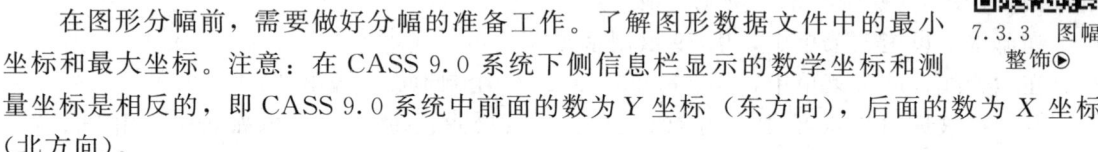

7.3.3 图幅整饰

将鼠标移至"绘图处理"菜单项,点击左键,弹出下拉菜单,选择"批量分幅/建方格网",根据命令提示进行分幅操作。

2. 图幅整饰

对于绘制好的地形图,需要对它进行整饰然后出图,这就需要进行图形分幅、批量加图框、图框设置等操作。

任务 7.4　地形图的基本应用

知识目标:
(1) 了解地形图的识读方法。
(2) 理解地形图的基本应用方法和要求。

能力目标:
(1) 能够正确识读地形图。
(2) 能够利用地形图确定点的平面位置、距离、高程等。
(3) 能够利用地形图绘制断面图、确定汇水面积、计算库容、确定土石坝坡脚线等。

素质目标:
(1) 培养学生用图的能力,以及学以致用的科学态度。
(2) 培养学生分析问题、解决问题的能力。

7.4.1 地形图的基本应用　　7.4.2 地形图的基本应用

7.4.1 地形图的识读

任何规模的工程建设,都需要借助各种不同比例尺的地形图来进行规划和设计。这是因为地形图是比较全面且客观地反映地面情况的可靠资料,在地形图上处理和研究问题往往比实地上来得方便和迅速;同时利用地形图还可以得到必要的技术资料,做出合理而经济的规划与设计。因此,作为一名工程技术人员,必须具备识图和用图的基本知识。

7.4.1.1 地形图识读的基本原则

识读地形图是对地形图内容及知识的综合了解和运用,其目的是正确地使用地形图。每幅地形图是该图幅的地物、地貌的总和,而地物、地貌在图上是用地形图图式规定的各种符号、线划、等高线和各种注记表示的。因此,识读地形图必须以地形图图式为基础,一定要熟悉图式的有关规定;熟悉符号表示地物、地貌的原理及各种地物、地貌的表示方法;熟悉各类要素符号间关系的处理原则;熟悉各种注记的配置及图廓的整饰要求。此外,识读时要讲究方法,要分层次地进行识读,即从图外到图内,从整体到局部,逐步深入到要了解的具体内容;这样,对图幅内的地形有了完整的概念后,才能对可利用的部分提出恰当、准确的用图方案。

7.4.1.2 地形图识读基本内容

1. 图名、图式

地形图的图名通常是采用这幅图内最著名或最重要的地名来表示的。地形图一般是遵照国家规定的统一图式测绘的,不同比例尺的地形图所规定的图式有所不同;此外,有些专业部门还根据具体情况补充规定了一些特殊的图式符号。在使用地形图时,必须熟悉相应比例尺的地形图图式和有关专业的特殊图式符号。

2. 比例尺

通常在图廓外正中注有地形图的数字比例尺。中、小比例尺图上还绘有直线比例尺,利用它可以直接测定图上两点间的实地距离。

3. 坐标系统与高程系统

我国大比例尺地形图一般采用全国统一规定的高斯平面直角坐标系统,某些工程建设也有采用假定的独立坐标系统。国家于1987年5月启用新的"1985国家高程基准",凡仍用旧系统(1956年黄海高程系)的高程资料,使用时应换算成新的高程系统。

4. 图的分幅与编号

测区较大时,地形图都是分幅测绘的,识读时要根据拼接示意图了解每幅图上、下、左、右相邻图幅的编号,以便于拼接使用。

图的编号是本幅图在同一测区内所处位置的顺序编号。编号方法随地形图分幅方法的不同而有所不同。知道了编号方法及本图幅的图号,就知道了该图幅在测区内的位置。

5. 地物的判读

地形图上的所有地物都是按照地形图图式上规定的地物符号和注记符号表示的。因此,对于常用的符号一定要熟悉,并且对某些符号的定位点也应了解。此外,对于依比例尺符号、非比例尺符号和半依比例尺符号也要能够辨别清楚,以免在用图时产生错误。此外,也可对照实地进行判读。

6. 地貌的判读

地貌是地球表面在内外力作用下呈现的高低起伏的相貌。地貌区分为普通地貌(如山地、丘陵、平原、洼地等)和特殊地貌(如石山、冲沟、滑坡、崩崖等)两种类型。普通地貌在地形图上采用等高线表示。要准确地判读地貌,应首先了解表示地貌的等高线的特性,及各种基本地貌的等高线图形规律,在此基础上结合示坡线、高程点和等高线高程注记便可确定山顶、山脊、山谷、山坡、鞍部等具体地貌形态。特殊地貌在地形图上采用专门符号进行表示，熟悉符号的表示方法，不难对特殊地貌作出正确判读。

7.4.2 地形图基本应用

7.4.2.1 在地形图上确定一点的平面位置

图上一点的平面位置，通常采用量取坐标的方法来确定，图框边线上所注的数字就是坐标格网的坐标值，它们是量取坐标的依据。

例如，欲求图 7.15 中 AB 线两端 A、B 两点的坐标，可过 A 点分别作平行于 x 轴和 y 轴的两条直线 ef 和 gh。然后用比例尺（1：1万）分别量出 $ag=739$m、$ae=300$m，则

$$x_A = x_a + ag = 6000 + 739 = 6739 (\text{m})$$
$$y_A = y_a + ae = 4000 + 300 = 4300 (\text{m})$$

还应量出 gb 和 ed 的距离，作为校核。用同样方法求得 B 点的坐标。

由于图纸的伸缩，在图纸上实际量出的方格长度往往不等于 10cm，这时就需要考虑图纸伸缩的影响。设在图纸上量得 ab 的实际长度为 $\overline{ab}$，量得 ad 的实际长度为 $\overline{ad}$，则 A 点的坐标按下式计算：

$$x_A = x_a + \frac{10}{\overline{ab}} \times ag, \quad y_A = y_a + \frac{10}{\overline{ad}} \times ae \qquad (7.4)$$

7.4.2.2 在地形图上确定直线的长度和方向

1. 直接量取法

当所量线段较短且精度要求不高时，可用比例尺直接在图上量得实际距离，而方位角则用量角器量取。为了量取方位角，事先应通过直线起点画出纵坐标轴的平行线，再量取该平行线指北方向与直线的夹角，即方位角。

2. 坐标反算法

当所量线段很长，甚至跨越图幅或者要求量测结果的精度较高时，可在图上量得直线两端点 A 和 B 的坐标 x_A、y_A 和 x_B、y_B，反算直线长度 D_{AB} 和方位角 α_{AB}。算式如下：

$$D_{AB} = \sqrt{(x_B - x_A)^2 + (y_B - y_A)^2} \qquad (7.5)$$

$$\alpha_{AB} = \arctan \frac{y_B - y_A}{x_B - x_A} \qquad (7.6)$$

7.4.2.3 在地形图上确定某点的高程

地形图上某点的高程可以根据等高线来确定。凡是位于等高线上的点，其高程均等于等高线所注的高程。当某点位于两等高线之间时，则可用内插法求得。如图 7.16 所示，欲求 B 点的高程，首先通过 B 点作相邻两等高线的垂线 mn。从图上量出 mn 及 mB 的距离，然后根据已知等高距 h，则可求得 B 点的高程：

$$H_B = H_m + \frac{mB}{mn} \times h \qquad (7.7)$$

7.4.2.4 在地形图上确定一直线的坡度

设斜坡上两点之间的图上平距为 d，高差为 h，则两点连线的坡度为

$$i = \tan\alpha = \frac{h}{d \times M} \qquad (7.8)$$

式中：α 为直线的倾斜角；i 为以百分数或千分数表示的坡度；M 为地形图的比例尺分母。

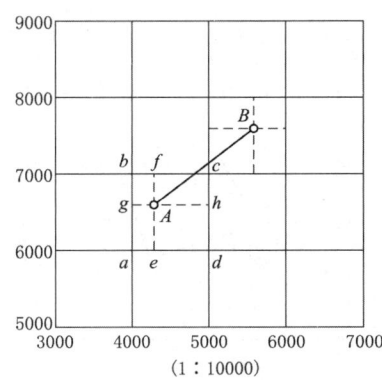

图 7.15　图上确定一点的平面位置

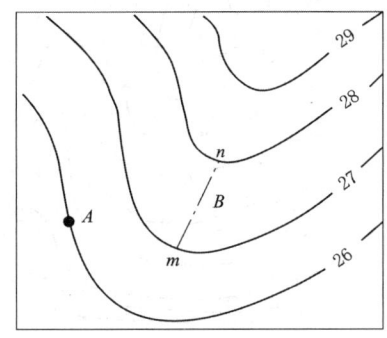

图 7.16　确定点的高程

7.4.2.5　在地形图上按设计坡度选择最短路线

在道路、管线、渠道等工程设计时，都要求线路在不超过某一限制坡度的条件下，选择一条最短路线或等坡度线。

如图 7.17 所示，A、B 为一段线路的两端点，要求从 A 点起按 5% 的坡度选两条路线到达 B 点，以便进行分析、比较，从中选定一条便于施工，费用低的最短路线。

首先要按照限定的坡度 i，等高距 h，地形图比例尺分母 M，求得该路线通过图上相邻两等高线之间的平距 d，即

$$d = \frac{h}{i \times M} \tag{7.9}$$

设等高距为 2m，图比例尺为 1∶5000，则 $d = \frac{2}{0.05 \times 5000} = 0.008$（m）。然后，以 A 点为圆心，d 为半径画弧，交 48m 等高线与点 1，再以 1 点为圆心，d 为半径画弧，交 50m 等高线于点 2，依次进行，直至 B 点为止。连接 A、1、2、…、B，便在图上得到符合限定坡度的路线。同法作出 A 点经 1′、2′、…、B 的另一条符合限定坡度的路线。

如果图上等高距平距大于 d，表明实地坡度小于限定坡度，线路可按两点间最短路线的方向绘出。

7.4.2.6　图形面积量算

在工程规划设计时，常常需要测定地形图上某一区域的图形面积。例如，水利工程中作流域规划时需要求流域面积，修建水库时需要求出水库的汇水面积和库容，在河道或渠道施工前需要求出各横断面的面积等，下面介绍几种量算面积的常用方法。

1. 解析法

如果图形为任意多边形，且各顶点的坐标已在图上量出或已在实地测定，可利用各点坐标以解析法计算面积。

图 7.18 所示为一任意四边形，按顺时针方向依次对各顶点编号，设各顶点 1、2、3、4 的坐标分别为 (x_1, y_1) (x_2, y_2) (x_3, y_3) (x_4, y_4)，由图中可知，四边形的面

积为

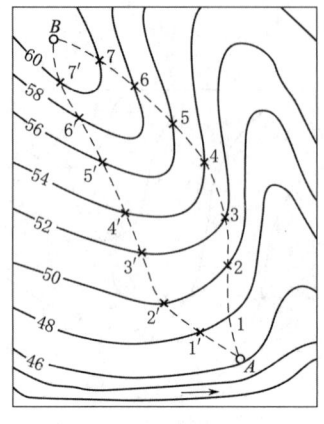
图7.17 选择等坡度线

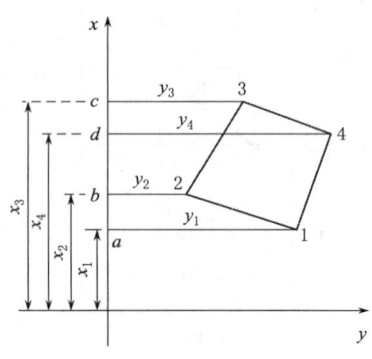
图7.18 解析法

$$A = A_{c34d} + A_{d41a} - A_{c32b} - A_{b21a}$$
$$= \frac{1}{2}\begin{bmatrix} (y_3+y_4)(x_3-x_4) + (y_4+y_1)(x_4-x_1) \\ -(y_3+y_2)(x_3-x_2) - (y_2+y_1)(x_2-x_1) \end{bmatrix} \tag{7.10}$$

经整理后得

$$A = \frac{1}{2}\begin{bmatrix} x_1(y_2-y_4) + x_2(y_3-y_1) \\ +x_3(y_4-y_2) + x_4(y_1-y_2) \end{bmatrix} \tag{7.11}$$

推广到一般情形，对于 n 边形面积，一般计算公式为

$$A = \frac{1}{2}\sum_{i=1}^{n} x_i(y_{i+1}-y_{i-1}) \tag{7.12}$$

注意，当 $i=1$ 时，y_{i-1} 用 y_n 代之；当 $i=n$ 时，y_{i+1} 用 y_1 代之。上式是将各顶点投影于 x 轴算得的。若将各顶点投影于 y 轴，同法可推出

$$A = \frac{1}{2}\sum_{i=1}^{n} y_i(x_{i-1}-x_{i+1}) \tag{7.13}$$

注意，当 $i=1$ 时，式中 x_{i-1} 用 x_n 代之；当 $i=n$ 时，x_{i+1} 用 x_1 代之。

2. 图解法

（1）几何图形法。用几何图形法确定面积是把图形划分成三角形、梯形或平行四边形等最简单的图形，然后用比例尺量出计算面积的元素，分别计算出它们的面积，各个面积的总和就是所求的图形面积。

如果图形的某一条边为不规则曲线，可以把这一条边取直，但是应该使曲线在直线内外的面积尽量相等，如图7.19中的 AB 边。

（2）透明方格纸法。如图7.20所示，要计算曲线内的面积，先将毫米透明方格纸覆盖在图形上，数出图形内完整的方格数 n_1 和不完整的方格数 n_2，则面积 A 可按式（7.14）计算：

$$A = \left(n_1 + \frac{1}{2}n_2\right)\frac{M^2}{10^6}\ (\text{m}^2) \tag{7.14}$$

式中：M 为地形图比例尺分母。

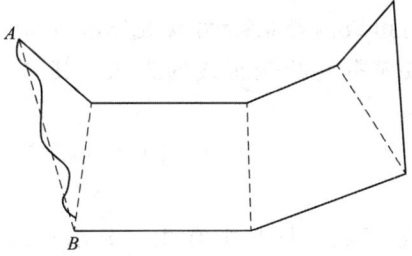

图 7.19　几何图形法

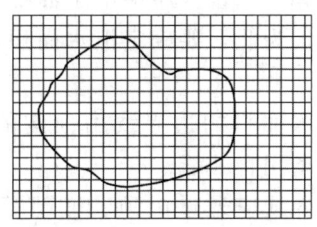

图 7.20　透明方格纸法

7.4.3　地形图在工程勘测规划设计工作中的应用

7.4.3.1　利用地形图绘制某方向的断面图

如图 7.21（a）所示，欲沿直线 AB 方向绘制断面图，先将直线 AB 与图上等高线的交点标出，如 b、c、…、p 等点。绘制断面图时，以横坐标轴 AQ 代表水平距离，纵坐标轴 AH 代表高程，如图 7.21（b）所示。然后在地形图上，沿 AB 方向量取 b、c、…、p、B 各点至 A 点的水平距离；将这些距离按比例尺展绘在横坐标轴 AQ 线上，得 A、b、c、…、p、B 各点；

7.4.3　绘制断面图

通过这些点作 AQ 的垂线，在垂线上，按高程比例尺（一般大于距离比例尺）分别截取 A、b、c、…、p、B 等点的高程。将各垂线上的高程点连接起来，就得到直线 AB 方向上的断面图，如图 7.21（b）所示。

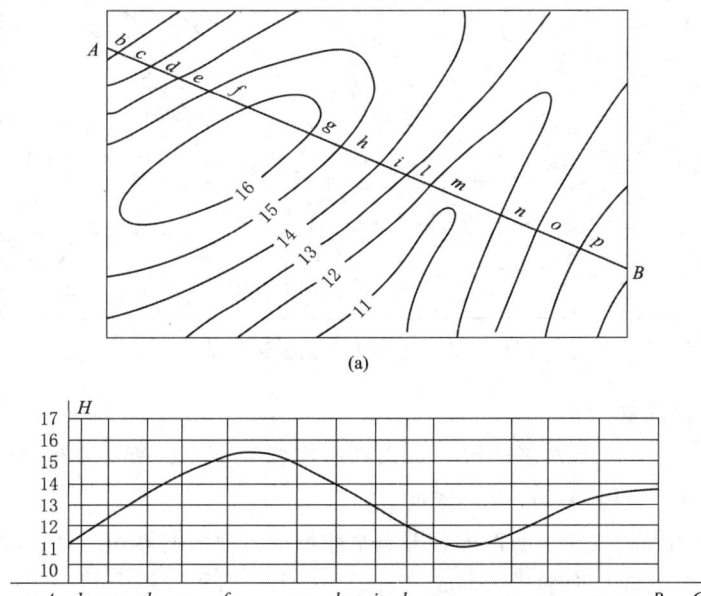

图 7.21　利用地形图绘制断面图

7.4.3.2 在地形图上确定汇水面积

在修建水库的水坝或道路的桥涵等工程时,需要知道坝、桥涵等上游的汇水面积大小,以便计算来水量。所谓汇水面积,是指河道或沟谷某断面以上分水线所包围的面积。为此,要确定汇水面积,首先要掌握勾绘分水线的方法,其勾绘要点是:

7.4.4 确定汇水面积

(1) 汇水面积的边界线由河沟的指定点出发,最后又回到原来的指定点,形成一条闭合曲线。

(2) 边界线应通过山顶、鞍部等部位的最高点,且与山脊线(分水线)保持一致。

(3) 边界线要处处与等高线垂直。

图 7.22 为一河道及其附近的地形情况,若在河道狭窄处设计一水坝(AB),现要确定坝址以上汇水面积的大小,则由坝的一端 A 点开始,根据上述勾绘要点,顺序绘出汇水范围线,最后结束在坝的另一端点 B,形成一条闭合曲线,如图中的虚线所示。该曲线连同坝轴线所包围的面积,即为坝轴线上游的汇水面积,其面积的大小可用求积仪或其他方法求得。

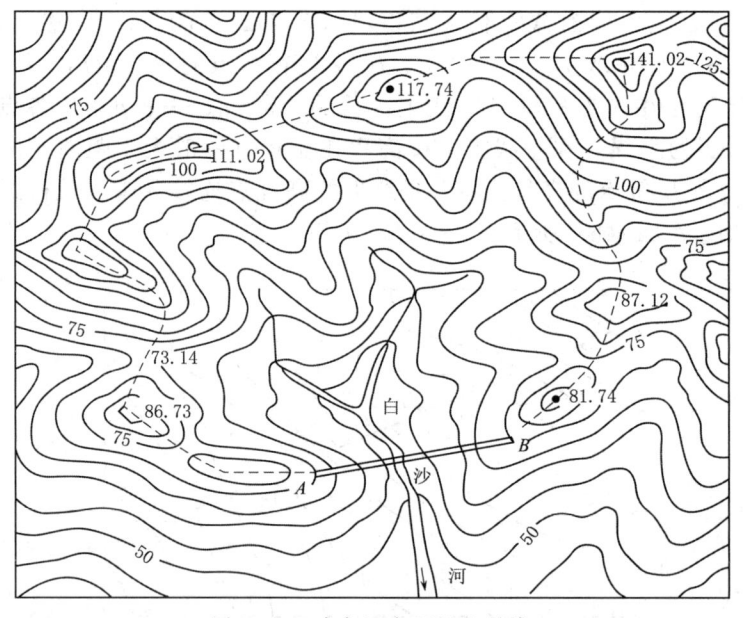

图 7.22 确定汇水面积边界线

7.4.3.3 水库库容计算

进行水库设计时,常常需要计算一定水位时库容的大小,绘出水位-库容关系曲线,或水位-面积关系曲线,为规划设计提供依据。

计算库容一般用等高线法。所谓库容即是水库可以蓄存水的体积。计算时,先用求积仪或其他方法求得各条等高线与坝轴线所围成的面积(若水位高程与图上某一条等高线的高程不相同时,应先用内插法绘出这条等高线,然后求其面积),再取相邻两面积的平均值乘以高差。即为这两条等高线之间的体积,其总和即为水库的库容。

设 A_1 为水库淹没线高程的等高线所围成的面积，A_2、A_3、…、A_n、A_{n+1} 为淹没线以下各等高线所围成的面积，其中 A_{n+1} 为最低一根等高线所围成的面积，h 为等高距，h' 为淹没线与其下一条等高线间的高差，h'' 为最低一条等高线与库底高差，则相邻等高线之间的体积及最低一根等高线与库底之间的体积分别为

$$V_1 = \frac{1}{2}(A_1 + A_2)h' \qquad (7.15)$$

$$V_2 = \frac{1}{2}(A_2 + A_3)h \qquad (7.16)$$

$$\vdots$$

$$V_n = \frac{1}{2}(A_n + A_{n+1})h \qquad (7.17)$$

$$V_{n+1} = \frac{1}{3} \times A_{n+1} \times h'' \qquad (7.18)$$

因此，水库的库容为

$$\begin{aligned} V &= V_1 + V_2 + \cdots + V_n + V_{n+1} \\ &= \frac{1}{2}(A_1 + A_2)h' + \left(\frac{A_2}{2} + A_3 + \cdots + A_n + \frac{A_{n+1}}{2}\right)h \\ &\quad + \frac{1}{3}A_{n+1} \times h'' \end{aligned} \qquad (7.19)$$

由此，若需求出不同水位的库容，则以不同水位为顶线，按上式即可求得。

采用这种方法计算水库库容的精度，主要决定于地形图的比例尺和等高距的大小，以及量算面积的精度。

7.4.3.4 在地形图上确定土石坝坡脚线

土石坝坡脚线是指土石坝坡面与地面的交线。如图 7.23 所示，设坝顶高程为 73m，坝顶宽度为 4m，迎水面坡度及背水面坡度分别为 1∶3 及 1∶2。先将坝轴线画在地形图上，再按坝顶宽度画出坝顶位置。然后根据坝顶高程，迎水面与背水面坡度，画出与地面等高线相应的坝面等高线（如图中虚线所示），相同高程的等高线与坡面等高线相交，连接所有交点而得的曲线，就是土石坝的坡脚线。

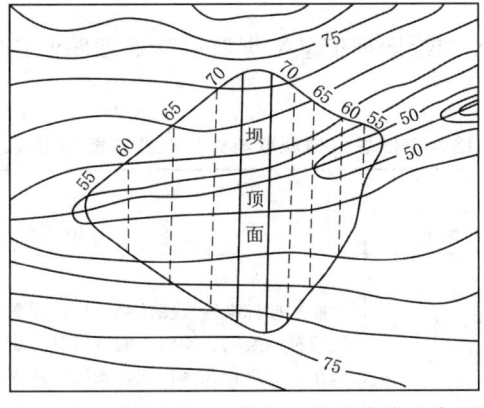

图 7.23 在地形图上确定土坝坡脚线示意图

知 识 梳 理

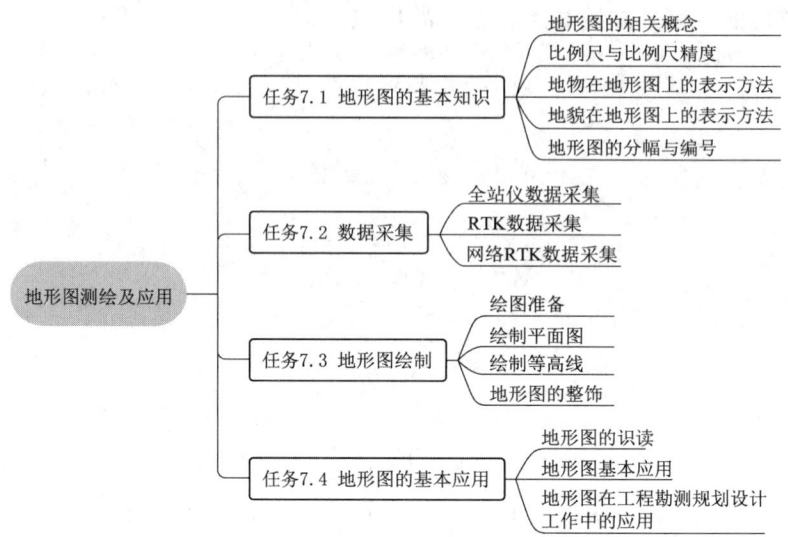

知 识 拓 展

知识拓展
数字地形图
应用操作
手册

南方CASS测图系统是以AutoCAD为平台二次开发的地形地籍数字化测绘成图系统软件，该软件不但有地籍、地形成图主要功能，而且拥有土方计算、断面图绘制等功能，并具有使用面广、计算精度高、计算速度快、计算方法多等特点。结合典型的数字地形图应用内容，利用南方CASS 9.1软件进行相关应用拓展操作。数字地形图应用详细操作手册请扫描右侧二维码获取。

证 书 对 接

该项目内容对接1+X测绘地理信息数据获取与处理职业技能等级要求，具体内容见表7.6。

表7.6　　　　　　　　测绘地理信息数据获取与处理职业技能等级要求

工作领域	地形地籍成图（中级）	
工作任务	软件安装和使用	地形图绘制
职业技能要求	能进行地形地籍成图软件的下载、安装；能进行软件的基础操作：启动、打开图形	能掌握标准地形图绘制流程；能掌握快速完成地形图绘制流程；能进行符号绘制、编辑；能进行等高线绘制、修剪；能进行图形分幅等操作；能进行文字注记、图形检查等操作；能熟记地形图制图规范

比 赛 项 目

测图面积约为 200m×150m，通视条件良好，地物、地貌要素齐全，难度适中，能满足多个队同时开始测图竞赛，如图 7.24 所示。大赛为每个参赛队提供 2 个控制点和 1 个检查点，控制点坐标见表 7.7，控制点之间可能互不通视，参赛队利用 GNSS 流动站在已知点上测量确定坐标系转换参数后测图。内业编辑绘制 1∶500 地形图，成图在规定的教室内完成，大赛提供安装有数字测图软件的计算机，比赛时间 180min。

表 7.7　　　　　　　　　　　　　控 制 点 坐 标

点　号	X/m	Y/m	H/m	备　注
A_1	2588824.868	444520.346	40.085	
B_1	2589027.272	444444.119	42.615	
C_1	2588883.327	444371.473	42.698	

1. 测量及绘图要求

（1）各参赛队选手共同完成规定区域内碎部点数据采集和编辑成图，选手的工作可以不轮换。

（2）竞赛过程中选手不得携带仪器设备跑步。

（3）碎部点数据采集模式只限国产 GNSS 接收机采集数据，不得采用其他方式。

（4）上交的绘图成果上不得填写参赛队及观测者、绘图者姓名等信息。

（5）草图必须绘在赛项执委会配发的数字测图野外草图本上。

（6）按规范要求表示高程注记点，除指定区域外，其他地区不表示等高线。

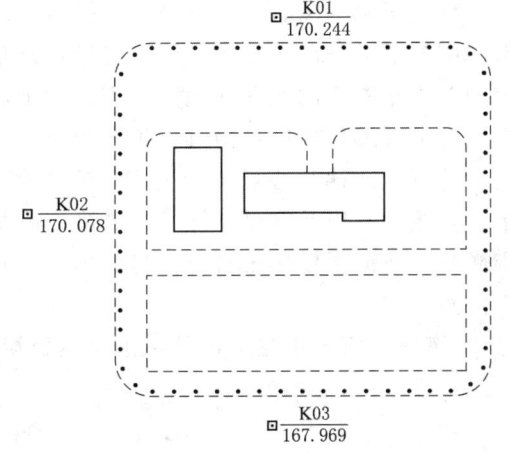

图 7.24　1∶500 数字测图竞赛场地示意图

（7）绘图：按图式要求进行点、线、面状地物绘制和文字、数字、符号注记。注记的文字字体采用绘图软件默认字体。

（8）图廓整饰内容：采用任意分幅（四角坐标注记坐标单位为米，取整至 50m）、图名、测图比例尺、内图廓线及其四角的坐标注记、外图廓线、坐标系统、高程系统、等高距、图式版本和测图时间。（图上不注记测图单位、接图表、图号、密级、直线比例尺、附注及其作业员信息等内容）。

2. 上交成果

（1）原始测量数据文件（dat 格式文件）。

（2）野外草图。

(3) dwg 格式的地形图数据文件。

注意：总分 100 分，其中竞赛用时成绩满分 15 分，实操及成果质量满分 85 分。

思 政 园 地

思政园地
规范使用
地图▶

国家版图是一个国家行使主权和管辖权的疆域，是国家主权和领土完整的象征，地图是国家版图最主要的表现形式，反映国家的主权范围，具有严肃的政治性、严密的科学性和严格的法定性。地图上，一线一界，都是国家行使主权的疆域；一点一线，都代表着祖国的壮美河山。在古代，《管子·地图》中已有记载"凡兵主者，必先审知地图"。近年来，我国地图市场更加繁荣，图书、报刊、电视、广告、展览、互联网大量使用地图插图。但与此同时，一些漏绘领土、错绘国界线、标注错误称谓等的"问题地图"也进入了我们的生产生活，有的甚至还到了中小学生的身边。这些"问题地图"，不但不能指导大众，反而会误导大众，尤其是严重影响着青少年对国家疆域的认知。为了规范使用地图，国家把每年的 8 月 29 日定为测绘法宣传日，"十四五"期间的活动主题就是"规范使用地图、一点都不能错"。

获取正确地图有两个渠道：一是从国家测绘地理信息局或省级测绘地理信息行政主管部门网站下载正确的地图（国家测绘地理信息局网站标准地图服务系统）；二是使用"天地图"网站提供的互联网地图。需定制地图时，需在自然资源部网站上查询取得相应测绘资质的地图编制单位，向具备编图资质的测绘单位定制地图。根据《中华人民共和国测绘法》等有关法律、法规规定要求，在中华人民共和国境内公开出版地图、引进地图，展示、登载地图以及在生产加工的产品上附加的地图图形都需要经审核，审核通过之后编发审图号。我们要使用带有审图号的地图，规范使用地图，增强自觉维护国家主权和领土完整的意识。

（资料来源：中华人民共和国自然资源部网站《规范使用地图一点都不能错》。）

习 题

一、填空题

1. 若地物形状在图上的最大距离不能超过 3cm，对于比例尺为 1∶1000 的地形图，相应地物形状在实地的最大距离应为 _____。

2. 地物符号有 _____、_____、_____ 三种。

3. 等高线种类有 _____、_____、_____、_____ 四种。

二、单选题

1. 1∶2000 地形图的比例尺精度是（　　）。

A. 0.2cm B. 2cm C. 0.2m D. 0.02cm

2. 地形图上表示的（　　）属于注记符号。

A. 控制点 B. 房屋 C. 水稻田 D. 河流的流向

3. 地形图的比例尺用分子为 1 的分数形式表示时，（   ）。
A. 分母大，比例尺大，表示地形详细　　B. 分母小，比例尺小，表示地形概略
C. 分母大，比例尺小，表示地形详细　　D. 分母小，比例尺大，表示地形详细
4. 下列（   ）不属于地貌。
A. 山顶　　　　　B. 鞍部　　　　　C. 经济作物地　　　　　D. 山谷
5. 在地形图上长度依比例尺，宽度不依比例尺表示的地物符号是（   ）。
A. 比例符号　　　　B. 半比例符号　　　　C. 非比例符号

三、简答题

1. 什么是比例尺的精度？
2. 表示地物的符号有哪几种？举例说明。
3. 什么是等高线？等高距？等高线有哪几种？
4. 简述草图法数字测图的步骤。
5. 地形图应用有哪些基本内容？
6. 图 7.25 是 1∶1000 地形图的一部分，完成下列作业：

(1) 确定 A、B、C、D 四点的坐标和高程。
(2) 求 AB 方向的坐标方位角。
(3) 绘出 AB 间的断面图。
(4) 求 C、D 两点间的平均坡度。

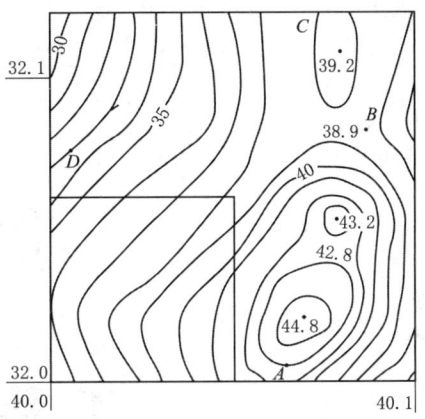

图 7.25　1∶1000 地形图

项目 7　习题答案

第三部分

工程应用模块

项目 8 施工测量基本方法

【项目介绍】本项目主要介绍施工中的测设工作，包括已知水平距离、已知水平角、已知高程的基本测设方法，以及已知点的平面位置的测设，主要涉及直角坐标法、极坐标法、全站仪坐标法放样、GNSS-RTK 坐标法点位放样、交会法放样，坡度线的测设及圆曲线的测设等方法。在实际操作中，测量人员需结合现场条件和控制点布局，选择最优放样方案，力求精度最大化。通过施工测量培养学生严谨务实、精益求精的职业精神。

【案例导入】某公司为完成其储存仓库的规划建设任务，需加紧施工，如图 8.1 所示。图中 N_1、N_2、N_3 为控制点，各点设计坐标如图 8.1 所示，请同学们思考：如何在施工现场完成 C、D、E、F 位置的标定？

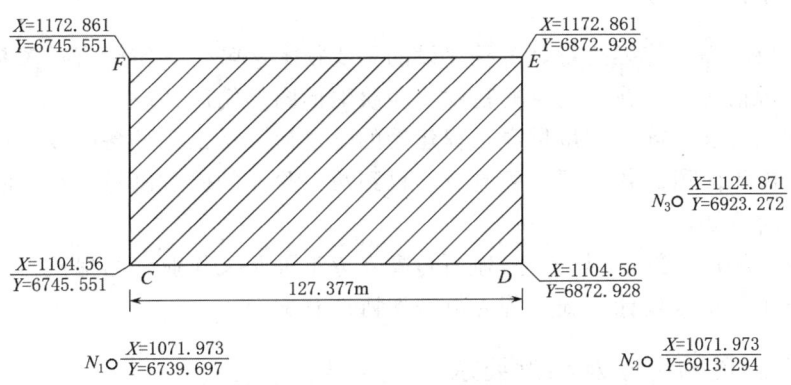

图 8.1 某公司仓库设计图

任务 8.1 施工测量概述

知识目标：
(1) 理解施工测量的主要内容。
(2) 了解施工测量的特点、原则及精度要求。

能力目标：
能够根据工程特点和要求，合理确定施工测量的主要内容。

素质目标：
培养学生严谨细致的工作态度，提升学生团队协作与沟通能力，使其能够在复杂工作环境中高效合作，确保任务顺利完成。

8.1.1 施工测量概述▶

8.1.2 施工测量概述

进行各种工程建设，都需要经过勘测、设计、施工这三个阶段。前面学习的地形图的测绘和应用，可以为工程的规划设计提供必要的资料。在设计工作完成后，就要在实地进行施工。在施工阶段所进行的测量工作，称为施工测量，又称测设或放样。

施工测量的任务是根据施工需要将设计图纸上的建（构）筑物的平面和高程位置，按一定的精度和设计要求，用测量仪器测设在地面上，作为施工的依据，并在施工过程中进行一系列测量工作，以衔接和指导各工序间的施工。

8.1.1 施工测量的主要内容

施工测量贯穿施工的全过程，其主要内容包括：
（1）施工前施工控制网的建立。
（2）建筑物定位测量和基础放线。
（3）主体工程施工中各道工序的细部测设。
（4）工程竣工后，为便于管理、维修和扩建，还应进行竣工测量并编绘竣工图。
（5）重要、超高、大型建筑物在施工和运营期间需进行变形观测。

8.1.2 施工测量的特点

（1）精度要求高。施工测量是工程建设的重要技术保障，其精度直接关系到工程的质量和安全。一般情况下，施工测量的精度比测绘地形图的精度要高。

（2）周期覆盖长。施工测量贯穿工程建设的全过程，从工程准备阶段的场地平整、控制网建立，到施工阶段的各分项工程测量，再到竣工阶段的验收测量，每个阶段都有不同的测量任务和精度要求。

（3）现场协调广。施工现场多为地面与高空等工种交叉作业，为保证工序间的相互衔接，施工测量工作要与设计、施工等人员密切协调和配合。

8.1.3 施工测量的原则及精度要求

为保证放样点的平面位置和高程符合设计要求，施工放样和测绘地形图一样，也必须遵循"从整体到局部、先控制后碎部、由高级到低级"的原则组织实施。对于大中型工程的施工放样，要先在施工区域内布设施工控制网，要求布设成两级，首级控制网和加密控制网。首级控制点相对固定，布设在施工场地周围不受施工干扰、地质条件良好的地方。加密控制点直接用于放样建筑物的轴线和细部点。不论是平面控制还是高程控制，在放样细部点时要求一站到位，减少误差的累积。

施工测量的精度不以比例尺的大小来决定，而是根据建（构）筑物的大小、所用材料、用途的不同而确定。测设的精度一般高于地形测量的精度，特别是高层建筑物和特种建筑工程，其测设精度要求则更高。一般情况下，高层建筑物的测设精度要高于低层建筑物；钢结构建筑物的测设精度要高于钢筋混凝土结构的建筑物；装配式建筑物的测设精度要高于非装配式建筑物。另外，建（构）筑物施工期间和建成后的变形测量关系到施工安全以及建（构）筑物的质量和建成后的使用维护，所以变形测量一般需要有较高的精度。

任务8.2 施工测量基本工作

知识目标：
掌握距离测设、角度测设、高程测设的一般方法。
能力目标：
（1）能够使用钢尺或全站仪进行距离测设。
（2）能够使用全站仪进行角度测设。
（3）能够使用水准仪或全站仪进行高程测设。
素质目标：
（1）培养学生精益求精、严谨务实的职业素养。
（2）培养学生的团队协作意识和团队合作精神。

8.2.1 水平距离测设

测设条件：已知直线的起点和方向，且地势平坦，便于量距。水平距离测设就是从地面一个已知点开始，沿已知方向，根据给定的设计长度将其另一端点测设到地面上。

8.2.1.1 钢尺测设法

1. 一般测设方法

如图8.2所示，已知地面上 A 点及 AC 方向线，要求沿 AC 方向测设 AB 的水平距离，使其值等于设计值 D。

其方法是：

自 A 点沿 AC 方向拉钢尺量取 D 得到 B' 点。

按常规方法量取 AB' 之间的水平距离 D'，可往返观测多次，取其平均值，要求测量相对误差在允许范围（1/5000～1/3000）之内。

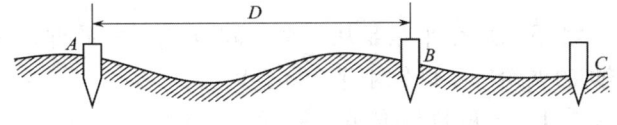

图8.2 测设水平距离

计算改正数 δ，即已知设计长度 D 与实际距离 D' 之差，$\delta = D - D'$。

根据改正数 δ，将端点 D' 加以改正，求得 B 点的最后位置，使 A、B 两点间的水平距离等于设计长度 D。当 δ 为正时，向外改正；当 δ 为负时，则向内改正。

2. 精密测设法

当测设精度要求较高时，就要考虑尺长不准、温度变化及地面倾斜的影响。先按一般方法测设另一端点，同时测出丈量时的温度和两点间的高差，然后用精密丈量的方法（加尺长改正、温度改正和倾斜改正）得结果为 D'。

若 D' 与 D 不相等，则按其差值 $\delta = D - D'$ 沿 AB 方向以 B' 为准进行改正，当 δ 为正时，向外改正；当 δ 为负时，则向内改正。

另外，精密方法也可以根据已给定的水平距离 D，反求沿地面应量出的 D' 值。由钢尺的尺长方程式、测设时的温度 t 以及 A、B 两点间高差 h 可求得三项改正数，则

$$D' = D - \Delta l_d - \Delta l_t - \Delta l_h \tag{8.1}$$

式中：Δl_d 为尺长改正；Δl_t 为温度改正；Δl_h 为倾斜改正。

8.2.1.2 全站仪测设法

如图 8.3 所示，在 A 点安置全站仪，瞄准已知方向，测出气象参数，并输入仪器。一人手持反光棱镜杆立在 AC 方向线上的 C 点附近，观测者按键盘上的距离测量按钮，并根据测得的水平距离与设计水平距离的差值来指挥手持棱镜者沿已知方向前后移动棱镜位置。当显示的水平距离等于待测设的水平距离值时，在地面上做标记并打上木桩。然后，采用同样的测设方法在木桩上精确标定 C 点位置。为了检核，实测 AC 的水平距离；若与 AC 的已知距离差值不符合限差要求，应进行修正，直到符合限差要求为止。

8.2.1 距离测设虚拟仿真

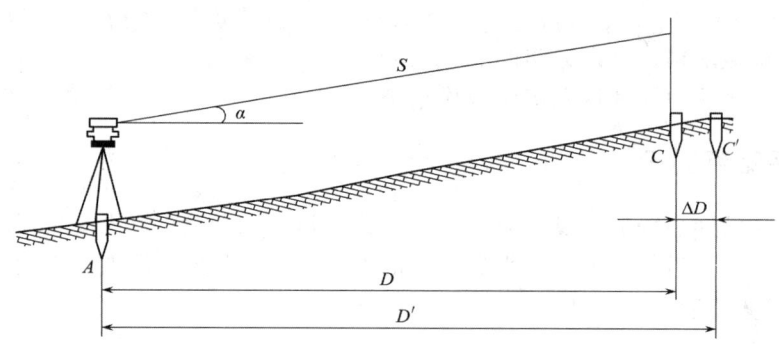

图 8.3 全站仪测设距离

8.2.2 水平角测设

测设已知水平角是从一个已知方向出发放样出另一个方向，使它与已知方向的夹角等于已知水平角。

8.2.2 水平角测设

8.2.2.1 一般放样方法

当测设精度要求不高时，可用盘左盘右取中值的方法获得欲测设的角度。如图 8.4 所示，A 为已知点，AB 为已知方向，欲放样 β 角，标定 AC 方向。安置全站仪于 A 点，先用盘左位置照准 B 点，把水平度盘置数为零，转动照准部使水平度盘读数恰好为 β 值，在此视线上定出 C'，然后用盘右位置重复上述步骤，测设 β 角，定出 C''。最后取 C'、C'' 的中点 C，则 ∠CAB 就是要测设的 β 角。为了检核应重新测定 ∠CAB 的大小，并与已知的水平角 β 值进行比较，若两者差值超过规定的范围，则应重新测设 β 角。

8.2.3 水平角测设

8.2.2.2 归化放样方法

当角度测设精度要求比较高时，可采用垂线改正法。如图 8.5 所示，设 AB 为已知方向，先用一般放样方法标定出 AC' 方向，定出 C' 点，然后用测回法测定 ∠BAC' 的大小（根据需要可测多个测回），测得其角值为 β'，则角度差值为 $\Delta\beta = \beta - \beta'$（以秒为单位）。概量距离 AC'，并按下式计算出垂直距离 $C'C$：

$$C'C = AC' \times \tan\Delta\beta \approx \frac{\Delta\beta''}{\rho''} \times AC' \tag{8.2}$$

式中，$\rho''=206265''$。

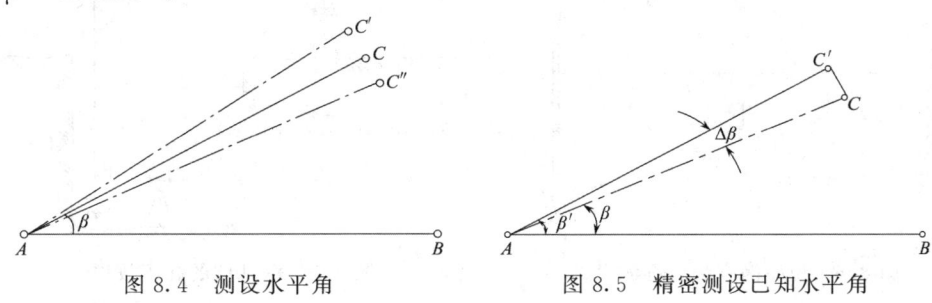

图 8.4 测设水平角　　　　　图 8.5 精密测设已知水平角

从 C' 点沿 AC' 垂直方向量取 $C'C$，定出 C 点，则 AC 即为测设角值为 β 时的另一方向线。但要注意 $C'C$ 是向内量取还是向外量取，取决于 $\Delta\beta$ 的正负号。若 $\Delta\beta>0$，则向外改正，反之则向内改正。

8.2.3 高程测设

测设高程是施工现场又一项重要的测设内容，如场地平整、建筑物室内地坪标定、各楼层地面标高传递等。它与水准测量不同之处在于：不是测定两固定点之间的高差，而是根据一个已知高程的水准点将另一个点的设计高程标定在实地上。

8.2.4 测设已知高程

8.2.3.1 视线高程法

如图 8.6 所示，A 为已知高程点，高程为 H_A，欲测设 B 点，并使其高程等于设计高程 H_B。为此，可在 AB 间安置水准仪，后视 A 点上的水准尺。若读数为 a，则水准仪的视线高 $H_i=H_A+a$。要使 B 点的高程为 H_B，则竖立于 B 点的水准尺读数应为

$$b=H_i-H_B \tag{8.3}$$

8.2.5 测设已知高程

此时可上下移动 B 点木桩上的水准尺，当中丝读数为 b 时，水准尺的零刻划位置即为欲设高程 H_B 的位置。然后在 B 点的木桩侧面紧靠尺底画一横线作为标志（此过程应变换仪器高重复一次，取中间位置）。

8.2.6 测设已知高程虚拟仿真

8.2.3.2 高程传递法

当要测设的高程与已知水准点的高程相差较大并超出水准尺的长度时，可以采用水准仪配合悬挂钢尺的方法进行测设。

如图 8.7 所示，A 为已知水准点，其高程为 H_A，欲在 B 点定出高程为 H_B 的位置。其中 MN 为支架，用于悬挂钢尺，使其零端向下。放样时使用两台水准仪，一台安置在地面上，另一台安置在基坑内，同时进行观测。具体方法如下：

在 A 点立水准尺，基坑顶的水准仪后视 A 尺，读数为 a_1，前视钢尺读数为 b_1，基坑底的水准仪后视钢尺读数为 a_2，然后计算 B 处水准尺应有的前视读数：

$$b_2=H_A+a_1-(b_1-a_2)-H_B \tag{8.4}$$

上下移动 B 处的水准尺，直到水准仪在尺上的读数恰好为 b_2 时标定点位。用同样的方法可将高程从低处向高处引测。

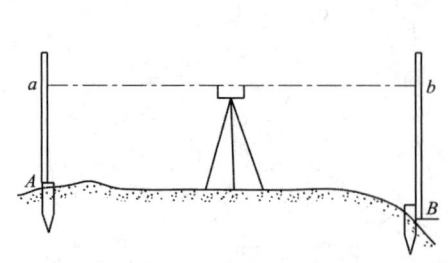

图 8.6 视线高程法高程测设

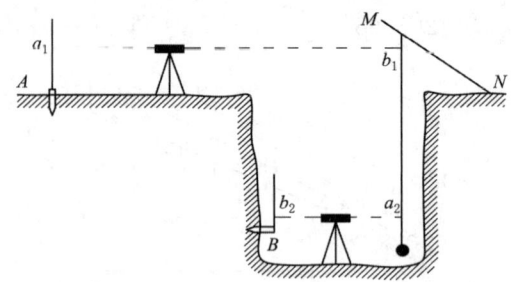

图 8.7 深基坑的高程放样

8.2.3.3 全站仪测设高程

当施工现场起伏较大,用水准仪放样比较困难,用吊钢尺的方法又不好实现时,可以用全站仪直接放样高程。

如图 8.8 所示,为了放样 B 点的高程,在施工现场任一合适位置 O 安置全站仪,后视已知点 A,测得 OA 的斜距 S_1 和竖直角 α_1,设全站仪的仪器高为 i,A 点安置的棱镜高度为 h_A,则有下式成立:

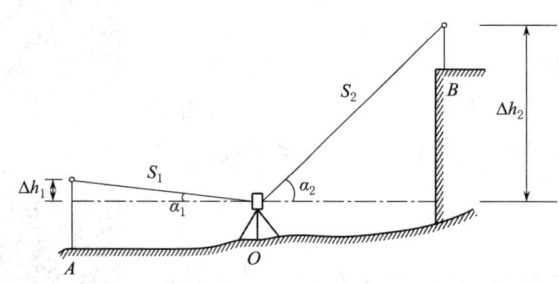

图 8.8 全站仪高程放样

$$H_O + i = H_A + h_A - \Delta h_1 \quad (8.5)$$

其中 $\Delta h_1 = S_1 \times \sin\alpha_1$

然后测得 OB 的斜距 S_2 和竖直角 α_2,同理有下式公式成立:

$$H_O + i = H_B + h_B - \Delta h_2 \quad (8.6)$$

其中 $\Delta h_2 = S_2 \times \sin\alpha_2$

由式 (8.5) 和式 (8.6) 可得

$$H_B = H_A + h_A - \Delta h_1 - h_B + \Delta h_2 \quad (8.7)$$

由式 (8.7) 可知,B 点的高程与全站仪的架设位置无关,而且如果 A、B 两点的棱镜高设为同一值 ($h_A = h_B$),则上式变为

$$H_B = H_A - S_1 \times \sin\alpha_1 + S_2 \times \sin\alpha_2 \quad (8.8)$$

将测得的 H_B 与设计值进行比较,精确放样出 B 点的高程。

任务 8.3 点的平面位置测设

知识目标:
(1) 了解直角坐标法、极坐标法、交会法放样的基本原理。
(2) 掌握全站仪坐标法、GNSS-RTK 坐标法放样的基本方法。

能力目标:
能够熟练完成全站仪坐标法放样、GNSS-RTK 坐标法点位放样。

素质目标:
(1) 培养学生的工匠精神,引导学生在学习和实践中追求卓越、精益求精。

（2）帮助学生树立爱岗敬业的职业态度，强化对工作的热情与专注。

放样点的平面位置可根据施工控制网的形式、控制点的分布、放样的精度要求、施工现场条件、仪器工具配备等因素选择适当的放样方法。常用的放样方法有直角坐标法、极坐标法、全站仪坐标法、GNSS-RTK坐标法、交会法等。

8.3.1 直角坐标法

当建筑场地的施工控制网为方格网或建筑基线形式时，采用直角坐标法较为方便。如图 8.9 所示，已知 A、B、C 和 D 四点，在直角坐标系中规划了一个建筑物，需要将该建筑物轴线上的 1、2、3 和 4 号点进行实地放样。

用直角坐标法进行坐标放样的步骤如下：

（1）计算放样数据，即计算 A 点与 1 点的坐标差为

$$\left.\begin{array}{l}\Delta x = x_1 - x_A \\ \Delta y = y_1 - y_A\end{array}\right\} \quad (8.9)$$

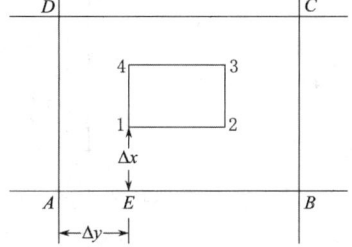

图 8.9 直角坐标法

（2）在 A 点安置仪器，对中、整平后照准 B 点，在 AB 方向上测设长度 Δy，得 E 点。

（3）仪器移至 E 点，对中、整平后，照准 B 点，测设角度为 90°，得到 $E1$ 方向，在此方向上测设长度 Δx，即得 1 点。

用同样的方法可以测设出建筑物各个角点 2、3、4。最后检查 4 个角是否都等于 90°，各条边的边长是否等于设计边长，误差在允许范围内即可。

8.3.2 极坐标法

极坐标法是根据水平角和水平距离测设点的平面位置。极坐标法灵活方便，安置一次仪器可以测设多点，适用于复杂形状的建筑定位，当使用全站仪测设时，应用极坐标法的优越性更为明显。

8.3.1 极坐标法放样点的平面位置

如图 8.10 所示，A、B 为已知点，其坐标为 (x_A, y_A)、(x_B, y_B)，$P(x_P, y_P)$ 为设计的点位，欲放样 P 点则可通过测设水平角 β 和水平距离 S。

测设 P 点的具体步骤如下：

（1）计算测设数据水平角 β 和水平距离 S。根据坐标反算公式得

8.3.2 极坐标法放样点的平面位置

$$\left.\begin{array}{l}\alpha_{AB} = \arctan \dfrac{y_B - y_A}{x_B - x_A} \\ \alpha_{AP} = \arctan \dfrac{y_P - y_A}{x_P - x_A} \\ \beta = \alpha_{AP} - \alpha_{AB} \\ S_{AP} = \sqrt{(x_P - x_A)^2 + (y_P - y_A)^2}\end{array}\right\} \quad (8.10)$$

（2）将仪器安置在 A 点，对中、整平后照准 B 点，测设角度 β 得 AP 方向。

（3）沿 AP 方向测设长度 S_{AP} 即得 P 点位置。

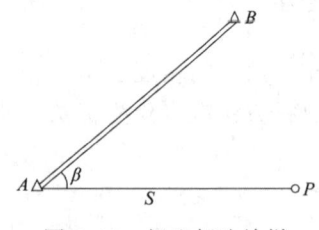

图 8.10 极坐标法放样

注意：上述计算中，若 $\beta<0$，则需加上 $360°$。

【**例 8.1**】 由于极坐标法和直角坐标法是工程施工过程中常用的方法，计算简单、操作方便。以某公司仓库为例，进行这两种放样方法的操作练习。图中 N_1、N_2 为控制点，其他点的数据如图 8.11 所示，要求采用极坐标法放样出 C、D 两点，然后采用直角坐标法放样出 E、F 两点。

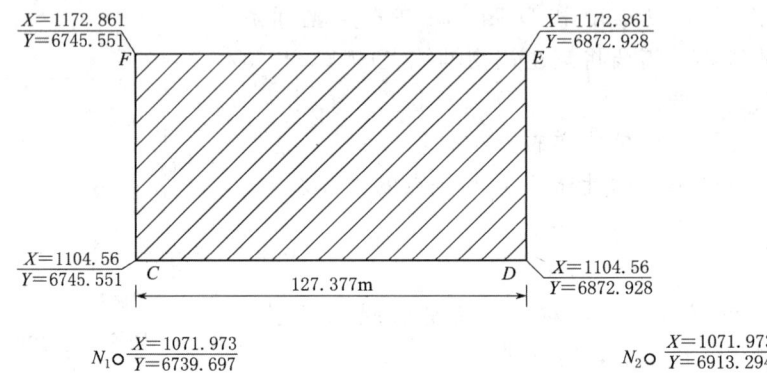

图 8.11 某公司仓库设计图

第一步，极坐标法放样 C、D 两点。

(1) 整理已知数据及放样点数据，见表 8.1。

表 8.1　　　　　　　　　已知数据及放样数据

已知点及放样点点号	已知点及放样点坐标/m		备　注
	X	Y	
N_1	1071.973	6739.697	已知点
N_2	1071.973	6913.294	已知点
C	1104.560	6745.551	放样点
D	1104.560	6872.928	放样点
E	1172.861	6872.928	放样点
F	1172.861	6745.551	放样点

(2) 放样数据计算，见表 8.2。

(3) 放样方法。①安置全站仪于 N_2 点，对中、整平后照准 N_1 点，测设角度 β_1，标定出方向 N_2-D 方向；②沿 N_2-D 方向自 N_2 点测设水平距离 S_{N_2-D}，即得 D 点位置；③同样方法测设 C 点位置。

第二步，当 C、D 放样完成后，采用直角坐标法放样 E、F 点位。

(1) 放样数据计算。由于 C、D 点已放样出来，并标定在地面上，可以利用 C、D 放样 E、F 点，其放样数据计算见表 8.3。

表 8.2　放样数据计算表

已知点及放样点点号	已知点及放样点坐标 /m		方位角	边长 /m	备注
	X	Y			
N_1	1071.973	6739.697	$\alpha_{N_2-N_1}=270°00'00''$		架设仪器
N_2	1071.973	6913.294	$\alpha_{N_2-D}=308°54'48.7''$	$S_{N_2-D}=51.878$	后视定向
D	1104.560	6872.928	$\beta_1=\alpha_{N_2-D}-\alpha_{N_2-N_1}$ $=38°54'48.7''$		待放样点
N_1	1071.973	6739.697	$\alpha_{N_1-N_2}=90°00'00''$		架设仪器
N_2	1071.973	6913.294	$\alpha_{N_1-C}=10°11'02.8''$	$S_{N_1-C}=33.109$	后视定向
C	1104.560	6745.551	$\beta_2=\alpha_{N_1-C}-\alpha_{N_1-N_2}$ $=280°11'02.8''$		待放样点

表 8.3　直角坐标法放样数据计算表

已知点点号	放样点点号	坐标 /m		放样数据 /m	
		X	Y	ΔX	ΔY
C		1104.560	6745.551	68.301	0.000
	F	1172.861	6745.551		
D		1104.560	6872.928	68.301	0.000
	E	1172.861	6872.928		

（2）放样方法。①在 C 点安置全站仪，对中、整平后盘左照准 D 点，拨角 270°，在 CF 方向上测设长度 Δx_{CF}，得 F 点；②全站仪移至 D 点，对中、整平后盘左照准 C 点，测设角度 90°，得 DE 方向，在此方向上测设长度 Δx_{DE}，即得 E 点；③检查各边的边长是否等于设计长度，四个角是否都为 90°，误差在允许范围内即可。

8.3.3　全站仪坐标法

全站仪坐标法放样充分利用了全站仪的测角、测距和计算一体化的特点，只需知道待放样点的坐标，不需要事先计算放样元素，就可以在现场放样，操作十分方便。由于目前全站仪的使用已经十分普遍，该方法是目前施工放样的主要方法。

如图 8.12 所示，已知 A 点和 B 点，放样 P 点。在 A 点安置全站仪，输入测站点 A 和后视点 B 的坐标，以及仪器高和棱镜高，然后瞄准后视点 B 进行定向。定向完成后，照准 C 点进行后视检查，确认无误后进入坐标放样界面。输入待放样点 P 的坐标并开始放样。屏幕上会显示 dHA（水平角差）、远近、左右和填挖等信息。通过转动全站仪，使 dHA 归零，此时放样点位于该视准线的方位上。指挥持镜人员在该方位上左右移动，直至棱镜准确对准。再次点击测量，得到实际放样平距与设计放样平距的差值。根据此差值，指挥持

8.3.3　全站仪坐标放样①

8.3.4　全站仪坐标放样②

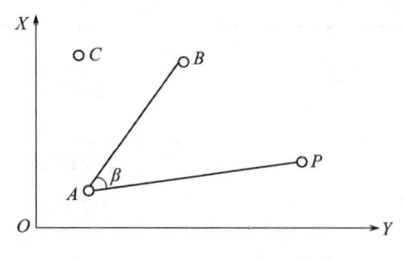

图 8.12 全站仪坐标放样

镜人员向放样点位置靠近，并轻微转动仪器再次照准棱镜进行测量。如此反复调整，直至 dHA、左右和远近均归零，即可确定 P 点的平面位置。在此过程中，填挖情况无需考虑。

如需要放样下一个点位，只要重新输入或调用待放样点的坐标后按上述步骤完成测设即可。

用全站仪放样点位时，可以事先输入气象元素，即现场的湿度和气压，仪器会自动进行气象改正。因此用全站仪放样点位既能保证精度，同时操作又十分方便，无须做任何手工计算。

【例 8.2】 仍以某公司仓库为例，进行全站仪坐标放样方法的操作练习。图中 N_1、N_2、N_3 为控制点，其他点的数据如图 8.13 所示，要求采用全站仪坐标放样法放样出 C、D、E、F 四点。

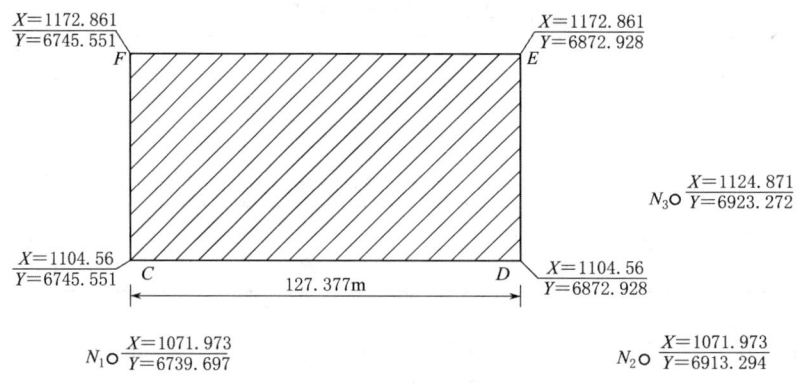

图 8.13 某公司仓库设计图

放样步骤如下：

(1) 在测站点 N_2 安置全站仪，输入测站点 N_2 的坐标。

(2) 瞄准后视点 N_1 并输入后视点 N_1 的坐标，进行后视定向。

(3) 定向完成后，瞄准已知点 N_3，测量其坐标，进行检核。

(4) 输入待放样点 C 的坐标，点击放样，根据屏幕上显示 dHA、远近和左右的数值，转动全站仪使 dHA 归零，此时放样点在该视准线方位上，指挥持镜人员左右移动直至棱镜在此方位上。

(5) 点击测量得到实际放样平距与放样点平距间的差值，根据此差值往放样点位置移动，轻微转动仪器照准棱镜。

(6) 再次测量，如此反复移动直至 dHA、左右和远近均归零即可确定 C 点位置。

(7) 测量放样点 C 的坐标，如果实测坐标与设计坐标之间的差值在允许范围内，则按照上述步骤继续对 D、E 和 F 点进行放样，否则，检查数据重新放样 C 点。

8.3.4　GNSS-RTK 坐标法

GNSS-RTK 网络 CORS 模式坐标放样的基本流程如下。

(1) 测前准备。研究图纸与现场踏勘，仔细研读工程图纸，结合实地踏勘情况，制定详细的测量作业计划。同时，整理已知控制点的测量成果和放样点的坐标数据，确保数据的准确性和完整性。

(2) 移动站设置。启动移动站主机，并通过蓝牙与手簿连接。选择 CORS 工作模式（NTRIP/VRS），并输入 CORS 账号信息及接入点参数，使仪器达到固定解状态。

8.3.5 GNSS-RTK 放样

(3) 新建工程。设置相关参数，包括工程名称、椭球系名称和投影参数等。完成设置后，确认工程新建成功。

(4) 点校正。GPS-RTK 接收机采集的坐标数据基于 WGS-84 椭球的大地坐标，而常用的独立坐标系则是基于局部椭球的平面直角坐标。两者属于不同坐标基准，需要通过点校正获取转换参数。具体步骤为获取控制点的 WGS-84 坐标和待转换坐标，控制点的 WGS-84 坐标可通过静态测量或固定状态下测量获得，待转换坐标可直接输入接收机进行点校正。校正完成后需进行验证，确保转换的准确性。

8.3.6 GNSS-RTK 放样

(5) 添加待放样点坐标。打开坐标管理库，选定放样点库，将放样点坐标逐一添加。若放样数据较多，也可批量导入。

(6) 点放样。将放样坐标输入手簿后，即可开始点放样。作业时，手簿会显示移动指向箭头及当前位置与放样点在东、西、南、北四个方向上的水平距离。观测者根据箭头指示进行放样。当移动站距离放样点小于设定值时，测量控制器会显示同心圆和十字丝，分别表示放样点位置和天线中心位置。当移动站天线整平后，十字丝与同心圆圆心重合时，即完成初步放样。此时，按下"测量"按钮对放样点进行实测检核，并保存观测值。

【例 8.3】 仍以某公司仓库为例，进行 GNSS-RTK 放样方法的操作练习。图中 N_1、N_2 和 N_3 为控制点，其他点的数据如图 8.14 所示，要求采用 GNSS-RTK 坐标放样法放样出 C、D、E、F 四点。

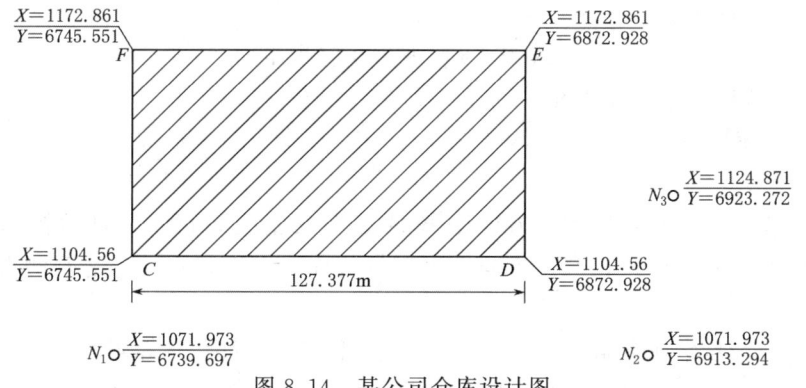

图 8.14 某公司仓库设计图

放样步骤如下：

(1) 测前准备。获取控制点及待放样点坐标，控制点（N_1、N_2 和 N_3），放样点（C、D、E 和 F）。

(2) 移动站设置。GNSS 接收机和手簿开机并通过蓝牙连接将两者连接,在"配置"—"移动站"中选定 CORS 连接设置,输入 CORS 系统授权参数及服务节点信息,确保接收机实现厘米级固定解状态。

(3) 新建工程。设置相关参数,包括工程名称、椭球系名称和投影参数设置等,最后确定工程新建完毕。

(4) 进行点校正。利用已知控制点 N_1、N_2 和 N_3 进行点校正。首先利用移动站测得 N_1、N_2 和 N_3 的大地坐标,然后在坐标管理库中输入 N_1、N_2 和 N_3 的已知坐标,软件自动解算校准参数。

(5) 输入放样点。打开坐标库,在此可以输入编辑放样点,也可以事先编辑好放样点文件,点击打开放样点文件,软件会提示我们是对坐标库进行覆盖或是追加。

(6) 测量校正。首先选定 C 点进行放样,根据提示要求前后左右移动 GNSS 接收机,直至手簿上 DX、DY 在允许范围内完成 C 点放样工作,实地打桩或做好标记。复测量放样点 C 的坐标,如果差值满足要求,则继续放样 D、E 和 F 各点,否则重新放样该 C 点并检查。

8.3.5 交会法

8.3.5.1 角度交会法

角度交会法是由两个已知角度交会出待定点的位置。当待定点远离控制点且不便量距时,宜采用这一方法。如图 8.15 所示,根据控制点 A、B、C 的位置,测设待测点 1 的位置。

1. 计算测设数据

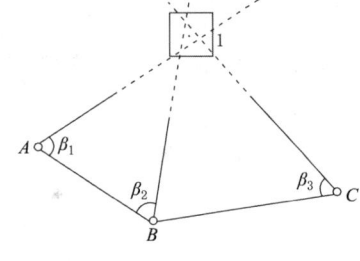

图 8.15 角度交会法

$$\alpha_{AB} = \arctan \frac{y_B - y_A}{x_B - x_A}$$

$$\alpha_{A1} = \arctan \frac{y_1 - y_A}{x_1 - x_A} \quad (8.11)$$

$$\beta_1 = \alpha_{AB} - \alpha_{A1}$$

式中:α_{AB} 为 AB 直线的方位角;α_{A1} 为 $A1$ 直线的方位角;β_1 为 AB、$A1$ 两直线的夹角。

同法可求得 β_2、β_3。

2. 测设点位

(1) 当测设精度要求不高时,在 A、B 两点上安置全站仪,分别后视 B 点和 A 点,测设 β_1 和 β_2 角,标定出 $A1$、$B1$ 方向。可用标杆作为照准目标,通过观测者指挥把标杆移到交点处即可。

(2) 当测设精度要求较高时,在 A、B 两点上安置经纬仪或全站仪,分别后视 B、A 点,测设 β_1 和 β_2 角,标定出 $A1$、$B1$ 方向,在交点上钉木桩,并标定交点 1。然后在控制点 C 上安置经纬仪或全站仪,后视 B 点,测设 β_3 角,标定 $C1$ 方向,若此方向恰好经过前两个方向的交点,则交点即为测设点 1;否则将形成一个"示误三角形"(图 8.15),若边长不超过规定的限差,则取三角形的重心为测设点 1。

8.3.5.2 距离交会法

距离交会法适用于测设精度较低、地面平坦、便于量距、待测点与控制点较近（一般不超过一钢尺长）的情况。此法由两个控制点测设两段已知长度，交会出待测点的位置。如图 8.16 所示，根据控制点 A、B 的位置，测设出待测点 1 (x_1, y_1) 的位置。

1. 计算测设数据

$$\begin{aligned} D_1 &= \sqrt{(x_1-x_A)^2+(y_1-y_A)^2} \\ D_2 &= \sqrt{(x_1-x_B)^2+(y_1-y_B)^2} \end{aligned} \tag{8.12}$$

2. 测设点位

测设时，使用两把钢尺，分别使钢尺的零刻划线对准 A、B 点，同时将钢尺拉紧、拉平，分别以 D_1、D_2 为半径在地上画弧，两弧线的交点即为 1 点。

8.3.5.3 方向线交会法

方向线交会法是利用两条相互垂直的方向线相交来定出放样点位的方法。当施工控制为矩形网（矩形网的边与坐标轴平行或垂直），可以用方向线交会法进行点位放样。

如图 8.17 所示，其中 N_1、N_2、N_3、N_4 是矩形控制网角点，为了放样点 P，具体方法如下：

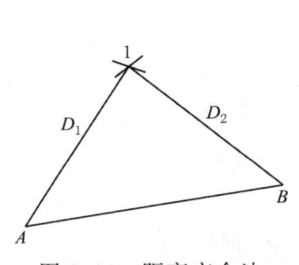
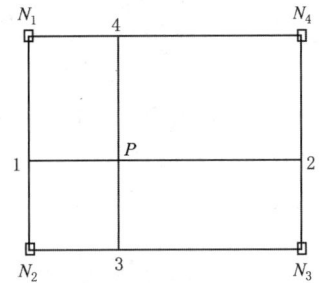

图 8.16　距离交会法　　　　图 8.17　方向线交会法

(1) 先用矩形控制网角点坐标和放样点设计坐标计算放样元素 Δx 和 Δy。
(2) 自点 N_2 沿矩形边 N_2N_1 和 N_2N_3 分别量取 Δx_{N_2P} 和 Δy_{N_2P} 得点 1 和点 3。
(3) 自点 N_4 沿矩形边 N_4N_3 和 N_4N_1 分别量取 Δx_{N_4P} 和 Δy_{N_4P} 得点 2 和点 4。
(4) 分别在点 1 和点 3 上安置仪器，分别瞄准点 2 和点 4，得方向线 1—2 和 3—4，两方向线的交点即为放样点 P。

8.3.5.4 轴线交会法

轴线交会法的实质是一种侧方交会的方法，当放样点位于坐标轴线上或与坐标轴线相平行的轴线上时，可用轴线交会法放样点位。此方法多用于水利枢纽工程轴线上的点位放样，特别是轴线左右控制点相互不通视时，十分方便。

如图 8.18 所示，M 和 N 是已知控制点，欲用轴线交会法在已知轴线 AB 上放样出待放点位 P。其操作步骤如下：

先在 AB 轴线上放出 P 点的初步位置，记作 P_0，要求 P_0 应尽量靠近 P 点的设计位置。然后在 P_0 点安置仪器，测得轴线与 P_0M、P_0N 之间的夹角 β_1、β_2，以求得 P_0 点的坐标值。

由 M 点求得

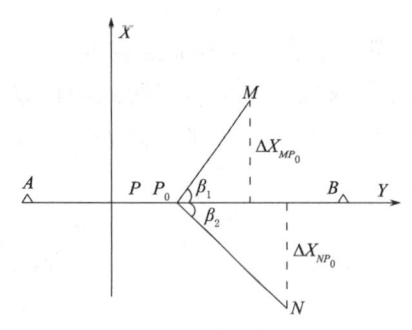

图 8.18 轴线交会法

$$\left.\begin{array}{l}x'_{P_0}=x_P \\ y'_{P_0}=y_M \pm |\Delta X_{MP_0}|\cot\beta_1\end{array}\right\} \quad (8.13)$$

由 N 点求得

$$\left.\begin{array}{l}x''_{P_0}=x_P \\ y''_{P_0}=y_N \pm |\Delta X_{NP_0}|\cot\beta_2\end{array}\right\} \quad (8.14)$$

式中的正负号,看 y_P 与 y_M(或 y_N)的大小而选取,若 $y_{P_0}<y_M$(或 $y_{P_0}<y_N$),则 $|\Delta X_{MP_0}|$(或 $|\Delta X_{NP_0}|$)之前取负号,反之取正号。

取两组坐标的平均值,作为 P_0 点的最后坐标:

$$\left.\begin{array}{l}x_{P_0}=x_P \\ y_{P_0}=\dfrac{1}{2}(y'_{P_0}+y''_{P_0})\end{array}\right\} \quad (8.15)$$

则点实测坐标和点设计坐标的差值为

$$\left.\begin{array}{l}\Delta x=0 \\ \Delta y=y_{P_0}-y_P\end{array}\right\} \quad (8.16)$$

这样,在轴线方向上从 P_0 点量取 $|\Delta y|$ 的长度,即可得到设计点位 P,但要根据式(8.17)判断量距方向。采用轴线交会法放样时,要求选择的控制点位于轴线两侧且近似对称,初放点位 P_0 应尽量位于轴线上,以削弱测量误差的影响。

任务 8.4 坡度线测设

知识目标:
(1) 理解坡度线测设的基本原理。
(2) 掌握水平视线法和倾斜视线法进行坡度线测设的方法。

能力目标:
能够根据水平视线法和倾斜视线法完成坡度线测设。

素质目标:
(1) 培养学生精益求精、严谨务实的职业素养。
(2) 培养学生的团队意识及沟通能力。

8.4.1 坡度线测设

8.4.2 坡度线测设

坡度线的测设是根据附近水准点的高程、设计坡度和坡度线端点的设计高程,用高程测设的方法将坡度线上各点的设计高程,标定在地面上。在修建渠道、道路、隧洞等工程中应用比较广泛。在倾斜场地施工测量中,坡度线测设也叫做斜坡放样。坡度是地表单元陡缓的程度,通常把坡面的垂直高度 h 和水平距离 D 的比叫做坡度(也叫做坡比),用字母 i 表示,即坡角的正切值,也可写作 $i=\tan\alpha$(其中 α 为坡角)。

任务 8.4 坡 度 线 测 设

坡度线测设方法有水平视线法和倾斜视线法。测设时可采用水准仪、经纬仪、全站仪等仪器进行。通常情况下,当测设坡度很小时使用水准仪,测设坡度较大时使用经纬仪或全站仪。当距离较长时通常使用 RTK,但是需要精确解算七参数,并且需要使用水准测量进行检核。

8.4.1 水平视线法

如图 8.19 所示,A、B 为设计坡度线的两端点,其设计高程分别为 H_A 和 H_B,AB 设计坡度为 i,在 AB 方向上,每隔距离 d 定一木桩,要求在木桩上标定出坡度为 i 的坡度线。

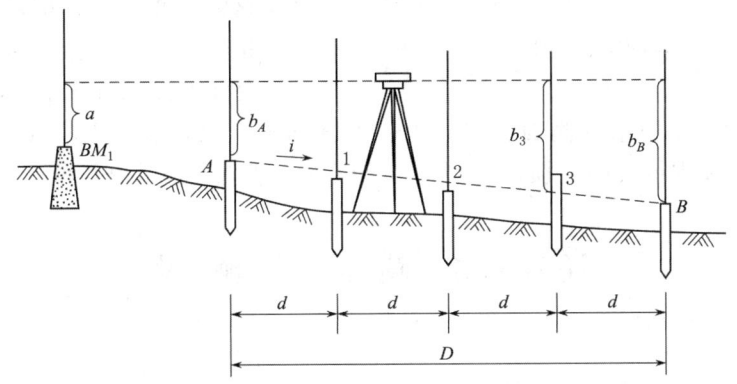

图 8.19 水平视线法测设坡度线

施测方法如下:
(1) 沿 AB 方向,桩定出间距为 d 的中间点 1、2、3 的位置。
(2) 计算各桩点的设计高程。

$$
\left.\begin{array}{l}
1 \text{ 点的设计高程:} \quad H_1 = H_A + i \cdot d \\
2 \text{ 点的设计高程:} \quad H_2 = H_1 + i \cdot d \\
3 \text{ 点的设计高程:} \quad H_3 = H_2 + i \cdot d \\
B \text{ 点的设计高程:} \quad H_B = H_3 + i \cdot d \quad \text{或} \quad H_B = H_A + i \cdot D \text{(用于检核)}
\end{array}\right\} \quad (8.17)
$$

需注意,坡度 i 有正有负,在计算设计高程时,应连同其符号一并运算。

(3) 将水准仪安置于水准点 BM_1 附近,后视读数 a,得仪器视线高 $H_i = H_{BM_1} + a$,然后根据各点设计高程计算测设各点的应读前视尺读数 $b_应 = H_i - H_设$。

(4) 将水准尺分别贴靠在各木桩的侧面,上、下移动尺子,直至尺读数为 $b_应$ 时,便可利用水准尺底面在木桩上画一横线,该线即为 AB 的坡度线。也可立尺于桩顶,读得前视读数 b,再根据 $b_应$ 与 b 之差,自桩顶向下画线来确定坡度线。

8.4.2 倾斜视线法

如图 8.20 所示,AB 为坡度线的两端点,其水平距离为 D_{AB},设 A 点的高程为 H_A,要沿 AB 方向测设一条坡度为 i_{AB} 的坡度线,则先根据 A 点的高程、坡度 i_{AB} 及 A、B 两

点间的距离计算 B 点的设计高程，即

$$H_B = H_A + i_{AB} \cdot D_{AB} \quad (8.18)$$

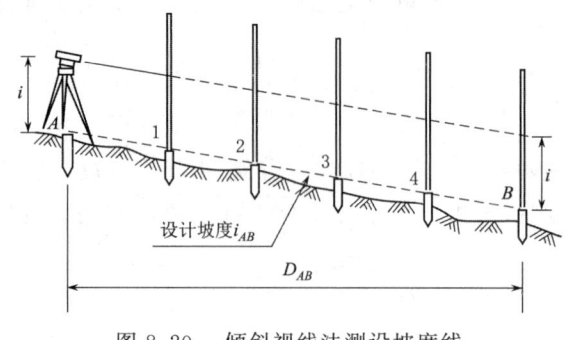

图 8.20　倾斜视线法测设坡度线

先按测设已知高程的方法，将 A、B 两点的高程测设在相应的木桩上，然后将水准仪（当设计坡度较大时，可用经纬仪或全站仪）安置在 A 点上，使基座上一个脚螺旋在 AB 方向上，其余两个脚螺旋的连线与 AB 方向垂直，量取仪器高 i，再转动 AB 方向上的脚螺旋和微倾螺旋，使十字丝横丝对准 B 点水准尺上等于仪器高 i 处，此时，仪器的视线与设计坡度线平行。然后在 AB 方向的中间各点 1、2、3 的木桩侧面立尺，上、下移动水准尺，直至尺上读数等于仪器高 i 时，沿尺子底面在木桩上画一横线，则各桩横线的连线就是设计坡度线。

任务 8.5　圆 曲 线 测 设

知识目标：
（1）理解圆曲线测设的基本原理。
（2）掌握圆曲线测设中各测设元素的计算方法。

能力目标：
能够使用测量仪器完成圆曲线主点和细部的测设。

素质目标：
（1）培养学生精益求精、严谨务实的职业素养。
（2）培养学生具有家国情怀和责任担当。

铁路、公路、渠道等线路由一个直线方向转至另一直线方向时（其转折点称为交点，以 JD 表示），必须用平面曲线来连接。曲线的形式较多，其中圆曲线（又称单曲线）是最基本的一种平面曲线。确定圆曲线的参数是偏角 α 和半径 R，其中 α 可在实地测定，R 则根据地形条件和工程要求在线路设计时选定。圆曲线的测设一般分为两步进行：首先是圆曲线主点的测设，即圆曲线的起点（直圆点 ZY）、中点（曲中点 QZ）和终点（圆直点 YZ）的测设；然后在各主点之间进行加密，按照规定桩距测设曲线的其他各桩点，称为圆曲线的详细测设。

8.5.1　圆曲线主点的测设

8.5.1.1　计算圆曲线主点测设元素

为了在实地测设圆曲线的主点，需要知道切线长 T、曲线长 L、外矢距 E 及切线长度与曲线长度之差（切曲差）D，这些数据称为主点测设元素，又称为曲线元素。从图

任务 8.5 圆曲线测设

8.21可知，因 α、R 已确定，主点测设元素的计算公式为

切线长： $$T = R \cdot \tan\frac{\alpha}{2}$$

曲线长度： $$L = R \cdot \alpha \cdot \frac{\pi}{180°} \qquad (8.19)$$

外矢距： $$E = \frac{R}{\cos\alpha/2} - R = R\left(\sec\frac{\alpha}{2} - 1\right)$$

切曲差： $$D = 2T - L$$

8.5.1.2 主点桩号计算

线路测量中，线路上的点号通常用里程桩号表示，线路起点的里程桩号为 0+000，"+"左面数字表示公里，"+"右面数字表示米。假设线路上某点，离线路起点的距离为 2.836km，它的里程桩号便写成 2+836。

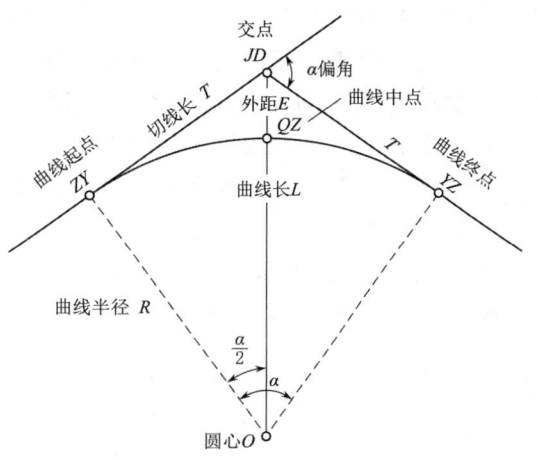

图 8.21 圆曲线示意图

交点的桩号可由中线丈量得到，根据交点的桩号和曲线元素，可计算出各主点的桩号，由图 8.21 可知：

$$ZY = JD - T$$
$$QZ = ZY + \frac{L}{2} \qquad (8.20)$$
$$YZ = QZ + \frac{L}{2}$$

为了避免计算中的错误，可用下式进行计算检核：

$$JD = YZ - T + D$$

【例 8.4】 已知线路转折点 JD 的桩号为 6+183.56，转角 $\alpha = 42°36'$，设计圆曲线半径 $R = 150$m，求曲线主点测设元素和主点桩号。

解：(1) 曲线测设元素计算。

$$T = 150 \cdot \tan 21°18' = 58.48(\text{m})$$
$$L = 150 \times 42.6° \times \frac{\pi}{180°} = 111.53(\text{m})$$
$$E = 150(\sec 21°18' - 1) = 11.00(\text{m})$$
$$D = 2 \times 58.48 - 111.53 = 5.43(\text{m})$$

(2) 主点桩号计算。

$$ZY = 6 + 183.56 - 58.48 = 6 + 125.08$$
$$QZ = 6 + 125.08 + 55.76 = 6 + 180.84$$
$$YZ = 6 + 180.84 + 55.77 = 6 + 236.61$$

(3) 检核计算。

$$JD = 6 + 236.61 - 58.48 + 5.43 = 6 + 183.56$$

与交点原来桩号相等,证明计算正确。

8.5.1.3 圆曲线主点的测设

如图 8.21 所示,安置全站仪于交点 JD 上,后视相邻交点方向,自测站起沿该方向量切线长 T,得曲线起点 ZY,打一木桩,标明桩号;前视相邻交点桩,自测站起沿该方向量切线长 T,得曲线终点 YZ 桩。然后仍前视相邻交点桩,配置水平度盘读数为 $0°$,顺时针转动照准部,使水平度盘读数为平分角值 β, $\beta = \dfrac{180° - \alpha}{2}$,则望远镜视线即为指向圆心方向,沿此方向量出外矢距 E,得曲线中点,打下 QZ 桩。

8.5.1 圆曲线主点放样

如果交点位于水面、峡谷、房屋,不能安置仪器时,可用间接方法测设主点。如图 8.22 所示,先在两条直线上便于设站和量距且互相通视的地方选定 A、B 两点,分别安置全站仪观测水平角 β_1、β_2,则线路在交点的转角为 $\alpha = \beta_1 + \beta_2$,根据 α 和半径 R 按曲线元素计算公式求切线长 T、曲线长 L 和外矢距 E。测设时,全站仪在 A 点后视直线中线桩,纵转望远镜,测设 $\alpha/2$ 方向与另一直线相交于 C 点,则 JAC 为一等腰三角形,测量 AC 的距离并取其中点 G,便可计算 A 至 ZY、C 至 YZ 和 G 至 QZ 的距离 AZ、CY 和 GQ。

8.5.2 圆曲线主点测设

$$AZ = CY = T - AG \cdot \sec\dfrac{\alpha}{2} \tag{8.21}$$

$$GQ = E - AG \cdot \cot\dfrac{\alpha}{2} \tag{8.22}$$

分别在 A 点和 C 点设站,沿切线方向丈量 AZ、CY,得曲线的起、终点,再在 G 点设站,后视 C 点,顺时针测设 $90°$,在此方向上丈量 GQ,即可定出曲线中点。

8.5.2 圆曲线的详细测设

当曲线长度小于 40m 时,测设曲线的三个主点已能满足设计和施工的需要。如果曲线较长,除了测设三个主点以外,还要按照一定的桩距 l,在曲线上测设里程桩,这个工作称为圆曲线的详细测设。曲线上的桩距的一般规定为:$R \geqslant 100$m 时,$l = 20$m;50m$ < R < 100$m 时,$l = 10$m;$R \leqslant 50$m 时,$l = 5$m。下面介绍两种常用的测设方法。

8.5.2.1 偏角法

1. 测设数据计算

偏角法是利用偏角(弦切角)和弦长来测设圆曲线的方法。如图 8.23 所示,里程桩的桩距(弧长)为 l,首尾两段零头弧长为 l_1、l_2,弧长 l_1、l_2、l 所对应的圆心角分别为 φ_1、φ_2 和 φ,可按下列公式计算:

$$\begin{aligned} \varphi_1 &= \dfrac{180°}{\pi R} l_1 \\ \varphi_2 &= \dfrac{180°}{\pi R} l_2 \\ \varphi &= \dfrac{180°}{\pi R} l \end{aligned} \tag{8.23}$$

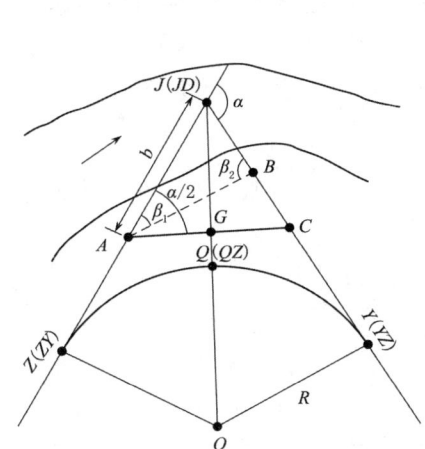

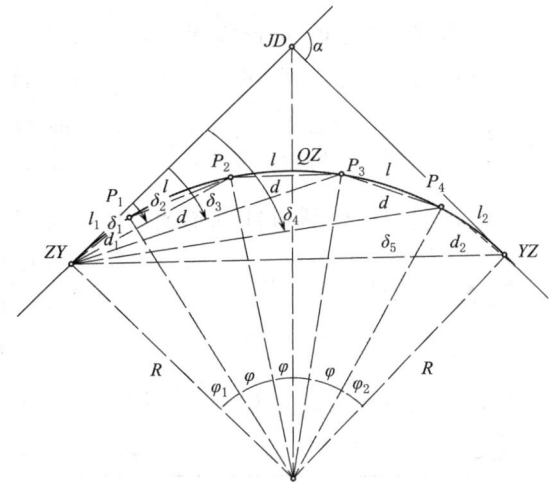

图 8.22 交点不能设站时测设主点的方法　　　图 8.23 偏角法测设圆曲线

弧长 l_1、l_2、l 所对应的弦长分别为 d_1、d_2 和 d，可按下列公式计算：

$$\left. \begin{array}{l} d_1 = 2R\sin\dfrac{\varphi_1}{2} \\[4pt] d_2 = 2R\sin\dfrac{\varphi_2}{2} \\[4pt] d = 2R\sin\dfrac{\varphi}{2} \end{array} \right\} \quad (8.24)$$

曲线上各点的偏角等于其所对应圆心角的一半，即

第 1 点的偏角为　　　　　　　　$\delta_1 = \dfrac{\varphi_1}{2}$

第 2 点的偏角为　　　　　　　　$\delta_2 = \dfrac{\varphi_1}{2} + \dfrac{\varphi_2}{2}$

⋮

第 i 点的偏角为　　　　　　　　$\delta_i = \dfrac{\varphi_1}{2} + (i-1)\dfrac{\varphi}{2}$ 　　(8.25)

终点 YZ 的偏角为　　　　　　　$\delta_n = \dfrac{\alpha}{2}$

【例 8.5】 圆曲线的交点桩号为 $6+183.56$，转角 $\alpha = 42°36'$，设计圆曲线半径 $R = 150\text{m}$，整桩距为 $l = 20\text{m}$，按偏角法测设，试计算详细测设数据。

解：(1) 由【例 8.4】计算可知，ZY 点的里程为 $6+125.08$，它前面最近的整桩里程为 $6+140$，则首段零头弧长为

$$l_1 = 140 - 125.08 = 14.92(\text{m})$$

YZ 的里程为 $6+236.61$，它后面最近的整桩里程为 $6+220$，则尾段零头弧长为

项目8 施工测量基本方法

$$l_2=236.61-220=16.61(\mathrm{m})$$

（2）由式（8.23）可计算得到首尾两段零头弧长 l_1、l_2 及整弧长 l 所对应的偏角：

$$\varphi_1=5°41'56''$$
$$\varphi_2=6°20'40''$$
$$\varphi=7°38'22''$$

（3）由式（8.24）可计算得到首尾两段零头弧长 l_1、l_2 及整弧长 l 所对应的弦长：

$$d_1=14.91\mathrm{m}$$
$$d_2=16.60\mathrm{m}$$
$$d=19.99\mathrm{m}$$

（4）由式（8.25）计算偏角，结果见表8.4。

表8.4 各 桩 号 偏 角 表

桩号	桩点到ZY的弧长/m	偏角值	相邻桩点间弧长/m	相邻桩点间弦长/m
ZY 6+125.08	0	0°00'00"	0	0
6+140	14.92	2°50'58"	14.92	14.91
6+160	34.92	6°40'09"	20	19.99
6+180	54.92	10°29'20"	20	19.99
QZ 6+180.84	55.76	10°38'58"	0.84	0.84
6+200	74.92	14°18'31"	19.16	19.15
6+220	94.92	18°07'42"	20	19.99
YZ 6+236.61	111.53	21°18'02"	16.61	16.60

2. 测设步骤

以【例8.5】为例，偏角法的测设步骤如下：

（1）将全站仪置于 ZY 点上，瞄准交点 JD 并将水平度盘配置为 $0°00'00''$。

（2）转动照准部使水平度盘读数为里程桩 6+140 的偏角度数 $2°50'58''$，从 ZY 点沿此方向量取弦长 $d_1=14.91\mathrm{m}$，定出 6+140 桩。

（3）转动照准部使水平度盘读数为里程桩 6+160 的偏角度数 $6°40'09''$，由 6+140 桩量取弦长 $d=19.99\mathrm{m}$ 与视线方向相交，定出 6+160 桩。依此类推，测设其他里程桩。最后一个整里程桩 6+220 至 YZ 点的距离应为 $d_2=16.60\mathrm{m}$，以此来检查测设的质量。

8.5.2.2 切线支距法

切线支距法又称直角坐标法，是以圆曲线的起点 ZY 或终点 YZ 为坐标原点，以切线 T 为 x 轴，以通过原点的半径为 y 轴，建立独立坐标系，根据曲线细部点在此坐标系中的坐标 x、y，按直角坐标法进行测设。

1. 测设数据计算

如图8.24所示，细部点的点位仍采用整桩号法，则该点坐标可以按下式计算：

$$\left.\begin{aligned}\varphi_1 &= \frac{l_1}{R} \times \frac{180°}{\pi} \\ \varphi &= \frac{l}{R} \times \frac{180°}{\pi} \\ \varphi_i &= \varphi_1 + (i-1)\varphi \\ x_i &= R\sin\varphi_i \\ y_i &= R(1-\cos\varphi_i)\end{aligned}\right\} \quad (8.26)$$

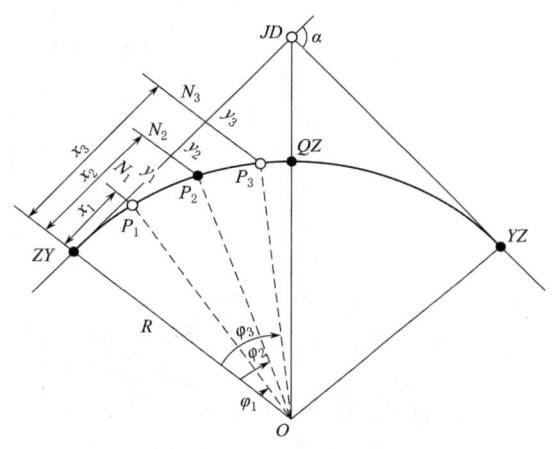

图 8.24 切线支距法详细测设圆曲线

【例 8.6】 根据【例 8.5】中的曲线元素、桩号和桩距，按切线支距法计算各里程桩点的坐标。

解：先计算曲线起点或终点至各桩点的弧长，按式（8.26）计算圆心角及圆曲线细部点坐标，具体计算结果见表 8.5。

表 8.5 切线支距法测圆曲线坐标计算表

桩 点	弧长 l/m	圆心角 φ	支距坐标 x/m	支距坐标 y/m
ZY 6+125.08	0	0°00′00″	0	0
6+140	14.92	5°41′56″	14.90	0.74
6+160	34.92	13°20′18″	34.60	4.05
6+180	54.92	20°58′40″	53.70	9.94
QZ 6+180.84	55.76	21°17′56″	54.48	10.24
6+200	36.61	13°59′02″	36.25	4.44
6+220	16.61	6°20′40″	16.58	0.92
YZ 6+236.61				

2. 测设方法

切线支距法测设曲线时，为了避免支距过长，一般由 ZY 点和 YZ 点分别向 QZ 点施测，测设步骤如下：

（1）从 ZY（或 YZ）点开始，用钢尺沿切线方向量取 x_1、x_2、x_3 等横距，得各垂足点 N_1、N_2、N_3，用测钎在地面作标记。

（2）在垂足点上作切线的垂直线，分别沿垂直线方向用钢尺量出 y_1、y_2、y_3 等纵距，得出曲线细部点 P_1、P_2、P_3。

用此法测设的 QZ 点应与曲线主点测设时所定的 QZ 点相符，作为检核。

该方法适用于平坦开阔地区，各个测点之间的误差不易累积，但是对通视要求较高，在量距范围内应没有障碍物，如果地面起伏比较大，或各个测设主点之间的距离过长，会对测距带来较大的影响。若选用全站仪或测距仪进行量距则不受影响。

项目8 施工测量基本方法

知 识 梳 理

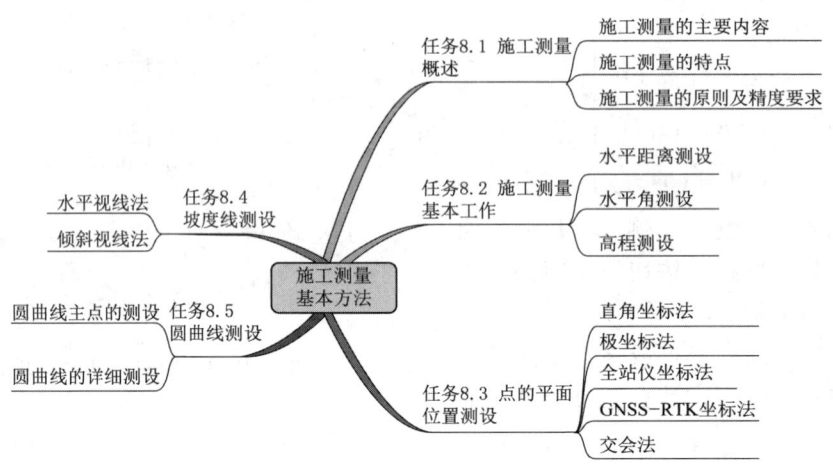

证 书 对 接

1+X测绘地理信息数据获取与处理（中级）中要求学生具备RTK点放样的能力，详见表8.6。

表8.6　　　　　　　　　　测绘地理信息数据获取与处理（中级）

工 作 领 域	工 作 任 务	职 业 技 能 要 求
GNSS测量	RTK数字测图野外数据采集	能使用RTK进行控制点数据采集； 能使用RTK进行碎部点数据采集； 能使用RTK进行点放样数据采集。

比 赛 项 目

在全国职业院校技能大赛地理空间数据采集与处理赛项模块二中，要求水准测量、导线测量、曲线测设、施工放样4选2，其中施工放样是根据大赛提供的待定点坐标和电子设计图获取放样点位坐标，计算放样元素，利用全站仪放样待定点，并对测设成果现场检核测量。施工放样竞赛样题如下。

已知测站点、定向点和检查点的坐标，见表8.7。

表8.7　　　　　　　　　　　控 制 点 坐 标

序 号	点 名	X坐标/m	Y坐标/m	备 注
1	F_1	206113.643	483623.256	测站
2	F_0	206088.576	483660.125	后视
3	F_2	206190.132	483524.016	定向

(1) 要求在实地测设三个点,详见表8.8。

表8.8　　　　　　　　　　　设 计 点 坐 标

序　号	点　名	X 坐标/m	Y 坐标/m
1	A_1	206136.429	483635.632
2	B_1	206138.769	483653.645
3	C_1	206140.658	483658.496

(2) 用测站点、定向点和检查点的第二套坐标测量测设出的三个点的坐标;详见表8.9。

表8.9　　　　　　　　　　　控 制 点 坐 标

序　号	点　名	X 坐标/m	Y 坐标/m	备　注
1	F_1	636113.643	383623.256	测站
2	F_0	636088.576	383660.125	后视
3	F_2	636190.132	383524.016	定向

上交成果:测站到测设点的边长、方位角和三个测设点的检测坐标。

总分100分,其中竞赛用时成绩满分15分,实操及成果质量满分85分。

思 政 园 地

港珠澳大桥测量:世纪工程的"眼睛"

2018年2月6日,港珠澳大桥主体工程交工验收会议在珠海召开。来自港珠澳三地职能部门、业主单位及主体工程各参建单位等43家单位的150多名专家及代表见证了这一历史性时刻。

会议认为,港珠澳大桥主体工程质量保证体系完善,符合设计及技术规范要求,工序控制严格,工程质量可靠。根据验收办法,工程具备通车试运营条件,同意交付使用。

"世纪工程,测量先行。因为海上施工没有参照物,测量就好比海上施工的'眼睛',这就意味着测量工作容不得犯错。"七年间,港珠澳大桥主体工程测量控制中心主任郑强在工作中时刻保持着如履薄冰的态度,不敢有丝毫马虎和懈怠。这样的工作心态换得了测控中心的测量工作零失误。如今,当港珠澳大桥主体工程交工验收后,郑强紧绷七年的心终于可以放下来了。

为确保大桥工程质量,建立高精度的大桥首级控制网以及统一粤港澳三地的测绘基准势在必行。在珠海踏勘时,踏勘人员到横琴岛洋环村附近的山上选点。当地村民告知,有一条小路可以到达山顶,但近10年来几乎没人上山,路已被乔木和灌木覆盖。队员们迎难而上,用砍刀开路、做标记,在树木和灌木丛中艰难行进,跋涉了两个多小时才到达近200m高的山顶。

同样的场景也出现在香港,踏勘人员在鸡公山选点时,由于事先没有准备砍刀等工具,满山的藤条让人举步维艰。甚至有一段山坡非常陡峭,人只能抓着藤条往上爬。

在克服种种困难后,国测一大队技术人员于 2008 年 11 月 25 日完成了粤港澳测区的踏勘和项目设计。随着港珠澳大桥首级控制网布测任务的圆满完成,这座世纪工程建设正式拉开了序幕。

港珠澳大桥主体工程高精度测量基准的建立与维护也同样要求精益求精。测控中心针对海上环境反复进行了测试,以探寻什么气候条件下高程传递稳定性较好的规律。经过不断测试,测控中心成功解决了海上高程传递的难题。

事后,测控中心将解决长距离高程传递问题的技术向各施工单位推广,这也确保了施工单位能准确完成海上高程测量、放样和检核,为主体工程高程的顺利贯通奠定了基础。

这一重大工程对于贯彻"一国两制"方针,全力支持香港、澳门两个特别行政区积极应对国际金融危机,保持繁荣稳定,拓展粤港澳三地合作的深度和广度具有重要意义。

习　　题

一、填空题

1. 建筑场地测设的基本工作包括:已知_____、已知_____和已知高程的测设。

2. 测设已知水平距离是从一个已知点出发,沿指定的_____,量出给定的_____,定出这段距离的另一端点。

3. 测设已知水平角就是根据水平角的一个已知_____和已知_____,把该角的另一个方向测设在地面上。

4. 测设已知水平角时,当测设水平角精度要求不高时,可采用盘左、盘右_____的方法进行。

5. 根据已知水准点,将设计的高程测设到现场作业面上,这种测设称为_____。

6. 在深基坑或高楼施工时,通常采用_____的方法测设高程。

7. 放样高程时,已知后视点高程 $H_A=101.00$m,后视读数 $a=1.200$m,放样点高程为 101.111m,则放样点立尺的读数为____m 时,尺子底部的高程即为设计高程。

8. 建筑施工场地的高程控制测量多采用_____。根据施工场地附近_____,测定施工场地水准点的高程。

二、判断题

1. 测设点的平面位置时可根据控制网的形式、地形情况、现场条件及精度等条件来灵活选择适当的测设方法。　　　　　　　　　　　　　　　　　　　　(　　)

2. 测设点平面位置时,直角坐标法使用起来计算简单,但测设不方便,精度不高。
　　　　　　　　　　　　　　　　　　　　　　　　　　　　　　　　　　(　　)

3. 钢尺测设法测设已知水平距离时,为了检核,应往返丈量两次,取其平均值作为

终点最后结果。（　　）

4. 当向较深的基坑或较高的建筑物上测设已知高程点时，若水准尺长度不够，可利用钢尺向下或向上引测。（　　）

5. 测设就是根据已建立的控制点或已有的建筑物，按工程设计要求，将建、构筑物的特征点在实地标定出来。（　　）

6. 直角坐标法是根据直角坐标原理，利用纵横坐标之差，测设点的平面位置。（　　）

7. 施工测量是间接为工程施工服务的，因此它不必与施工组织计划相协调。（　　）

8. 施工测量的精度主要取决于建筑物的大小、性质、用途、施工方法等因素。（　　）

三、简答题

1. 施工测量的主要内容有哪些？
2. 假定某水准点的高程 H_R，待测设点为 A，设计高程为 H_A，要使 A 点高程在地面上测设出来，简述测设过程。
3. 简述什么情况下适合采用直角坐标法来测设点的平面位置。
4. 简述极坐标法放样的基本步骤。
5. 简述直角坐标法放样的步骤。
6. 简述全站仪坐标放样的一般过程。

项目 8　习题答案

项目9 渠 道 测 量

【项目介绍】渠道是常见的普通水利工程。渠道包括渠首、渠道、渡槽、倒虹吸、涵洞等一系列配套建筑物，无论灌溉、排水或引水发电，都经常兴修渠道。本项目主要介绍渠道测量的基本概念、常用方法以及测量成果的整理与应用。通过本项目的学习，学生能够掌握渠道测量的基本技能，包括渠道中线测量、纵横断面测量、土方计算等，并能根据不同的工程需求选择合适的测量方法，按照规范要求完成外业测量和内业计算。通过渠道测量培养学生吃苦耐劳、精益求精的工匠精神。

【案例导入】南水北调工程，是中华人民共和国的战略性工程，分东、中、西三条线路，东线工程起点位于江苏扬州江都水利枢纽。中线工程起点位于汉江中上游丹江口水库，受水区域为河南、河北、北京和天津。

本项目以南水北调项目某标段渠道开挖的施工过程为例，讲解渠道测量的原理和方法。该测量项目最终要为设计人员提供基础的断面数据，套绘设计图纸，估算完工后的项目土石方量，见表9.1。那么需要做哪些工作，才能完成这项任务呢？

表 9.1 土 方 计 算 表

桩号	渠底中桩填挖/m		填挖面积/m²		平均面积/m²		距离/m	土方量/m³	
	填高	挖深	填	挖	填	挖		填	挖
K0+000	0.41		14.82	0					
					8.72	1.01	50	436.0	50.2
K0+050		0.75	2.61	2.01					
					3.39	2.30	50	169.5	115.0
K0+100		0.61	4.17	2.58					
					8.14	1.29	50	407.0	64.5
…	…	…	…	…	…	…	…	…	…
合计	…								

任务 9.1 实地踏勘、选线

知识目标：
掌握渠道踏勘、选线的主要技术要求。
能力目标：
具有内业和外业选线测量的能力。
素质目标：
培养学生的合作意识，重视规范、爱岗敬业、踏实求实的学习态度，逐渐形成精益求精的

9.1.1 实地
踏勘、选线

9.1.2 实地
踏勘、选线

工匠精神。

踏勘选线的任务，是根据水利工程规划所定的渠线方向、引水高程和设计坡度，在实地确定一条既经济又合理的渠道中线位置。这条中线应符合下列要求：

(1) 尽量短而直。

(2) 要避免修建过多的渠系过水建筑物（如渡槽、倒虹吸管等），且应尽量少占耕地，以减少工程费用和经济损失。

(3) 沿线应有较好的地质条件，无严重渗漏和塌方现象。

(4) 在山丘区应尽量避免填方，以保证渠道边坡的稳定性。

9.1.1 现场踏勘

现场踏勘的目的是了解渠线上某些特殊点（如渠道沿线的山垭、跨河点等）的相对位置和高程，同时对线路上的险工、难工和大型建筑物的类型和尺寸等作出估计，最后通过分析、比较，确定一个最优方案或几个较优方案。

查勘前，最好先在比例尺为 1∶1 万～1∶10 万的地形图上初选几条渠线方案，然后依次对所经地带进行实地查勘，了解和搜集有关资料（如土壤、地质、水文、施工条件等），并对渠线某些控制性的点（如渠首、沿线沟谷、跨河点等）进行简单测量，了解其相对位置和高程，以便分析比较，选定最佳渠线。

9.1.2 室内选线

室内选线就是在图上进行选线，即在合适的地形图上选定渠道中心线的平面位置，并在图上标出渠道转折点到附近明显地物点的距离和方向（由图上量得）。如果该地区没有适用的地形图，则应根据查勘时确定的渠道线路，测绘沿线宽 100～200m 的带状地形图，其比例尺一般为 1∶5 000 或 1∶1 万。

如果兴建的渠道较长，规模较大，设计人员应该先在拟建渠道地区的大比例尺地形图上依据渠道所需要的坡度、路线方向和周围地物、地貌等情况，进行比较，然后在图上作初步选线。如果没有现状地形图，应先沿规划渠道方向进行带状地形测量，在合适的地形图上选定渠道中心线的平面位置，在图上标出渠道转折点到附近明显地物点的距离和方向。如果渠道较短，规模很小，可以直接在实地选线。

在山丘区选线时，为了确保渠道的安全稳定，应力求挖方。因此，环山渠道应先在图上根据等高线和渠道纵坡初选渠线，并结合其他要求在图上定出渠线位置。

9.1.3 外业选线

外业选线就是将室内所选渠道中心线标定于实地，其任务是：标出渠道的起点、转折点和终点。外业选线还要根据实地情况，对图上所选渠道中心线作进一步分析研究和补充修改，使之完善。

实地选线时，一般应借助仪器选定各转折点的位置，结合实际情况进行修改，最后确定渠道起点、转折点和终点，并用木桩标定这些点的位置，绘制点位略图，以便日后寻找。

对于已经在原有地形图或实测带状地形图上进行过"纸上定线"的渠道，实地选线的任务是将图上所标定的一系列渠线转折点的点位，分别根据这些点与其附近控制点或明显地物的关系位置，以及转折点本身的点位高程，将每一转折点选定在实地上。如果事先未经过"纸上定线"，实地选线则应根据踏勘时所确定的引水口位置、渠道走向、沿线地形、地质情况，以及其他定线条件（如渠底设计比降，渠道设计断面尺寸等）逐点选点。以山丘地区渠道选线为例，由于在山丘地区修渠，干渠一般都是大致沿着等高线走向选定。因此，实地选线都需借助于全站仪或水准仪进行。

每一转折点和中线点选定后，应即埋设较大木桩，称为交点桩和中线控制桩，并注明各桩的编号。

平原地区的选线比较简单，一般要求尽量选成直线，只有在必须绕过居民区、厂区或其他重要地区时才需转弯。山丘地区的渠道一般盘山而走，依着山势随弯就弯，但要控制渠线的高程位置，以保证符合引水高程和设计坡度的要求。为此，需要根据已知水准点来进行探测确定。

为了满足渠线的高程测量和纵断面测量的需要，在渠道选线的同时，应沿渠线附近每隔 1~3km 在施工范围以外布设一些水准点，并组成附合或闭合水准路线，当路线不长（15km 以内）时，也可组成往返观测的支水准路线。水准点的高程一般用四等水准测量的方法施测（大型渠道应采用三等水准测量）。

任务 9.2 中 线 测 量

知识目标：
掌握渠道中线测量的主要技术要求。
能力目标：
能够在平原和山丘地区进行渠道中线测量。

9.2.1 中线测量 ▶　　9.2.2 中线测量

素质目标：
培养学生规范操作仪器的习惯和数据计算的准确性，形成实事求是的诚信品质。

中线测量的任务是：沿选定渠线方向依次测设中心线桩，绘制渠线中线桩草图。在平原区，渠道转折处需要测定转折角，如果转角大于 6°，还应测设曲线的主点及曲线细部点的里程桩等，敷设圆曲线。在山丘区渠道的高程位置需要进行探测确定。

9.2.1 平原地区的中线测量

从渠首起点开始，朝着终点或转折点方向用花杆和钢尺或全站仪进行定线和测距，按照规定间距（一般 50m 或 100m）打桩标定中线位置。里程桩号按"×+×××"的方式编写：如起点桩号为 0+000，其余分别为 0+050、0+200、…、1+050、2+000、…在相邻两里程桩之间的重要地物（如道路）和坡度突变的位置上，应加设木桩，称为加桩。加桩的桩号一般不是规定间距的整倍数。

测设出各个桩位的平面位置后，还应重新测定其坐标。测量方法可采用极坐标法、直角坐标法、方向交会法或距离交会法，并做好点之记。由于定位条件和现场情况的不同，测设方法应根据具体情况合理选择。

当桩定到转折点上时，应用经纬仪测定转折角 α（即来水方向的延长线转至去水方向的角值，有左转和右转两种情况），并按设计要求测设圆曲线。规范要求：当 $\alpha<6°$ 时，不测设圆曲线；当 $\alpha\in[6°，12°]$ 及 $\alpha>12°$ 且曲线长度 $L<100m$ 时，只测设曲线的三个主点桩；当 $\alpha>12°$，且曲线长度 $L>100m$ 时，需测设曲线的细部点。

【例 9.1】 图 9.1 为某借水渠道的平面布置图，试放样该渠道的中线位置。

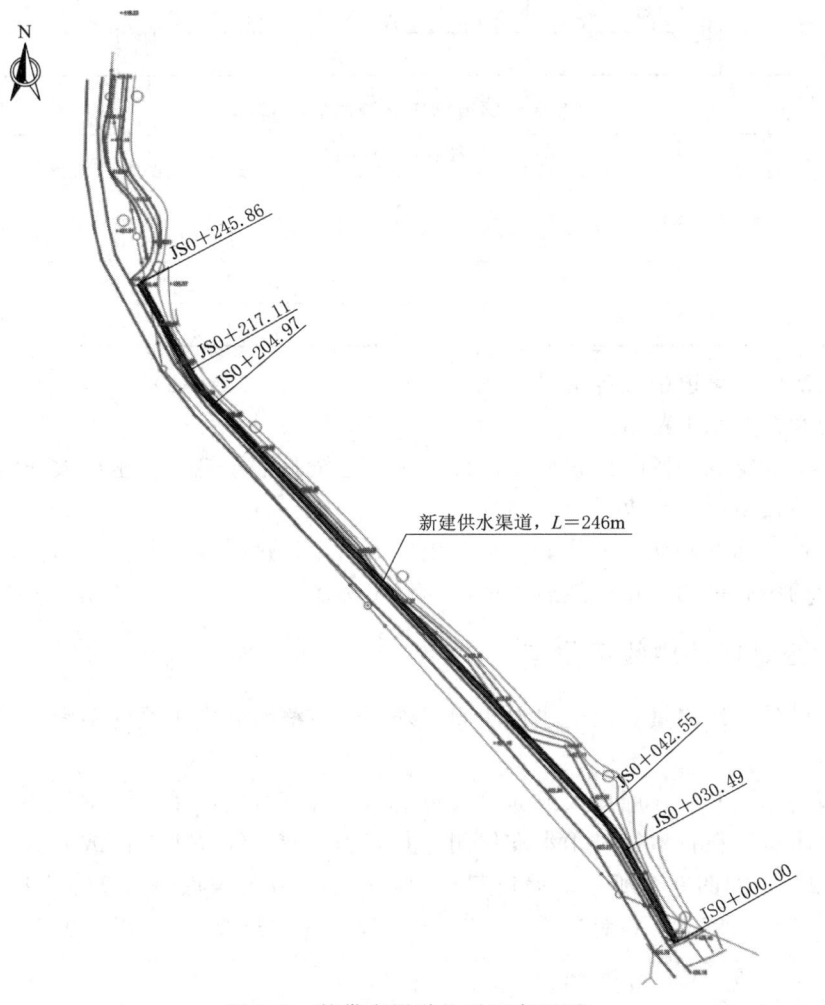

图 9.1　某借水渠道的平面布置图

计算该渠道中线的坐标和控制点，见表 9.2 和表 9.3。

放样步骤如下：

(1) 在控制点 $M3-1$ 安置全站仪，输入控制点 $M3-1$ 的坐标。

(2) 瞄准后视点 $M3-2$ 并输入后视点 $M3-2$ 的坐标，瞄准后视点进行定向。

(3) 定向后，瞄准已知点 $M3-3$，测量其坐标，进行检核。

表 9.2　　　　　　　　　　某借水渠道的中线桩坐标

桩　号	坐标值/m		转弯半径 R/m	平面转角 α/(°)
	X	Y		
JS0+000.00	8102.65	7950.31	—	—
JS0+030.49	8129.35	7933.59	50.00	12.65874
JS0+042.55	8138.10	7927.55		
JS0+204.97	8257.49	7816.43	50.00	15.26547
JS0+217.11	8267.33	7811.36		
JS0+245.86	8291.52	7798.52	—	—

表 9.3　　　　　　　　　某借水渠道施工区域内的控制点

控制点点号	控制点坐标/m		备　注
	X	Y	
M3-1	8201.254	7910.127	已知点
M3-2	8115.657	7955.176	已知点
M3-3	8296.217	7969.597	已知点

（4）依次输入渠道中线各桩号（JS0+000.00～JS0+245.86）的坐标，仪器自动计算待放方位角和待放水平距离。

（5）在待标定点的概略位置处立棱镜，用望远镜瞄准棱镜，按坐标放样功能键，则可立即显示当前棱镜位置与放样点的坐标差。

（6）根据坐标差移动棱镜位置，直至坐标差为零，这时棱镜所对应的位置就是放样点该桩号对应的中心桩的位置，然后在地面上做出标志。

9.2.2　山丘地区的中线测量

山丘地区的中线测量除用上述方法确定外，还应概略确定中线的高程位置。具体作业方法是：

从渠道的起点开始，用皮尺或绳尺大致沿山坡等高线向前量距，按设计要求规定的里程间隔打一木桩，在打木桩时用水准仪测量其高程，看中线是否偏高或偏低。

【例 9.2】　　如图 9.2 所示，渠道起点 JS0+000.00 的渠底高程 $H_起=86.05\text{m}$，渠底设计坡度为 $i=-1/500$，设计渠深 $h=5.0\text{m}$。计算并放样 P 点（JS0+042.55）的堤顶高程。

P 点的堤顶高程为：
$$H_P=(H_起+i\times D)+h=(86.05-1/500\times 42.55)+5.0$$
$$=90.96(\text{m})$$

如图 9.3 所示，根据计算的数据，在 BM_1 点和 P 点之间安置水准仪，利用高程放样的方法，放样出 P 的高程，并钉桩以标记。

设水准点 BM_1 的高程为 89.684m，要确定 P 点堤顶高程的概略位置，应在水准点与 P 点之间架设水准仪，后视水准点 BM_1，读得后视尺读数为 1.564m，则视线高为

89.684+1.564＝91.248（m），然后将前视尺沿山坡上、下移动，使前视尺读数为 91.248－90.96＝0.288（m），此时该立尺点的高程即为90.96m，打一木桩，该木桩即为 P 点堤顶高程的位置。但为了保证盘山渠道外边坡的稳定性，尽量减少填方，一般应根据山坡坡度将桩位适当提高。

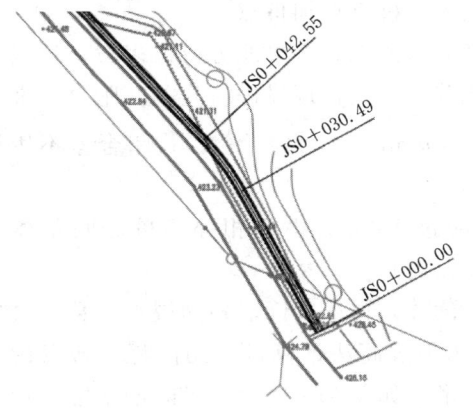

图 9.2 渠道中桩的高程计算

图 9.3 渠道中桩的高程放样

任务 9.3 纵断面测量、绘制

知识目标：
掌握渠道纵断面测量的技术方法。
能力目标：
（1）能够在平原和山丘地区，进行渠道纵断面测量。
（2）能够完成纵断面图的绘制。
素质目标：
培养学生规范测量和绘制纵断面图，养成科学严谨的工作态度。

9.3.1 纵断面测量、绘制

9.3.2 纵断面测量、绘制

渠道纵横断面测量的目的，是为了了解渠道沿线一定宽度范围内的地面起伏情况，为渠道设计、施工提供基本资料。

为提高测量精度和进行成果检查，根据"从整体到局部，先控制后碎部"的原则，纵断面测量分两步进行：首先是沿线路方向设置若干水准点，建立线路的高程控制，称为基平测量；然后是根据各水准点的高程分段进行中桩水准测量，称为中平测量。

9.3.1 基平测量

渠、堤高程控制点可根据需要和用途设置为永久性或临时性水准点。

线路起、终点或需长期观测的重点工程以及一些需长期观测高程的重要建筑物附近应设置永久性水准点。水准点的密度应根据地形和工程需要而定，在重丘区和山区每隔 0.5～1km 设置一个，在平原和微丘区每隔 1～2km 设置一个，并绘制点之记。

测量的方法以水准测量为主，应根据等级要求采用四等或五等水准进行，应使用不低

于 S_3 水准仪,采用一组往返或两组单程在两水准点之间进行观测。

9.3.2 中平测量

中平测量是在基平测量设置的水准点间进行单程附合水准测量,在每个测站上观测转点以传递高程,观测中桩以测定地面高程。观测点为整桩点和加桩点。

进行纵断面水准测量时,应利用渠道沿线布设的水准点,将渠线分成许多段,每段分别与邻近两端的水准点组成附合水准路线,然后从首段开始,逐段进行施测。附合水准路线的长度应不超过2km,高程闭合差应不大于$\pm 10\sqrt{n}$mm(n为测站数);闭合差不用调整,但超限必须返工。

在每一个测站上,标尺至水准仪的距离应不超过150m;由于相邻各桩之间距离不远,高差不大,一站能够测定若干桩点的高程(地面高)。

观测和记录应按桩号顺序进行,先读取后视点读数,再依次读取各间视点读数,最后读取前视点读数(转点桩位地面可放置尺垫),采用视线高法计算各点的高程。转点读数和高程计算取至毫米;间视读数和高程计算取至厘米。如图9.4所示为纵断面水准测量的方法,记录格式见表9.4。

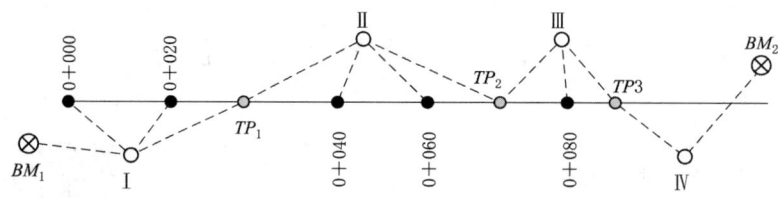

图9.4 中平测量示意图

【例9.3】 具体记录计算见表9.4,其中BM_1点的高程为237.214m,BM_2点的高程为237.246m。注:后视读数、前视读数由于需要传递高程,必须读至毫米;0+000、0+020、0+040、0+060和0+080为中桩,不传递高程,可读至厘米,又称间视点。

表9.4 纵断面水准测量记录手簿

测站	桩号	水准尺读数/m			视线高/m	高程/m	备注
		后视	间视	前视			
I	BM_1	2.126			239.340	237.214	已知237.214
	0+000		1.23			238.11	
	0+020		1.87			237.47	
	TP_1			1.378		237.962	
II	TP_1	1.653			239.615	237.962	
	0+040		1.86			237.76	
	0+060		1.42			238.20	
	TP_2			2.220		237.395	

续表

测站	桩号	水准尺读数/m			视线高/m	高程/m	备注
		后视	间视	前视			
Ⅲ	TP_2	1.351			238.746	237.395	
	0+080		1.10			237.65	
	TP_3			1.629		237.117	
Ⅳ	TP_3	1.619			238.736	237.117	
	BM_2			1.487		237.249	已知 237.246
辅助计算	已知点的高程之差 $h=237.246-237.214=0.032$(m) 高程闭合差 $f_h=(237.249-237.214)-0.032=0.003$(m) 高差闭合差允许值 $f_{h允}=\pm 10\sqrt{n}=\pm 10\sqrt{4}=\pm 20.0$(mm),则 $f_h<f_{h允}$						

9.3.3 纵断面图绘制

纵断面测量完成后,整理外业观测成果,经检查无误后,即可绘制纵断面图。

纵断面图是反映渠道水流方向所经地面起伏情况的图,依据里程桩和加桩的高程绘制在印有毫米方格的坐标纸上。图上纵向表示高程,横向表示里程(平距)。因为沿线地面高差要比渠道长度小得多,为了明显反映地面起伏情况,高程比例尺通常要比平距比例尺大10(山丘区)~20倍(平原区)。常用比例尺:高程为1:100、1:200或1:500;平距为1:1000、1:2000或1:5000。

纵断面图的绘制步骤和方法如下:

(1) 在坐标纸的左下角绘制图表,分桩号、地面高程、渠顶高程、设计水深、渠底高程等栏目。左方栏边线一般作为渠道起点,并将此边线向上延伸作为标高线(即纵坐标轴),同时将每栏横线向右延绘至坐标纸边缘,如图9.5所示。

(2) 在里程栏按平距比例尺标出里程桩和加桩的位置,并注明桩号。在其他有关栏对应桩号的位置上注明地面高程、渠顶高程、设计水深、渠底高程的数值。其中渠底设计高程按式(9.1)计算:

$$H = H_起 - i \times D \tag{9.1}$$

式中:$H_起$为渠道起点处的渠底设计高程,m;H为待求里程桩的渠底设计高程,m;i为渠底设计坡度;D为该点对起点的里程,m。地面高程减渠底设计高程即为挖填数值;其值为正表示挖深,其值为负表示填高。

(3) 根据各里程桩和加桩的地面高程标出断面点的位置,用直线将各点依次连接起来,即绘成纵断面图。

【例 9.4】 由图9.5可知,起点K0+000处的渠底设计高程为422.59m,计算K0+030.49处的渠底设计高程,以校核图纸。

根据图纸可以知道,该段渠底的设计坡度 $i=1:100$,于是

$$H = H_起 - i \times D = 422.59 - 0.01 \times 30.49 = 422.28 \text{(m)}$$

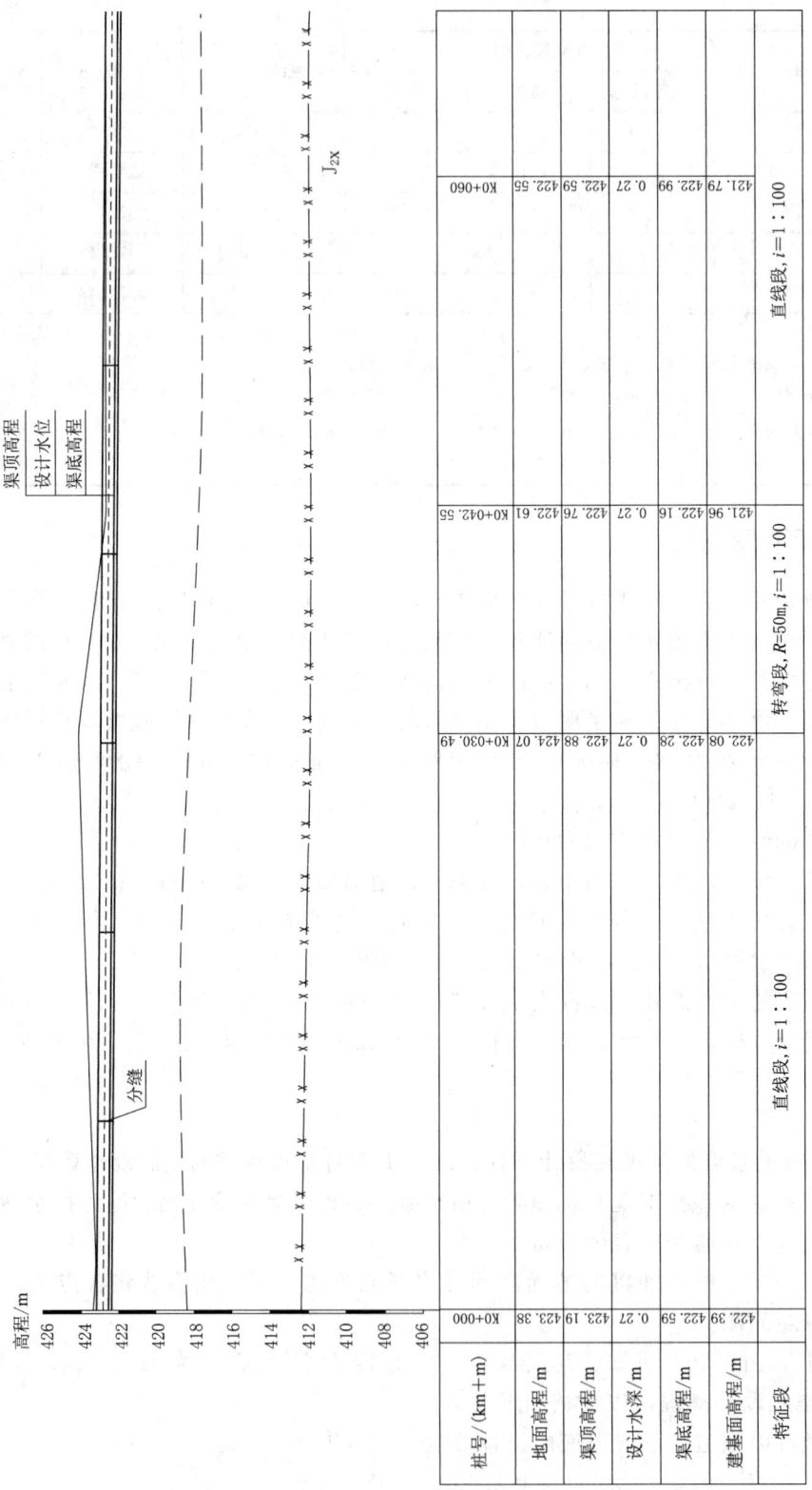

图 9.5 纵断面绘制示意图

任务9.4 横断面测量、绘制

知识目标：
掌握渠道横断面测量的技术方法。
能力目标：
(1) 能够在平原和山丘地区，进行渠道横断面测量。
(2) 能够完成横断面图的绘制。
素质目标：
培养学生规范测量和绘制横断面图，养成科学严谨的工作态度。

9.4.1 横断面测量、绘制▶ 9.4.2 横断面测量、绘制

9.4.1 横断面测量

横断面测量的任务，是测出各个中心桩（里程桩和加桩）处垂直于渠线方向的地面高低情况，并绘出横断面图。横断面测量的宽度视渠道大小而定，一般以能在横断面图上套绘出设计横断面为原则，并留有余地。一般宽度为10~50m，即中线两侧各5~25m。

横断面方向确定以后，便测定从中桩至左右两侧变坡的距离和高差，根据所用仪器不同，一般常采用以下几种方法。

1. 水准仪皮尺法

如图9.6所示。首先，标定横断面方向。用目估法或在中心桩上用木制的十字直角器即可定出垂直于中线的方向，此方向即是该桩点处的横断面方向。

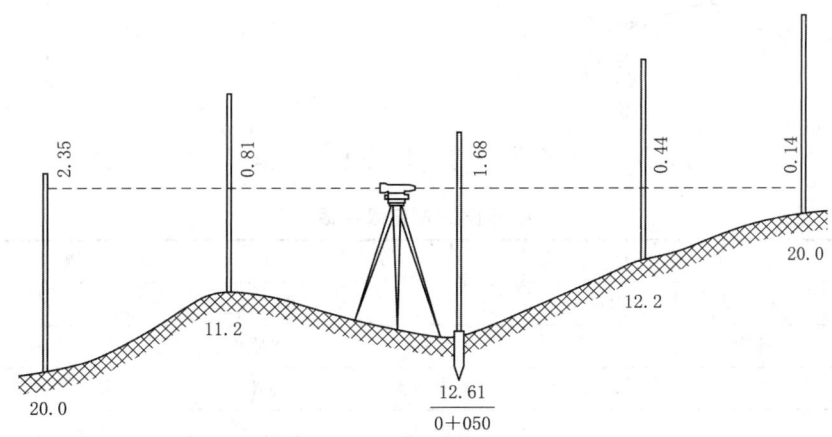

图9.6 水准仪皮尺法示意图

然后，测出坡度变化点间的距离和高差。测量时以中心桩为零起算，面向渠道下游分为左、右侧。利用水准仪测量坡度变化点和中桩的中丝读数，同时利用皮尺丈量坡度变化点和中桩的水平距离。

【例9.5】 根据图9.6所示测量过程，具体记录见表9.5。

表9.5　　　　　　　　　　　　横断面测量记录手簿　　　　　　　　　　　单位：m

高差/平距	左侧	中心桩/高程	右侧	高差/平距
$\dfrac{-0.67}{20.0}$	$\dfrac{0.87}{11.2}$	$\dfrac{0+050}{12.61}$	$\dfrac{1.24}{12.2}$	$\dfrac{0.87}{20.0}$

（1）中桩 K0+050 高程为12.61m，分别记录在表格中间的分子和分母处。

（2）左侧断面测量了两个地形点与中桩 K0+050 的平距，分别为11.2m 和20.0m，记录在表格左侧相应位置的分母处。

（3）完成平距测量后，用水准仪读取两个地形点的中丝读数，分别为0.81m 和2.35m。中桩 K0+050 处的中丝读数为1.68m，分别减去两个地形点处的中丝读数，就得到了其与中桩 K0+050 的高差，分别为0.87m 和—0.67m，记录在表格左侧相应位置的分子处。

读数时，距离一般取位至0.1m，中线读数取至0.01m。

2. 全站仪法

全站仪法则更方便。如图9.7（a）所示，安置全站仪于任意一点上（一般安置在测量控制点上），先观测中桩点，再观测横断面方向上各个变坡点。用全站仪内置的对边测量程序，直接测定这两点之间的水平距离和高差。其中，水平距离的结果如图9.7（b）所示的 dHD，高差的结果如图9.7（b）所示的 dVD。

【例9.6】　根据图9.7所示全站仪的测量过程，具体记录见表9.6。

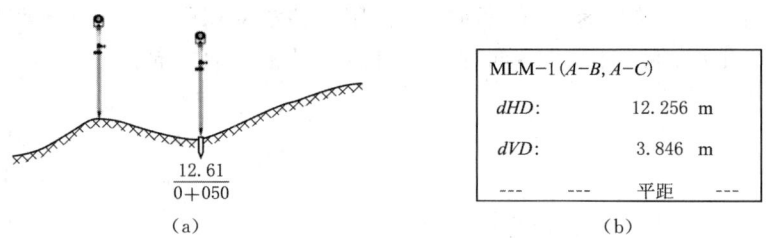

图9.7　全站仪法示意图

表9.6　　　　　　　　　　　　横断面测量记录手簿　　　　　　　　　　　单位：m

左侧			中心桩号	右侧		
测点3	测点2	测点1		测点1	测点2	测点3
平距	平距	平距	里程	平距	平距	平距
高差	高差	高差	地面高程	高差	高差	高差
5.117	4.211	1.712	K0+090	5.171	8.217	11.471
−0.091	−0.211	0.318	108.317	0.211	−0.012	−0.018

完成测量后，需要计算各地形点的高程，也就是将中桩高程与各测点的高差相加。

左侧断面的测点1的高程 $H_{左1}=108.317+0.318=108.635$（m）

左侧断面的测点2的高程 $H_{左2}=108.317-0.211=108.106$（m）

……

右侧断面的测点 1 的高程 $H_{右1}=108.317+0.211=108.528$ （m）

右侧断面的测点 2 的高程 $H_{右2}=108.317-0.012=108.305$ （m）

……

将上述计算结果登记，结果见表 9.7。

表 9.7　　　　　　　　　　横断面测量结果手簿　　　　　　　　单位：m

左 侧			中心桩号	右 侧		
测点 3	测点 2	测点 1		测点 1	测点 2	测点 3
平距	平距	平距	里程	平距	平距	平距
高程	高程	高程	地面高程	高程	高程	高程
5.117	4.211	1.712	K0+090	5.171	8.217	11.471
108.226	108.106	108.635	108.317	108.528	108.305	108.299

9.4.2　横断面图绘制

绘制横断面图的目的在于套绘标准断面图，计算土方量。绘制横断面图的方法基本上与纵断面图相似，一般采用直角坐标系，其中横坐标为水平距离，纵坐标为高程。为了计算面积方便，图上平距和高程通常采用同一比例尺。常用比例尺为 1∶100 或 1∶200，小型渠道也可采用 1∶50。

绘制横断面图时，应符合下列要求：

（1）根据横断面的长度和比高，合理选择制图比例尺。

（2）一张图上绘制多条横断面时，应按里程的先后顺序，由左至右，由上往下排列。

（3）同一列中各断面的中心线桩，宜位于同一垂线上，且为毫米格纸上的粗线。中心线桩的位置应用醒目的粗线标出，或用"▽"标示。

（4）制图时应预留套绘设计断面线的位置和注记中心线桩填、挖数值的位置。

常用比例尺为 1∶100 或 1∶200，小型渠道也

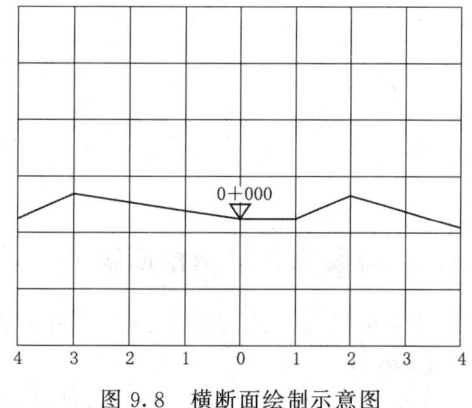

图 9.8　横断面绘制示意图

可采用 1∶50。只有当断面很宽而地面又比较平坦时，才采用较小的平距比例尺和较大的高程比例尺。绘制横断面图时，先在适当位置标定桩点，并注上桩号和高程；然后以桩点为中心，以横向代表相对中心桩的平距，纵向代表相对中心桩的高差，根据所测横断面成果标出各断面点的位置，用直线依次连接各点即可得到渠道的横断面图，如图 9.8 所示。

任务 9.5　土　方　测　量

知识目标：

掌握渠道土方测量的主要技术方法。

能力目标：
能够完成渠道填挖面积和土石方的计算。
素质目标：
培养学生分析问题、解决问题的能力和团结协作的团队精神。

为了编制渠道工程预算及组织施工，均需计算渠道开挖和填筑的土方量。

9.5.1 填挖断面的确定

确定挖填范围的方法是在各横断面图上绘制渠道设计横断面。首先，根据纵断面图上各里程桩的设计高程，标记出中心桩的高程位置。然后，根据渠底设计宽度、深度和渠道内外坡比，按照横断面图的比例尺进行绘制。如图 9.9 所示，地面线与设计断面线（标准断面线）所围成的面积即为挖方或填方面积，在地面线以上的部分为填方，在地面线以下的部分为挖方。

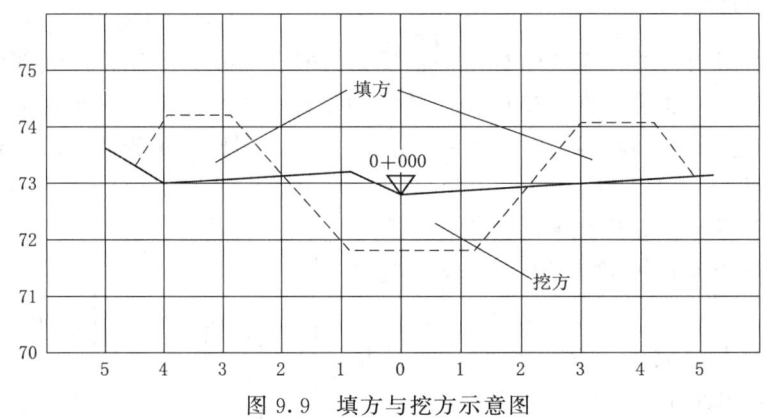

图 9.9 填方与挖方示意图

9.5.2 计算断面的填挖面积

计算填挖面积的方法很多，常采用的有梯形法和坐标法。

1. 梯形法

如图 9.10 所示，梯形法是将欲测图形分成若干等高梯形，然后按梯形面积的计算公式进行量测和计算。

取各梯形的中线长 L_i 并相加，按式（9.2）求得填方图形的面积 A，然后再按相应的比例尺换算成实际的面积。

$$A = h \cdot (L_1 + L_2 + L_3 + \cdots + L_n) \tag{9.2}$$

式中：A 为填方图形的面积，cm^2；h 为梯形的高，cm；L_i 为各个梯形的中线长，cm。

【例 9.7】 如图 9.10 所示，该填方断面可分为 16 个梯形，假设这些梯形的中线长之和，也就是 $L_1 + L_2 + L_3 + \cdots + L_{16} = 22cm$，梯形的高 h 采用 1cm。计算该渠道的填方面积。

9.5.1 计算断面的填挖面积

9.5.2 计算断面的填挖面积

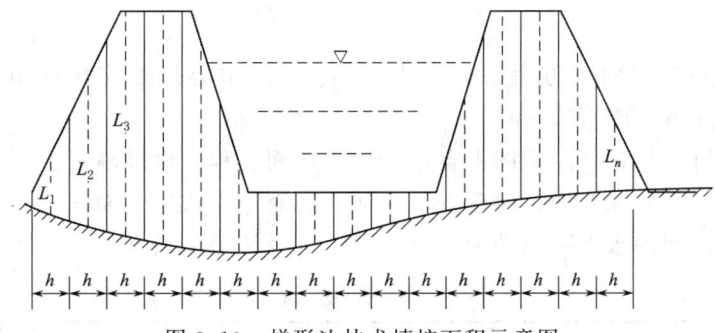

图 9.10 梯形法技术填挖面积示意图

填方断面的图上面积 A 为

$$A = h \cdot (L_1 + L_2 + L_3 + \cdots + L_{16}) = 1 \times 22 = 22 (\text{cm}^2)$$

如果横断面制图的比例尺为 1∶100，则填方断面的面积为 22m^2。

2. 坐标法

由于现代工程中计算机辅助制图的发展很成熟，横断面的面积计算一般采用解析法。先算得设计线与地面线围成面积的各转折点坐标，如图 9.11 所示。

按顺时针编号，则断面面积可按式 (9.3) 计算：

或

$$\left.\begin{array}{l} F = \dfrac{1}{2} \sum x_i (y_{i+1} - y_{i-1}) \\ F = \dfrac{1}{2} \sum y_i (x_{i-1} - x_{i+1}) \end{array}\right\} \qquad (9.3)$$

式中：F 为断面面积，m^2；x_i、y_i 为断面各转折点相应坐标，m。

9.5.3 土石方计算

土石方计算方法常采用"平均断面法"，如图 9.12 所示。

先算出相邻两中心桩应挖或填的横断面面积，取其平均值，再乘以两断面间的距离，即得两中心桩之间的土石方量，见式 (9.4)：

 9.5.3 土石方计算

 9.5.4 土石方计算

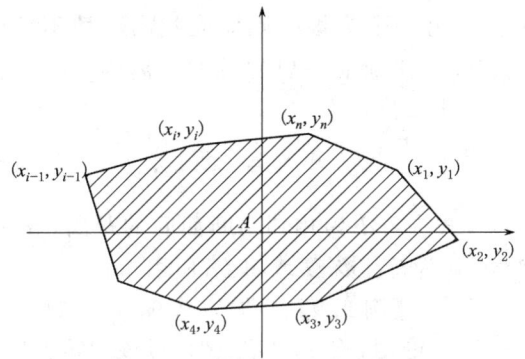

图 9.11 解析法技术计算填挖面积示意图

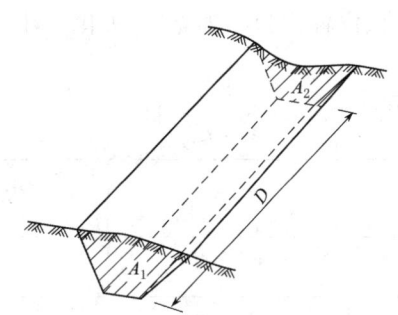

图 9.12 平均断面法示意图

$$V = \frac{A_1 + A_2}{2} \times D \tag{9.4}$$

式中：V 为两中心桩间的土方量，m^3；A_1、A_2 为两中心桩处应挖或填的横断面面积，m^2；D 为两中心桩间的距离，m。

计算土石方时，是将纵断面图上各中心桩的地面高程、设计高程、填挖量及各断面的填挖方面积分别填入表 9.8 内；然后求取相邻两断面挖方或填方面积的平均值，将平均断面面积乘以两断面间的水平距离即为挖方或填方量，结果见表 9.8。

表 9.8 　　　　　　　　　　土 方 计 算 表

桩号	渠底中桩填挖/m		填挖面积/m²		平均面积/m²		距离/m	土方量/m³	
	填高	挖深	填	挖	填	挖		填	挖
K0+000	0.41		14.82	0					
					8.72	1.01	50.00	435.75	50.25
K0+050		0.75	2.61	2.01					
					3.39	2.30	50.00	169.50	114.75
K0+100		0.61	4.17	2.58					
					8.14	1.29	50.00	407.00	64.50
K0+150	0.23		12.11	0					
					12.58	0.00	15.00	188.63	0.00
K0+165	0.11		13.04	0					
					14.21	0.00	35.00	497.35	0.00
K0+200	0.06		15.38	0					
					10.32	0.65	50.00	515.75	32.25
K0+250		1.85	5.25	1.29					
合计								2213.98	261.75

【例 9.8】 计算 0+050 与 0+100 两中心桩之间填挖的土石方。

两个断面的间距为 50m，根据表 9.8 两个断面处的填挖面积，可知：

$$V_{填} = (2.61 + 4.17) \div 2 \times 50 = 169.50 (m^3)$$
$$V_{挖} = (2.01 + 2.58) \div 2 \times 50 = 114.75 (m^3)$$

9.5.4　特殊情况

如果相邻两断面的中心桩，其中一个为挖，另一个为填，则应先找出不填不挖的位置，该位置称为"零点"。如图 9.13 所示，设零点 O 到前一里程桩的距离为 x，则 x 的计算公式为

$$x = \frac{a}{a+b} \cdot d \tag{9.5}$$

式中：d 为相邻两断面间的距离，m；a、b 为挖土深度或填土高度，m。

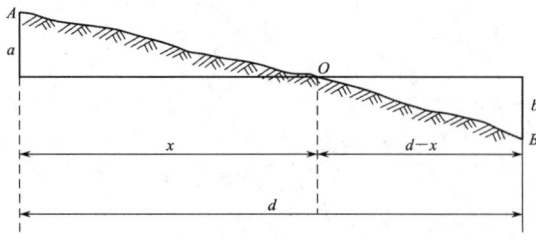

图 9.13　确定零点桩位置的方法

【例 9.9】 见表 9.9，0+000 桩至 0+050 桩有一"零点"，设该"零点"至 0+000 桩的距离为 x，0+000 桩填高 $a=$

0.41m，0+050 桩挖深 $b=0.75$m，则 $x=0.41/(0.41+0.75)\times50=17.6$（m）。那么"零点"的桩号为 0+017.6，该桩号求得后，应到实地补设该桩，并补测断面，以便将两桩之间的土方分成两部分计算，使计算结果更准确可靠。调整后的土方量详见表 9.9。

表 9.9　　　　　　　　　　　添加"零点"后的土方计算表

桩号	渠底中桩填挖/m		填挖面积/m²		平均面积/m²		距离/m	土方量/m³	
	填高	挖深	填	挖	填	挖		填	挖
K0+000	0.41		14.82	0					
					11.69	0.65	17.60	205.74	11.35
K0+017.6			8.56	1.29					
					5.59	1.65	32.40	180.95	53.46
K0+050		0.75	2.61	2.01					
					3.39	2.30	50.00	169.50	114.75
K0+100		0.61	4.17	2.58					
					8.14	1.29	50.00	407.00	64.50
K0+150	0.23		12.11	0					
					12.58	0.00	15.00	188.63	0.00
K0+165	0.11		13.04	0					
					14.21	0.00	35.00	497.35	0.00
K0+200	0.06		15.38	0					
					10.32	0.65	50.00	515.75	32.25
K0+250		1.85	5.25	1.29					
合计								2164.92	276.31

知　识　梳　理

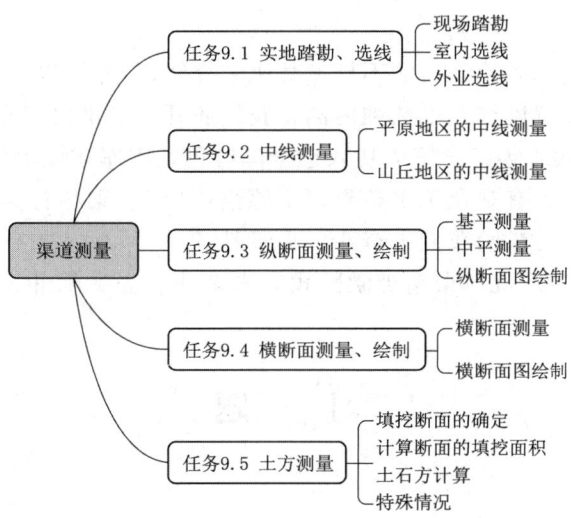

思 政 园 地

2024 年 8 月 31 日晚上,安阳市民收看了一场特别的"开学第一课",红旗渠建设特等模范张买江为全市师生讲述了他们一家和红旗渠的关系,也讲述了他的命运是如何被红旗渠改变的。

当年,张买江的父亲在修渠时牺牲,13 岁的他接过父亲的钢钎,走上工地。红旗渠修了 10 年,他干了 9 年。儿子张学义长大后,又接过他的接力棒,在合涧渠管所工作,负责守护 50 多公里渠段。

如今,年过七旬的张买江依然常常走上红旗渠。放眼眺望,渠水流淌进田埂,他又想起了那个 13 岁只身进太行的自己。"没有渠时,割麦子,麦子只有一拃高。"转而又流露出骄傲的笑容,"现在都建成了高标准农田,林州成了米粮仓。"

红旗渠精神代代相传,张买江感慨地说,红旗渠精神如同汩汩流淌的源头活水,不仅滋养了老一辈,也滋养着新一辈,为人们战胜艰难险阻提供了无穷的精神动力。

"渠二代"周锐常曾是红旗渠灌区管理处副处长,主持了红旗渠纪念馆新馆的规划建筑设计和陈列布展工作,退休后成为红旗渠干部学院的特聘教师。

"每一批来干部学院上课的党员干部,第一站都是参观红旗渠纪念馆。"周锐常说,"常有人问我,如今学红旗渠精神我们该学什么?答案就写在这里。"

站在纪念馆红旗渠工程的沙盘前,周锐常如数家珍:

"前后近 30 万人上山修渠,是一个人力、物力、技术、管理等高度协同的系统工程。红旗渠的成功建成,离不开党领导下全县'一盘棋'的组织协调";

"红旗渠建设的这漫长的 10 年间,修渠民众如何坚定信心、坚持到底呢?沙盘里依次亮起来的灯光,代表分段通水的渠,修成一期,通水一期,以水促渠,以渠促人心";

"红旗渠是水利科学技术与民间经验智慧结合的结晶,对水流量有着精确测算,总干渠渠道水平长度达到 70 公里,而高程仅仅下降 10 米,是山区等高线灌溉渠的杰出代表"……

听完课,还可以实际体验修渠的不易。林永艺介绍,"除了以'渠二代'讲故事、'劳模面对面'等方式深度解读红旗渠精神内涵,我们还开发了推民工车、抬太行石等特色课程,增强教学体验,2024 年纪念馆成功入选全国红色基因库建设单位。"

在纪念馆留言簿上,有观众工工整整写下感悟:"红旗渠精神是鲜活的,它可以融入我们每一代人的血脉中,激励我们去奋斗、去奉献。"

[资料来源:李卓尔. 红旗渠精神激励我们去奋斗、去奉献 [N]. 人民周刊,2025 - 05 - 19 (7).]

习 题

一、名词解释

1. 基平测量　　2. 中平测量　　3. 纵断面图　　4. 填、挖方

二、简答题

1. 踏勘选线的任务和要求是什么？
2. 山丘地区进行渠道测量时，如何概略确定中线的高程位置？
3. 如何用全站仪法进行横断面测量？
4. 进行土方估算时，相邻两断面间有"填挖零点"时，怎么处理？

项目 9　习题答案

项目 10 土（石）坝施工测量

【项目介绍】拦水坝是重要的水工建筑物，按筑坝材料不同可分为土坝、堆石坝、土（石）混合坝、浆砌石坝、混凝土坝等。修建大坝按施工顺序需进行下列测量工作：布设平面和高程基本控制网，控制整个工程的施工放样；确定坝轴线和布设控制坝体细部放样的定线控制网；清基开挖线和坡脚线放样；坝体细部放样等。对于不同筑坝材料及不同坝型施工放样的精度要求有所不同，内容也有些差异，但施工放样的基本方法大同小异。下面主要介绍土（石）坝施工放样的主要内容及基本方法。

【案例导入】大坝是现代社会发展和社会建设必不可少的一种水工建筑物。某一电站枢纽主要由上水库、下水库、输水系统、地下厂房及开关站等建筑物组成。上水库主要建筑物有上水库大坝、环库公路、库岸防护等。大坝采用混凝土面板堆石坝，最大坝高 70m，坝顶长 336.00m。下水库属山涧盆地。下水库主要建筑物有下水库大坝、岸边竖井溢洪道、导流泄放洞、库岸公路、库岸防护等。本项目以本工程施工过程为例，讲解土（石）坝施工测量的原理和方法。

任务 10.1 土（石）坝施工控制测量

知识目标：
(1) 掌握土（石）坝施工控制测量的内容。
(2) 掌握土（石）坝基本控制网的建立方法。
(3) 掌握土（石）坝坝身控制测量的方法。

能力目标：
(1) 具有土（石）坝基本控制网的选点能力。
(2) 具有土（石）坝坝身控制测量的能力。

素质目标：
(1) 培养学生耐心、执着、坚持、一丝不苟的工匠精神。
(2) 培养学生具备职业素养和工程质量意识。

任何测量工作都需要符合"先整体后局部，分级布网，逐级控制"的原则，以完成施工平面控制测量的布设与测量。根据这一原则，土（石）坝施工控制网应依据土（石）坝的总体布局、施工计划和工区的地形条件进行布设。同时为了在施工过程中确保控制点的稳定性和便于放样工作顺利进行，施工控制网的布设应作为整个工程技术设计的一部分，故控制点的点位应标注在施工场地的总平面图上。土（石）坝施工控制测量工作主要内容包括大坝基本控制网（高程、平面）的建立、坝轴线测设、坝身控制线测量、坝体高程控制测量。

10.1.1 土(石)坝基本控制网的建立

在工程建设勘测阶段已建立了测图控制网,由于它是为测图而建立的,未考虑施工时的要求,因此控制点的分布、密度等都难以满足施工测量的要求。此外,在大坝建设施工时会影响测点的稳定性,因此,在施工之前必须建立施工控制网。

大坝基本控制网起着控制全局的作用,是施工测量的基准,布设必须从网点的稳定、可靠、精确及经济等方面综合考虑。考虑到大坝的分布以及大坝建成后蓄水的影响,控制网的布设应以下游为重点,同时兼顾上游,这样有利于放样。

10.1.1.1 基本平面控制网的建立

考虑控制点的稳定性与施工放样的便捷性,通常将施工控制网进行两级布设:一级网,作为首级控制,其点位应尽量选在地质条件好、离爆破震动远、施工干扰小的地方,以便长期保存和稳定不动,该级网称为基本网。二级网,作为次级网,它是以基本网为基础,用插入点、插入网和交会点的方法加密而成的,其点位靠近各建筑物,直接为放样建筑物的辅助轴线和细部服务,该网称为定线网。定线网需要定期与基本网联测,检测其稳定性,并求算其变动后的坐标。当其点位遭到破坏时,也可用基本网点恢复其点位。

大坝基本平面控制网的起始点应选在坝轴线或主要建筑物附近,可利用勘测规划设计阶段布设的测图控制点,点位应选择在通视良好、方便加密、地基稳定且能长期保存的地方,分布应做到坝轴线下游的点数多于坝轴线上游的点数,尽量建设成具有强制归心装置的混凝土观测墩,周围还应设置醒目的保护设施。依据场地情况,可采用 GNSS 网、三角形网、导线或导线网形式布设,施测前应根据初步确定的网点位置,对多种网形结构进行精度优化设计、可靠性分析,确定最佳布网方案。平差计算一般按独立网进行,对于起算数据,在条件方便的时候,可与邻近的国家控制点进行联测,其联测精度不低于国家四等网的要求。

由于施工区范围一般不大,观测数据可不做高斯投影改正,仅将边长投影到测区选定的高程面上,采用平面直角坐标系统,在平面上直接进行计算。施工控制网的精度应以满足施工放样的要求为原则。当用控制点直接放样某些辅助轴线或大坝细部时,对控制网提出的要求较高,在《水利水电工程施工测量规范》(SL 52—2015)中规定主要水利工程建筑物轮廓点放样中误差 $m_{测}$ 为 $\pm 20\mathrm{mm}$。因此,目前大都以能保证放样的点位中误差不超过 $\pm(10\sim20)\mathrm{mm}$ 作为确定施工控制网必要精度的起算数据的依据。考虑到控制点误差对大坝施工控制网放样点位应不发生显著影响的原则,控制点的精度 $m_1 \approx 0.4 m_{测} = \pm 8\mathrm{mm}$,这是定线网控制点的精度要求。

10.1.1.2 基本高程控制网的建立

高程控制网一般也分为两级布设:一级水准网与施工工区附近的国家水准点联测,布设成闭合(或附合)形式,称为基本网,基本网的水准点应布设在施工区以外,作为整个施工区高程测量的依据;另一级是由基本水准点引测的临时性作业水准点,它应靠近建筑物,便于高程放样。基本高程测量通常用二等水准或三等水准测量完成,加密高程控制网由四等水准测量完成。

大坝高程基本控制网宜均匀布设在大坝轴线上下游的左右岸，选择不受洪水、施工的影响，便于长期保存和使用方便的地方，可现浇混凝土或埋设预制标石，也可埋设水准基岩标识或埋设在平面控制点标志上。在施工区外布设较长距离的水准路线时，应按照规范规定的相应等级精度指标进行施测，一般布设成闭合环线、附合路线或节点网，不允许布设支水准路线，宜与国家水准点联测，其联测精度不低于四等水准测量的技术要求。

【例 10.1】 以某一小型土石坝为例，上水库主要建筑物有上水库大坝、环库公路、库岸防护等。试对其进行首级控制网和加密控制网的布设。

1. 电站枢纽首级控制网的建立

根据实际地形和工程布置情况，建立首级控制网点 12 个，分别是 II_1、II_2、II_3、II_4、II_5、II_6、II_7、II_8、II_9、II_{10}、II_{11}、II_{12}，分布在上、下水库不同的山头上，控制点间的最大高差达 300m 左右，山高路远，施测难度大。控制网点分布图如图 10.1 所示。其施测方法如下：

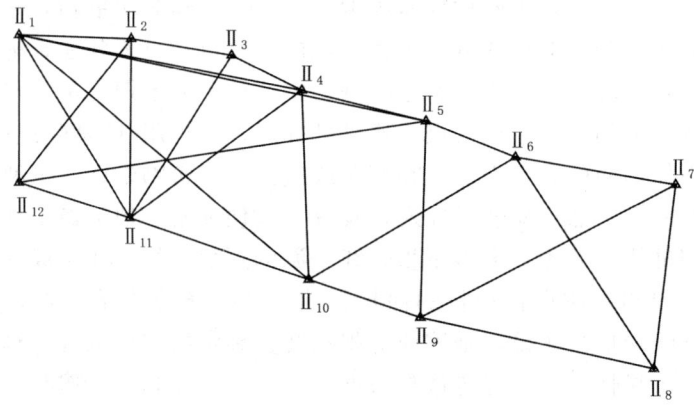

图 10.1 某土（石）坝的首级控制网布设网

（1）对平面控制网采用测角测边相结合的方法进行，水平角观测采用全圆方向观测法，按照三等技术要求进行观测，每个方向观测 9 测回，按照规范要求配置度盘。

（2）高程测量采用光电测距三角高程，每个观测方向天顶距用中丝法观测 4 测回，斜距观测时照准前视（或后视），测斜距 4 次，并读取气象数据，记录斜距、温度和气压值，温度气压直接在测站上输入全站仪里进行改正。

（3）也可以采用 GNSS 静态测量方法施测。

2. 电站枢纽二级控制网的建立

结合本工程实际，建筑物主要集中在上、下库区之间，首级控制点分布比较均匀且分布在上下库不同的山头上，间距较远，控制点间的最大高差达 300m，同时考虑到随着坝体的升高，上下游间的通视将受阻挡等因素，不便于坝体施工放样，因此需布设二级控制网，以便于坝体施工放样。

我们以上水库为例来说明。上水库首级控制点部分点分布于大坝周围，个别点离大坝较远，不利于大坝细部点的放样。为此，需布设二级控制网，二级控制网的平面点位和高程点共用同一标志埋设。根据实际地形，布设 7 个二级控制点，点号分别为 S_1、S_2、S_3、

S_4、S_5、S_6、S_7，如图 10.2 所示。二级控制网测量采用 GNSS 测量，施测等级为四等。平面坐标系统与首级控制网坐标系一致；投影基准面采用与设计院一致的上水库坝顶与下水库进/出水口底板高程的平均高程面；高程系统采用 1985 国家高程基准。

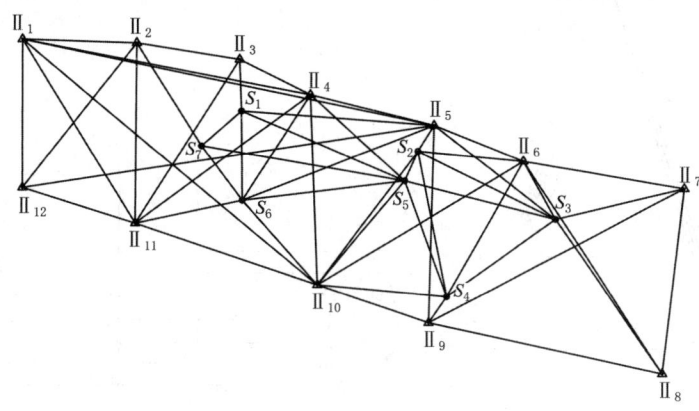

图 10.2　控制网加密平面布置图

10.1.2　坝轴线的测设

土（石）坝多数以坝顶中心线为坝轴线。坝轴线是土坝施工放样的主要依据。中小型土坝的轴线一般是由设计人员和勘测人员根据现场的地形、地质和建筑材料等条件，经过方案比较，在现场直接确定，可用大木桩或混凝土桩标定轴线的端点。而大型土坝以及与混凝土坝衔接的土质副坝，一般应经过现场踏勘、图上规划等多次调查研究和方案比较来确定具体位置、并在坝址地形图上结合枢纽的整体布置设计坝轴线端点，如图 10.3 坝轴线两端点 M、N。在图纸上先用图解法量算出坝轴线两端点坐标，计算两端点与基本控制点之间的放样数据，再采用交会法、极坐标法等放样方法将坝轴线放样到实地，作永久性标志。为了防止施工时端点被破坏，还应将坝轴线的端点延长到两面山坡上各埋设 1～2 个永久性标志（轴线控制桩），如图 10.3 中 M'、N' 两点，以便检查两端点的位置变化，或者恢复坝轴线端点。

10.1.3　坝身控制测量

为了施工放样方便，应当测设若干条垂直或平行于坝轴线的坝身控制线。

10.1.3.1　平行于坝轴线的直线测设

在图 10.4 中，M、N 是坝轴线的两个端点，M'、N' 是坝轴线的引桩。将全站仪安置在 M 点，照准 N 点，固定照准部，用望远镜向河床两岸较平坦处投设 A、B 两点。然后，分别在 A、B 点安置全站仪，利用全站仪的直角放样功能，标出坝轴线的两条垂线 CF 和 DE，在垂线上按建筑物的尺寸和施工需要，一般每隔 5m、10m 或 20m，测定其距离，定出 a、b、c … 点和 a_1、b_1、c_1 … 点，aa_1、bb_1、cc_1 … 直线就是坝轴线的平行线。为了施工放样，

10.1.1　坝身控制测量

10.1.2　坝身控制测量

应将全站仪分别安置在 a、b、c 和 a_1、b_1、c_1 等点，将各条平行线投测到河床两岸的山坡上，并用混凝土桩标定。

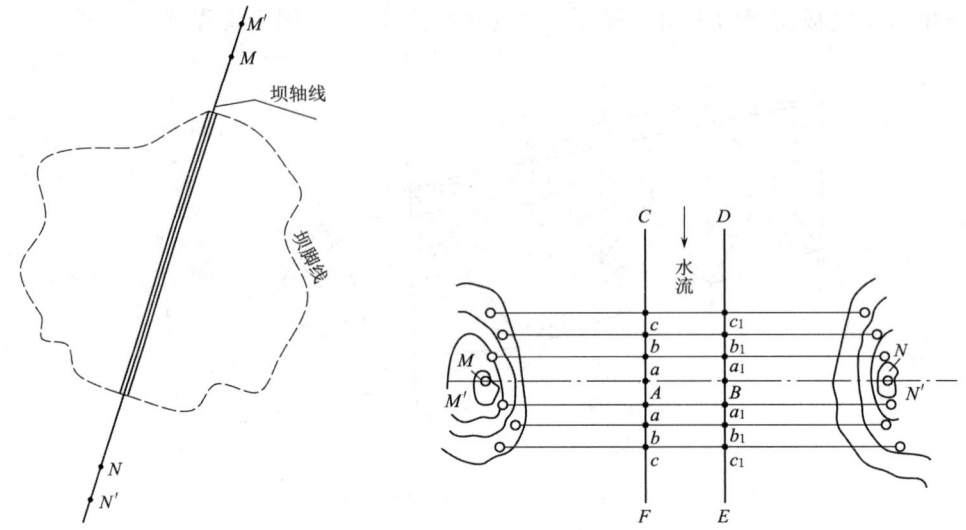

图 10.3　土（石）坝坝轴线控制线示意图　　图 10.4　平行于坝轴线的直线

【**例 10.2**】 以某一小型土石坝为例，依据坝体结构，设置坝轴线的平行直线，如图 10.5 所示，根据水流的上游、下游的位置分布和坝轴线的距离，对平行轴线进行编号，如上 10、上 20、下 10、下 20 等。

测设过程：

（1）在 M 点架设全站仪，瞄准 N（或 N'）点，在 MN 两点之间放样距离 40m 和 80m，定出 m 点和 n 点。

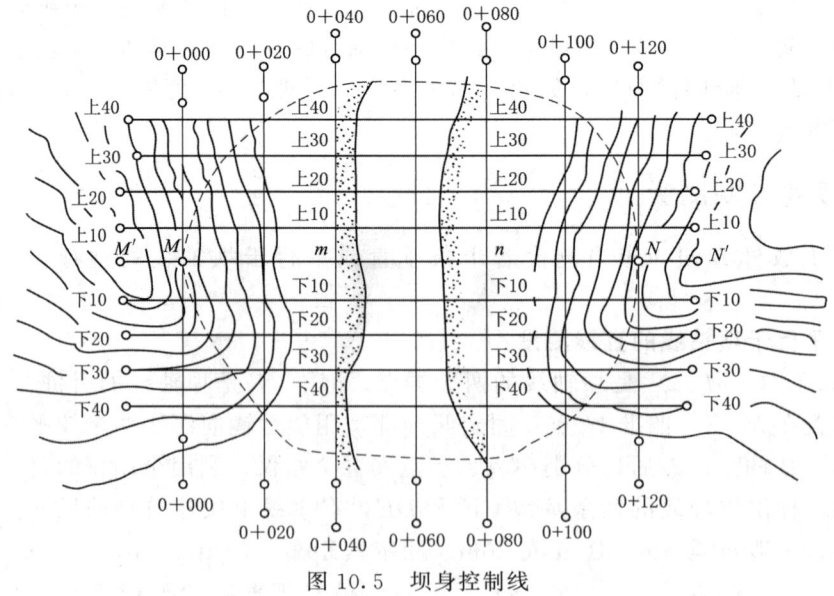

图 10.5　坝身控制线

(2) 在 m 点安置全站仪，瞄准 N（或 N'）点，然后逆时针旋转仪器 $90°$，得到坝上垂直于坝轴线的方向，然后在此方向上放样坝下平行线距离 $10m$、$20m$、…直到 $40m$ 结束，然后在每个点位上面打下木桩做标记，为了保证木桩后期不小心被破坏，恢复比较麻烦，可打下两个木桩。

(3) 同理，将仪器逆时针旋转到水平角为 $90°$，得到坝上垂直于坝轴线的方向，依次放样坝下平行线距离 $10m$、$20m$、…直到 $40m$ 结束。

(4) 然后把仪器搬站到 n 点，瞄准 M（或 M'）点。同样方法放样右岸各平行线端点，然后把左右岸对应编号相连，即为坝轴线平行线。

如果在过 M（或 M'）、N（或 N'）垂直于坝轴线 MN 的轴线在放样同样的距离，得到的点位有利于后期施工，也可以直接在过 M（或 M'）、N（或 N'）垂直于坝轴线 MN 的直线上进行放样坝轴线的平行轴线。

10.1.3.2 垂直于坝轴线的直线

1. 确定零号里程桩位置

通常将坝轴线上与坝顶设计高程一致的地面点作为坝轴线里程桩的起点，称为零号桩。从零号桩起，每隔一定距离分别设置一条垂直于坝轴线的直线。垂直线的间距随坝址地形条件而定。一般每隔 $10\sim20m$ 设置一条垂直线，地形复杂时，间距还可以小些。

测设零号里程桩的方法如图 10.6 所示，在坝轴线的 M 点附近安置水准仪，后视水准点上的水准尺，得读数为 a，根据求前视尺应有读数的原理，零号桩上的读数可以通过式（10.1）计算得到。

$$b = (H_0 + a) - H_顶 \qquad (10.1)$$

式中：H_0 为已知水准点的高程，m；$H_0 + a$ 为视线高程，m；$H_顶$ 为坝顶的设计高程，m。

在坝轴线的另一个端点 N 上安置全站仪，照准 M 点，固定照准部。扶尺员持水准尺在全站仪视线方向沿山坡上、下移动，当水准仪中丝读数为 b 时，该立尺点即为坝轴线上零号桩的位置。

2. 沿坝轴线测设里程桩

坝轴线上零号桩位置确定后，沿坝轴线方

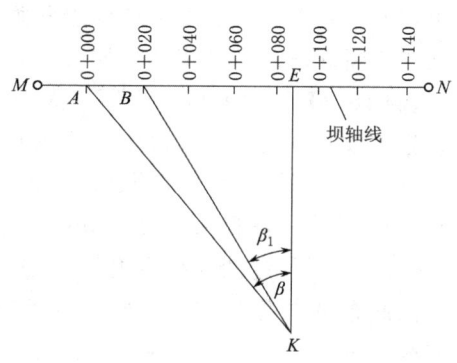

图 10.6 用间接法测定坝轴线里程桩

向，测设需要设置垂线的里程桩位置。若坝轴线方向坡度太陡，测设距离较为困难，可在坝轴线上选择一个适当的 E 点。该点应位于向下游或上游便于测距的地方。然后，在 E 点安置全站仪测量垂线 EK，并测量 EK 的水平距离，观测水平角 $β$，根据式（10.2）计算 AE 的距离：

$$\overline{AE} = \overline{EK} \cdot \tan β \qquad (10.2)$$

若要确定 B 点（桩号为 $0+020$），可采用以下三种方法。

方法 1：经纬仪测设里程桩。首先按式（10.3）计算 $β_1$ 角值，即

$$β_1 = \arctan \frac{\overline{AE} - 20}{\overline{EK}} \qquad (10.3)$$

再用两台全站仪，分别安置于 K 和 N 点。设在 N 点的仪器照准 H 点，固定照准部；设在 K 点的仪器测设 β_1 角；两台仪器视线的交点即为 B 点。其他里程桩可按上述方法放样。

方法 2：全站仪角度距离测设里程桩。这种方法利用全站仪基本测量功能来完成，首先利用式（10.4）计算出 K 点到 0+020 桩号的距离：

$$\overline{KB} = \overline{EK}/\cos\beta_1 \tag{10.4}$$

在 K 点上安置全站仪，开机对中整平后，旋转望远镜瞄准 E 点，固定水平制动螺旋，然后把 KE 方向置零，然后松开水平制动，逆时针方向旋转夹角 β_1，固定水平制动螺旋，指挥跑杆人员走到仪器视线中，直至使得所测距离等于计算出的平距，即为 0+020 桩号的位置。

方法 3：全站仪极坐标法测设里程桩。这种做法是利用全站仪的放样功能来完成，首先根据图 10.6 各点位相对位置关系，求出 K、E、0+020 三点的坐标值，在 K 点架设全站仪，进入放样程序，进行测站设置（输入 K 点坐标、点号、仪器高），定向设置（输入 E 点坐标、点号），然后输入放样点 0+020 的坐标值操作，全站仪会根据三点坐标值自动计算出一个夹角值和平距，先旋转仪器使得计算出的夹角为零，固定水平制动，再指挥跑杆者走到仪器视线中，进行测距，直至使得测得距离也为零，此点即为 0+020 桩号点。其余各桩按同法标定。

3. 在各里程桩上测设垂直于坝轴线的坝身控制线

在各里程桩上分别安置全站仪，照准坝轴线上较远的一个端点 M 或 N，照准部旋转 90°，即可得到一系列与坝轴线垂直的直线，如图 10.6 所示。将这些垂线也投测到围堰上或山坡上，用木桩或混凝土桩标志各垂直线的端点。这些端点桩称为横断面方向桩，它们是施测横断面以及放样清基开挖线、坝坡面的控制桩。

【例 10.3】 以案例导入所述大坝为例，本工程坝体为面板堆石坝，考虑到后期面板浇筑施工放样方便，在布设坝轴线垂直线时，需考虑混凝土面板的宽度来进行布置，这样布置有利于后期混凝土面板浇筑模板的放样。N 点附近有一水准点 D，其高程为 431.066m，坝顶高程为 432.000m，在 N 点附近架设水准仪，后视 D 点水准尺读数为 1.579m。根据设计图面板宽度划分为 24m，同时考虑到施工实际和方便，为了更好地控制，因此布设宽度为 12m。当然对于特殊部位，如折点处等，还需另外加设垂直线。测设步骤如下。

（1）定里程桩位置 N_1。首先计算出零号桩 N_1 的读数：$b = 431.066 + 1.579 - 432.000 = +0.645$（m）。在坝轴线的另一个端点 M 上安置全站仪，照准 N 点，固定照准部。扶尺员持水准尺在全站仪视线方向沿山坡上、下移动，当水准仪中丝读数为 b 时，该立尺点即为坝轴线上零号桩的位置 N_1。同样的方法定出坝轴线上靠近 M 点的里程桩 M_1。

（2）沿坝轴线测设里程桩。从零桩号 N_1 点起沿着坝轴线按照 12m 的间距依次放样，直到另一端坝顶端点与地面间的交会点 M_1。利用全站仪的放样功能来完成坝轴线里程桩测设：

1）在电子图上沿坝轴线画出各里程桩的位置，确定出各里程桩的坐标值。

2）在 M_1 点架设全站仪，进入放样程序，进行测站设置（输入 M_1 点坐标、点号、

任务 10.1 土（石）坝施工控制测量

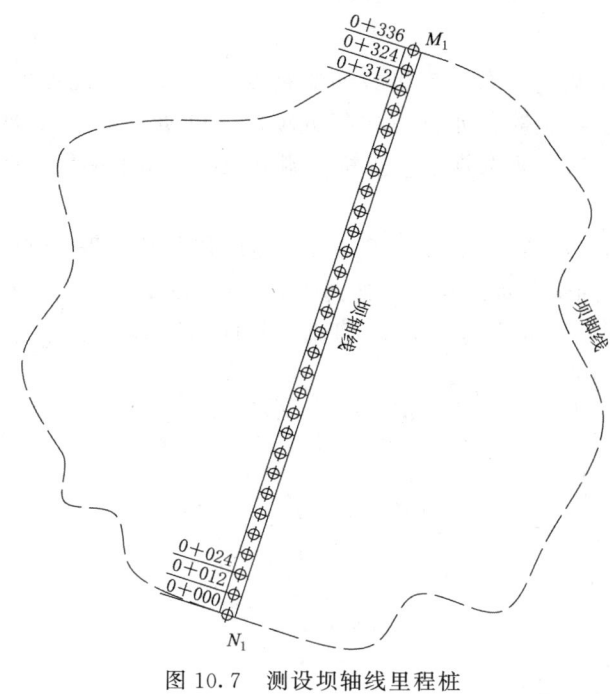

图 10.7 测设坝轴线里程桩

仪器高），定向设置（输入 N_1 点坐标、点号），然后输入放样点 0+012 的坐标值，全站仪会根据三点坐标值自动计算出一个夹角值和平距，先旋转仪器使得计算出的夹角为 0°，固定水平制动，再指挥跑杆者走到仪器测设坝轴线里程桩视线中，进行测距，直至使得测得距离也为 0m，此点即为 0+012 桩号点。其余各桩标定重复以上方法，如图 10.7 所示。

3）在各里程桩上测设垂直于坝轴线的坝身控制线。将全站仪正确安置在各里程桩上，瞄准坝轴端点进行定向，然后转 90°测设出若干条垂直于坝轴线的垂直线，并在上下游施工范围外定位横断面方向桩，如图 10.8 所示，这些垂直线用于作为测量横断面和施工放样的依据。由于随坝体升高，上下游通视将被阻塞，因此垂直于坝轴线的坝身控制线，应在坝体上下游施工范围以外至少打 2 个木桩，便于后期坝体升高后恢复垂直线用于施工放样。

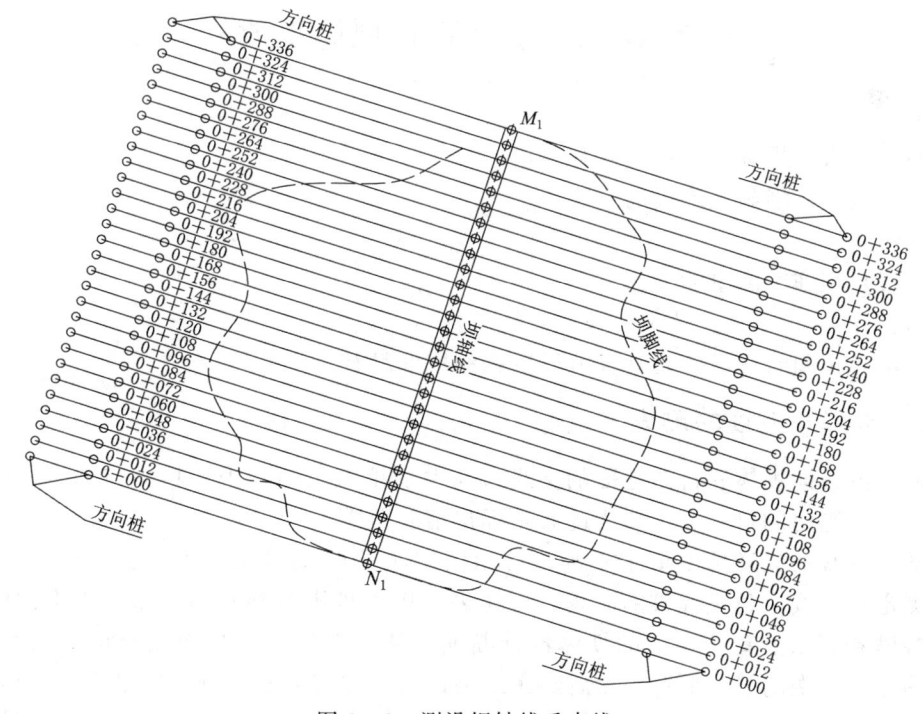

图 10.8 测设坝轴线垂直线

10.1.4 高程控制测量

为了进行坝体的高程放样，除在施工范围外布设三等或四等精度的永久性水准点外，还应在施工范围内设置临时性水准点。这些临时性水准点应靠近坝体，以便安置1~2次仪器就能放出需要的高程点。临时水准点应与永久性水准点构成附合或闭合水准路线，按三等或者四等精度施测。

如图10.9所示为某一个大坝，由$Ⅲ_A$经$BM_1 \rightarrow BM_6$，再至$Ⅲ_A$测定各点的高程。临时水准点应根据施工进程及时设置，并附合到永久水准点上，如图10.9中的$BM_4 \rightarrow 10 \rightarrow 9 \rightarrow 8 \rightarrow BM_6$，并应从水准基点引测它们的高程，经常检查，以防由于施工影响而发生变动。

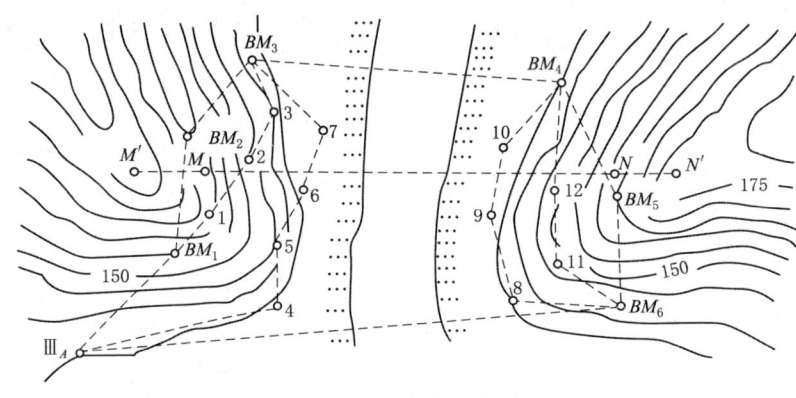

图10.9 土坝高程控制网

任务10.2 土（石）坝施工放样

知识目标：
（1）掌握土（石）坝施工测量的内容。
（2）掌握土（石）坝施工测设的方法。
能力目标：
具有土（石）坝施工测量的能力。
素质目标：
培养学生用心识图看图、认真计算放样数据的职业精神。

10.2.1 清基开挖线的测设

清基开挖线即坝体和自然地面的交线。在大坝填筑之前，为使坝体与基岩很好结合，应清除坝体范围内的自然表土，为此必须标出清基范围。

清基开挖线的放样精度要求不高，可用图解法求得放样数据在现场放样。具体做法是：先测定坝轴线上各里程桩的高程，再在每一里程桩进行横断面测量，绘出横断面图，最后在各横断面图上套绘相应的坝体设计断面，从图上量出两断面线交点至里程桩的平距，如图10.10中的d_1和d_2，然后到实地去，沿着相应的断面方向从里程桩量出这段平距，即定出交点的实地位置。将各断面上的清基开挖点连接起来就是清基开挖线，如图

10.11 所示。由于清基开挖有一定的深度，为防止塌方，应放一定的坡度，因此实际开挖线应根据土质情况从清基范围向外放宽 1～2m，撒上白灰标明。

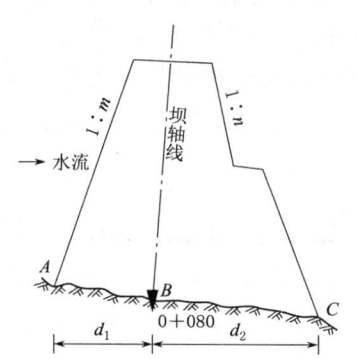

图 10.10　图解法求清基开挖点的放样数据

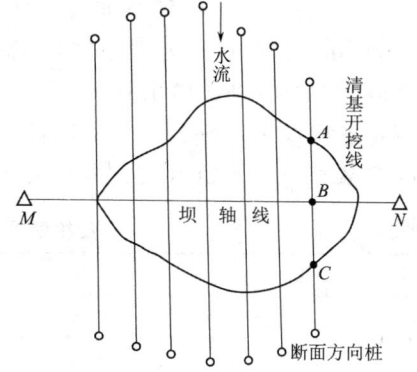

图 10.11　确定坝体清基开挖线的示意图

【例 10.4】　以案例导入所述大坝为例来说明。由于清基开挖线的放样精度要求并不高，且为了防止塌方，开挖时需要一定的边坡，所以实际清基开挖线应向外适当放宽 1～2m，并撒上白灰标明，如不便于撒白灰，也可用彩旗或铲出小沟来标明。根据本工程实际，在清基开挖时平均放宽为 2.5～3m，采用套绘断面法测设。具体测设步骤如下。

1. 利用图解法求得放样的数据

（1）根据前期原始地形图的测量，在坝轴线每一里程桩处绘制出原始地面横断面图，横断面图应标出中心桩。

（2）根据里程桩号套绘大坝的设计断面（由于设计单位一般不提供电子版本图纸，因此设计断面图需要根据平面布置图和典型断面图，利用几何关系自行进行绘制）。然后从图上量出坝体设计断面与上、下游的原始地面交点至里程桩的距离，如图 10.12 中的 D_1 和 D_2。

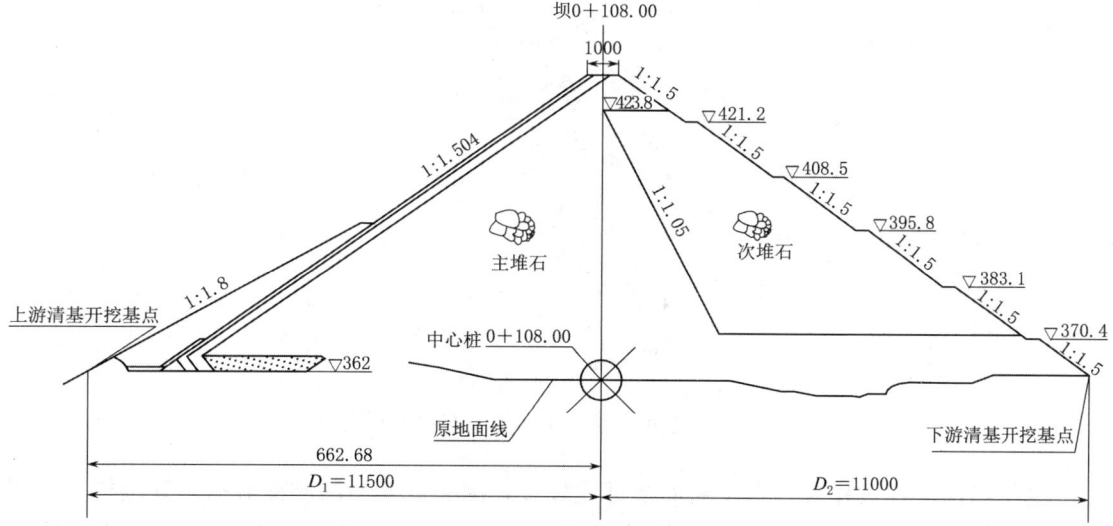

图 10.12　大坝断面设计图解析放样数据示意图

2. 用全站仪在实地上放样出各点

(1) 把全站仪放置在中心桩0+108上,然后用坝轴线端点 M_1 或 N_1 定向,置水平角为0°,旋转仪器90°,得到坝轴线垂直方向,分别放样出上游坝轴距 $D=115$m,下游坝轴距 $D=110$m,这两点即为中心桩0+108断面的清基开挖设计线。

(2) 以此类推分别放样出0+000,0+012,…各个中心桩的断面清基开挖上下游点,然后把所有点根据实际情况,向外延伸2.5~3m距离,撒白灰或插上彩旗标明,连成线即为实际清基开挖线,如图10.13所示。

表10.1 套绘断面法放样数据计算表

中 心 桩	坝轴距/m		备 注
	坝上游 D_1	坝上游 D_2	
0+000	30.128	25.164	
…	…	…	
0+108	115.000	110.000	
…	…	…	
0+336	24.162	32.953	

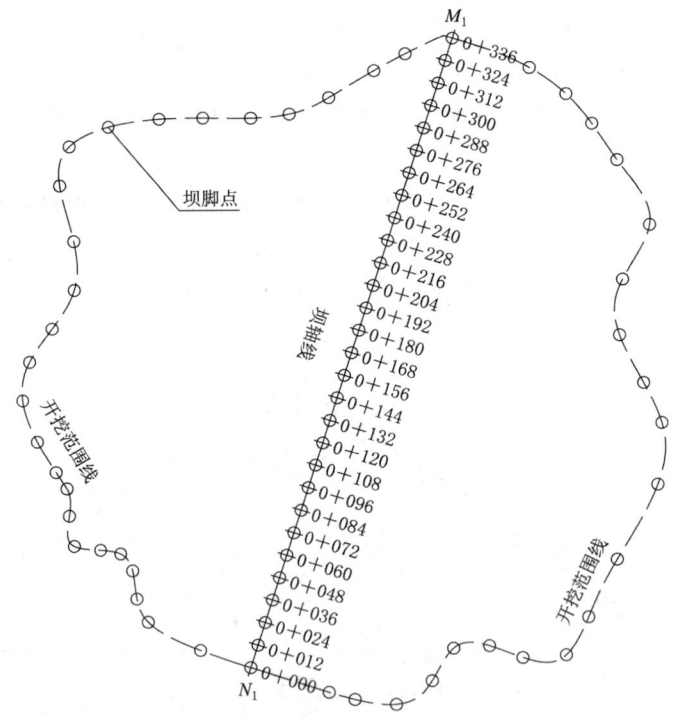

图10.13 各中心桩上下游清基开挖点及范围

套绘断面法在放样时,由于断面数据比较多,因此需要编制放样数据计算表格,以便于现场放样,见表10.1。另外,清基过程中位于坝轴线上的里程桩将被毁掉。为了接下来施工放样工作的需要,应在清基开挖线外设置各里程桩的横断面桩,避免其被毁掉。

科学技术水平的提高大大增强了测量手段的技术性，当前清基放样工作主要采用全站仪坐标法和 GNSS-RTK 法等方式进行，便捷性和精确性得到了显著提高。

10.2.2 坝体坡脚线测设

基础覆盖层清理后，应及时在清基后的地面上测定坝体与地面的交线，即坝体坡脚线，以便填土修筑坝体。清基后，各断面的形状已发生变化，用图解法量取的放样数据，其精度已不能满足坝体施工的要求，因此，坝坡脚线可用下列方法放样。

10.2.1 坝体坡脚线放样①

10.2.2 坝体坡脚线放样②

1. 平行线法

坝身控制测量时，设置的平行于坝轴线的直线，如图 10.14 所示，其与坝坡面相交处的高程可按式（10.5）计算：

$$H_i = H_顶 - \frac{1}{m}\left(d_i - \frac{b}{2}\right) \tag{10.5}$$

式中：H_i 为第 i 条平行线与坝坡面相交处的高程，m；$H_顶$ 为坝顶的设计高程，m；d_i 为第 i 条平行线与坝轴线之间的距离，简称轴距，m；b 为坝顶的设计宽度，m；$\frac{1}{m}$ 为坝坡面的设计坡度。

各条平行线与坝坡面相交处的高程计算后，即可在各平行线上，用高程放样的方法测设 H_i 的坡脚点，具体的施测方法与测定轴线上零号桩位置的方法相同。

各个坡脚点的连线，即为坝体的坡脚线。但是为了确保坡面碾压密实，坡脚处填土的位置应比现场标定的坡脚线范围向外扩大一些。多余的填土部分称为余坡，余坡的厚度取决于土质及施工方法，一般为 0.3～0.5m。

【例 10.5】 以案例导入所述大坝为例，如图 10.14 所示，BB' 为坝身平行控制线，距坝顶边线 20m，若坝顶高程为 432.000m，边坡为 1:1.8，则 BB' 控制线与坝坡面相交的高程为 432.000−20×(1/1.8)=420.889（m）。放样时在 B 点安置全站仪，瞄准 B' 定出控制线方向，在 BB' 视线内探测高程为 420.889m 的地面点，就是所求的坡脚点。连接各坡脚点即得坡脚线。

2. 趋近法

清基完工后，应先恢复坝轴线上各里程桩的位置，并测定桩点地面高程，然后将全站仪分别安置在各里程桩上，定出各断面方向，根据设计断面预估的距离，沿断面方向立尺，用视距法测定立尺点的轴距 d' 及高程 H_A'。如图 10.15 所示。

图中 A 点到 B 点的轴距 d，可按式（10.6）计算：

$$d = \frac{b}{2} + m(H_顶 - H_A') \tag{10.6}$$

式中：b 为坝顶设计宽度，m；m 为坝坡面设计坡度的分母；$H_顶$ 为坝顶设计高程，m；H_A' 为立尺点 A' 的高程，m。

若计算的轴距 d 与实测的轴距 d' 不等，说明该立尺点 A' 不是该断面设计的坡脚点。应沿断面方向移动立尺点的位置，重复上述的观测与计算。经几次试测，直至实测的轴距

项目10 土（石）坝施工测量

与计算的轴距之差在容许范围内为止，这时的立尺点即为设计的坡脚点。按上述方法，施测其他断面的坡脚点，用白灰线连接各坡脚点，即为坝体的坡脚线。坡脚线的形状类似清基开挖线。

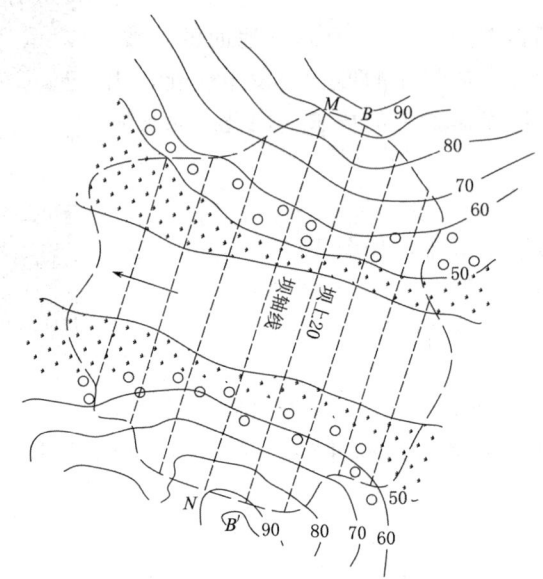

图10.14 平行线法放样坡脚线

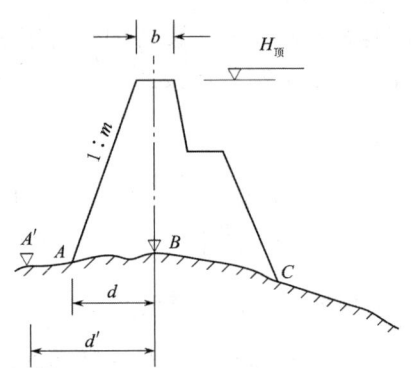

图10.15 用趋近法测定坡脚点

10.2.3 边坡测设

坝体坡脚线标定后，即可在坡脚线范围内填土。土坝施工时是分层上料，每层填土厚度约0.5m，上料后即进行碾压。为了保证坝体的边坡符合设计要求，每层碾压后应及时确定上料边界。各个断面上料桩的标定常用下列方法。

10.2.3 坝体边坡线放样

1. 轴距杆法

根据土坝的设计断面，按式（10.5）计算坝坡面不同高程点至坝轴线的距离，该距离是坝体筑成后的实际轴距。放样上料桩时，必须加上余坡厚度的水平距离，图10.16中的虚线即为余坡的边线。

在施工中，由于坝轴线上的各里程桩不便保存，因此，从里程桩起量取轴距标定上料桩极为困难。在实际工作中，常在各里程桩的横断面上、下游方向，各预先埋设一根竹杆，这些竹杆称为轴距杆。为了便于计算，轴距杆到坝轴线的距离一般应为5的倍数，即轴距 $d_{轴}'=5n$（n 取自然整数），以m为单位，其数值应根据坝坡面距里程桩的远近而定。

放样时，先测定已填筑的坝体边坡顶的高程，再加上待填土高度，即得上料桩的高程 H_i，按式（10.6）计算该断面上料桩的轴距 d_i。然后，按式（10.7）计算从轴距杆向坝体方向应丈量的距离：

$$\Delta d_i = d' - d_i \tag{10.7}$$

式中:d'为轴距杆至坝轴线的距离,m;d_i为上料桩至坝轴线的距离,m。

在断面方向上,从轴距杆向坝体内测设Δd_i,即可定出该层的上料桩位置。一般用竹杆插在已碾压的坝体内,并在杆上涂红漆标明上料的高度。

随着坝体升高,轴距杆可以逐渐向坝轴线移近,以便量距放样。但移动后仍应与坝轴线保持整数距离。

【例 10.6】 以案例导入所述大坝为例,以坝体填筑到 402.000m 高程面为例来说明轴距杆法全站仪放样方法。采用坝轴线垂直控制线进行测设,具体步骤如下:

(1) 为了便于放样,首先把各垂直控制线上下游方向桩引测到施工区内,上游可以引到趾板上,用红漆做标记,下游引到施工区内便于保护和不易被破坏处,应打下木桩做标记。

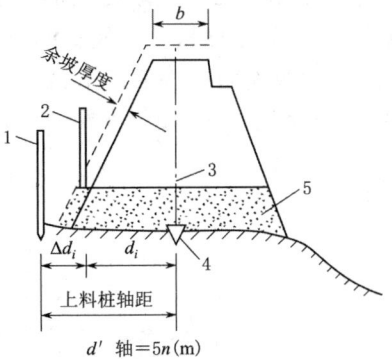

图 10.16 轴距杆法放样上料桩
1—轴距杆;2—上料桩;3—坝轴线;
4—里程桩;5—第一层填土

(2) 如图 10.17 所示,放样 0+108 断面位置在 402.000m 高程面上的边坡桩时,在 0+108 断面上游(或下游)桩上架设全站仪,以上游(或下游)方向桩定向,置水平角为 0°,定出 0+108 垂直控制线的方向。

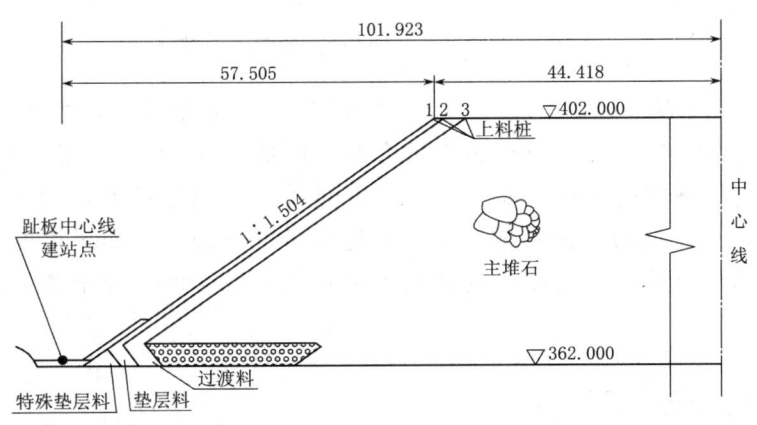

图 10.17 断面 0+108 高程面 402.000m 上料桩放样(单位:m)

(3) 翻转镜头,在此方向上放样出平距 57.505m(101.923m-44.418m)即为垫层料的上料桩,用竹竿(轴距杆)或测钎进行标记。

(4) 重复此方法依次放出 0+000 至最后各个断面在高程 402m 面上的上料桩,然后把垫层料上料桩向坝轴线方向平移 0.6m 就可得到过渡料的上料桩,把垫层料上料桩向坝轴线方向平移 1.6m 就是主堆石区的上料桩。然后把各上料桩依次连成线,撒上白灰做标记,在高程 402.000m 面上就形成了材料分区线,并在各材料分区内标注材料名称。如图 10.18 所示。

2. 坡度尺法

坡度尺是根据坝体设计的边坡坡度用木板制成的直角三角形尺。例如,坝坡面的设计

坡度 i 若为 1∶2，则坡度尺的一直角边长为 1m，另一直角边长应为 2m，这样就构成坡度为 1∶2 的坡度板。在较长的一条直角边上安装一个水准管，若没有水准管，也可在直角边的木板上画一条平行于 AB 的直线 MN，在 M 点钉一小钉，在钉上挂一个垂球，如图 10.19 所示。

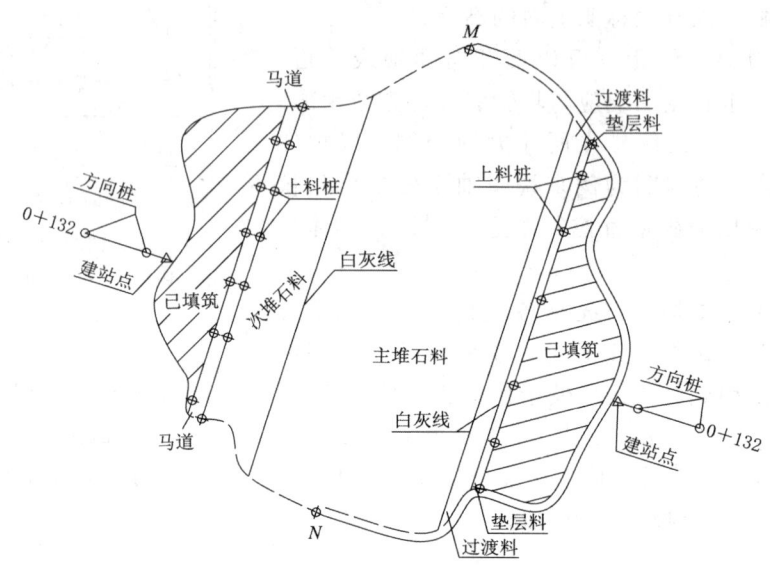

图 10.18　高程面 402.000m 材料分区划线

放样时，将绳子的一端系于坡脚桩上，在绳子的另一端竖竹竿，然后将坡度尺的斜边紧贴绳子，当垂球线与尺子上 MN 直线重合时，拉紧的绳子斜度即为边坡设计的坡度，在竹竿上标明绳子一端的高度，如图 10.20 中的 A 点。由于拉紧的绳子影响施工，平时将绳子取下，当需要确定上料坡度时，再把绳子挂上即可。如果坡度尺上安装有水准管，当水准管气泡居中，坡度尺的斜边紧靠拉紧的绳子时，绳子的斜坡也就是设计的坡度。

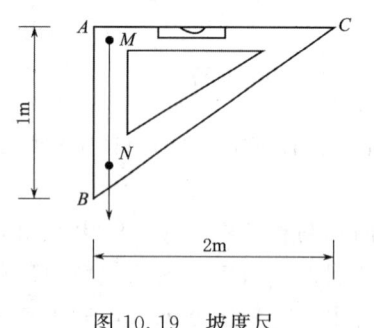

图 10.19　坡度尺

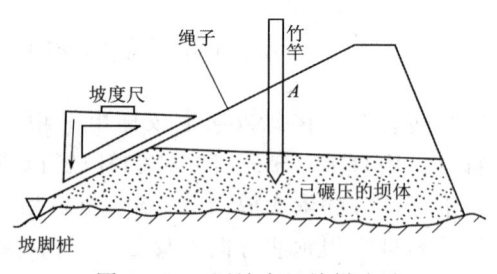

图 10.20　用坡度尺放样边坡

3. 全站仪极坐标或 GNSS 方法放样

此法需根据图纸几何关系计算各上料桩的坐标值，在加密控制点上建站和定向，然后放样各边坡桩位置。此法优点是点位放样元素（坐标）不受建站位置影响，固定不变，且可以一次建站完成可视范围内的所有点的放样;缺点是计算比较复杂,需要编制坐标计算转换程序;也可以直接把设计图纸导入到全站仪里面,应用全站仪的CAD放样功能完成点位的放样。当然现在工程中由于测量仪器的发展,也可采用GNSS进行测设,速度会更快,可以采用先计算坐标,或者导入CAD设计图进行放样,方便快捷。

10.2.4 坡面修整测量

坝体修筑到设计高程后,要根据设计坡度修整坝坡面,使其符合设计要求。为此,必须测定各处削坡的厚度,测定的方法是:在坝坡面上每隔一定距离测设一条与坝轴线平行的直线,根据平行线的轴距D,设计坡度$1:m$和坝顶宽b,按式(10.8)计算出它们应有的设计高程:

$$H_i = H_{顶} - \frac{1}{m}\left(D - \frac{b}{2}\right) \tag{10.8}$$

再用水准仪检测平行线上各点,测得的高程与设计高程之差即为削坡厚度,在相应点上打一木桩,将削坡厚度用红漆注明在木桩的侧面。

【例 10.7】 以案例导入所述大坝为例,本工程大坝填筑高度为3m,以坝体填筑到402.000m高程面为例来说明修坡量δ的计算,如图10.21所示。用水准仪法在坝体坡面上测设的坝轴线平行线桩1,1桩点的修坡量计算如下:

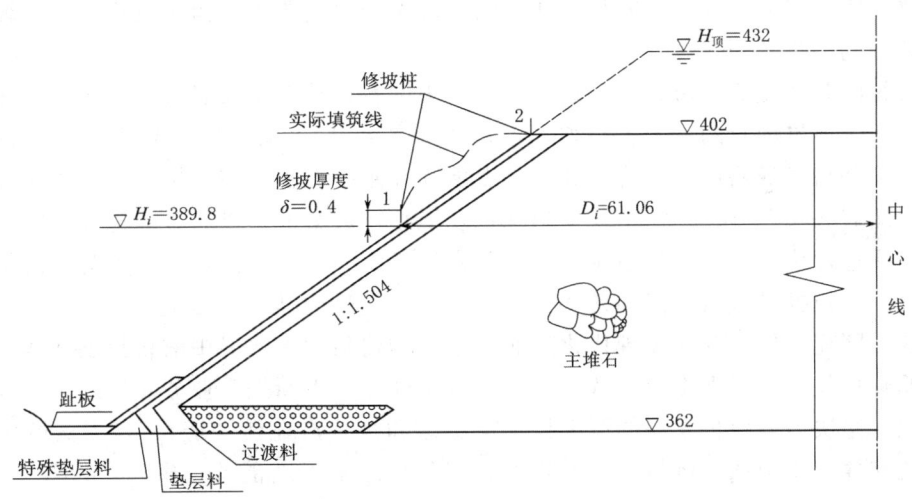

图 10.21 水准仪法修坡桩放样图(单位:m)

(1) 利用水准仪测出1桩点的实际高程值为390.2m。

(2) 计算坝轴线平行线桩1桩点的设计高程位置,代入计算式(10.8),即
$$H_i = 432.0 - (70-5)/1.504 = 388.8 \text{ (m)}$$
$$\delta = H_{实} - H_i = 390.2 - 388.8 = 0.4 \text{ (m)}$$

(3) 修坡厚度:

利用此法依次把所有其他坝轴线的平行线桩点的修坡厚度计算出来,这样整个坡面的修坡厚度也就测设完成。

知 识 梳 理

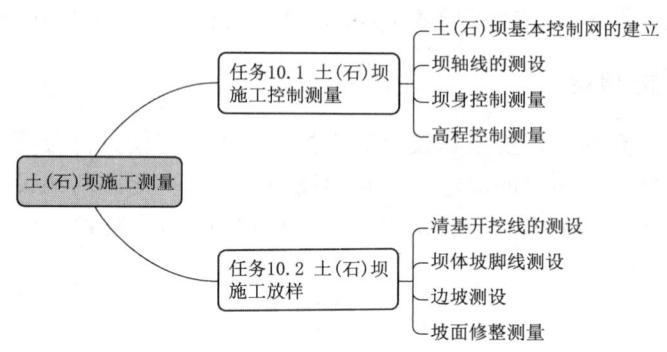

思 政 园 地

党的二十大报告强调，"中国式现代化是人与自然和谐共生的现代化"，并对"推动绿色发展，促进人与自然和谐共生"作出重大部署。党的十八大以来，习近平总书记对中国长江三峡集团有限公司（以下简称三峡集团）多次作出重要讲话指示批示，推动绿色发展是贯穿其中的一条鲜明主线。

三峡集团坚持做好学习贯彻习近平新时代中国特色社会主义思想的深化、内化、转化工作，全面学习贯彻党的二十大精神，心系"国之大者"，紧紧围绕高质量发展首要任务和构建新发展格局战略任务，统筹高质量发展和高水平保护，奋力推进清洁能源和长江生态环保"两翼齐飞""两翼融合"，争当绿色发展整体方案的提供者、绿色发展共享价值的创造者、绿色发展前沿领域的引领者、绿色发展伟大事业的开拓者，努力为全面推进美丽中国建设、加快推进人与自然和谐共生的中国式现代化贡献三峡力量。

三峡集团充分发挥在建设现代化产业体系、构建新发展格局中的科技创新作用，在推进绿色低碳科技自立自强中更好认识和把握自然规律，不断提升业务布局的合理性和发展的高效性，坚决当好绿色发展的原创技术策源地和现代产业链"链长"，为美丽中国建设提供科技支撑。①狠抓关键核心技术攻关。聚焦大水电、新能源、生态环保等主营主业，以及水文气象预测预报、生态修复、环境保护等重点领域，承接国家发展改革委"揭榜挂帅"等重大科研项目，以钉钉子精神开展污泥、智慧水务、管网探测、水污染治理等关键核心技术攻关，努力掌握更多具有自主知识产权的创新成果。不断提升流域梯级水库联合调度优化能力，找到水资源配置组合"最优解"，最大化发挥梯级枢纽综合效益。②深化创新平台建设。以"一盘棋"思想构建层级清晰、分工明确、协同互补的创新平台体系，推动国家级平台建好做强、省部级平台提质创优、自主平台提档升级，进一步深化产学研用联合创新机制，推动创新链、产业链、资金链、人才链深度融合。③加强科技人才培养。完善科研人才引进培养使用晋升和科技创新奖励分红体系，加强高技能人才培养和工程师队伍建设，在工程建设、运行检修、数字技术等领域培养一批卓越工程师，营造更加开放包容的创新环境,让三峡成为人才集聚高地、创新创造热土。④加速数字化智能化转型。稳步推进智慧电站和"数字孪生三峡"建设,积极推进海上风电数字化交付试点示范建设,助力建设绿色智慧的数字生态文明。

三峡集团将自觉发扬"功成不必在我、功成必定有我"的精神,坚定必胜信心、只争朝夕,保持战略定力、久久为功,拿出钉钉子精神,积小胜为大胜,牢固树立正确的政绩观,正确处理好显绩与潜绩、当前和长远的关系,不贪一时之功、不图一时之名、不求一己之私,一张蓝图干到底,脚踏实地抓成效,争当绿色发展伟大事业的开拓者,为促进人与自然和谐共生赋能添彩。

[资料来源:雷鸣山. 谱写人与自然和谐共生的"三峡篇章"[N]。学习时报,2023-8-30(A4).]

习 题

一、填空题

1. 根据内容分类,坝身控制测量分为_____和_____。
2. 通常将坝轴线上与坝顶设计高程一致的地面点作为坝轴线里程桩的起点,称为_____。
3. 坡脚线的放样的方法有两种,分别是_____和_____。
4. 坝体边坡线的放样中,各个断面上料桩的标定常用方法有_____和_____。
5. 为了满足设计要求,当土石坝填筑到一定高度且压实后,坡面修整可用_____或_____测设修坡。
6. 坡脚线是指坝体和_____的交线。
7. 土石坝施工控制网一般分为_____两级布设。
8. 土石坝坡脚线放样一般采用_____和_____法。

二、简答题

1. 简述坝身平面控制测量的过程。
2. 简述使用轴距杆法在各个断面上料桩的标定的过程。

项目10 习题答案

参 考 文 献

[1] 国家基本比例尺地图图式 第1部分：1∶500 1∶1000 1∶2000 地形图图式：GB/T 20257.1—2017 [S]. 北京：中国标准出版社，2017.
[2] 国家基本比例尺地形图分幅和编号：GB/T 13989—2012 [S]. 北京：中国标准出版社，2012.
[3] 工程测量标准：GB 50026—2020 [S]. 北京：中国计划出版社，2008.
[4] 工程测量基本术语标准：GB/T 50228—2011 [S]. 北京：中国计划出版社，2012.
[5] 王郑睿. 工程测量学 [M]. 西安：西北工业大学出版社，2021.
[6] 胡伍生，潘庆林. 土木工程测量 [M]. 5版. 南京：东南大学出版社，2016.
[7] 张正禄. 工程测量学 [M]. 2版. 武汉：武汉大学出版社，2017.
[8] 李宏超，周荣，陈贺. 数字地形测量 [M]. 郑州：黄河水利出版社，2019.
[9] 杜玉柱. 水利工程测量技术 [M]. 2版. 北京：中国水利水电出版社，2024.
[10] 水利水电工程施工测量规范：SL 52—2015 [S]. 北京：中国水利水电出版社，2015.
[11] 李语强. 我国首次实现激光地月测距 [N]. 科技文摘，2018-02-13.
[12] 罗晓峰，王月. 智能测量技术 [M]. 北京：北京理工大学出版社，2024.
[13] 李聚方. 工程测量 [M]. 北京：测绘出版社，2021.
[14] 周建郑. GNSS定位测量 [M]. 北京：测绘出版社，2022.
[15] 鲁纯，马驰. 测量学基础 [M]. 北京：北京邮电出版社，2015.
[16] 唐业茂，聂俊兵，邓晓斌. 建筑工程测量 [M]. 武汉：武汉大学出版社，2015.
[17] 全球导航卫星系统（GNSS）测量规范：GB/T 18314—2024 [S]. 北京：中国建筑工业出版社，2024.
[18] 卫星定位城市测量技术标准：CJJ/T 73—2019 [S]. 北京：中国建筑工业出版社，2019.
[19] 城市测量规范：CJJ/T 8—2011 [S]. 北京：中国建筑工业出版社，2011.